Duden

Bücher, die man kennen muss

Klassiker der Weltliteratur

Duden
....

Bücher, die man kennen muss

Klassiker der Weltliteratur

Dudenverlag
Mannheim · Zürich

Bibliografische Information der Deutschen Nationalbibliothek
Die Deutsche Nationalbibliothek verzeichnet diese Publikation in der
Deutschen Nationalbibliografie; detaillierte bibliografische Daten sind
im Internet über http://dnb.ddb.de abrufbar.

Es wurde größte Sorgfalt darauf verwendet, dass die in diesem Werk
gemachten Angaben korrekt sind und dem derzeitigen Wissensstand
entsprechen. Für im Werk auftretende Fehler können Autor, Redaktion
und Verlag aber keine Verantwortung und daraus folgende oder sonstige
Haftung übernehmen.

Namen und Kennzeichen, die als Marken bekannt sind und
entsprechenden Schutz genießen, sind durch das Zeichen ® geschützt.
Aus dem Fehlen des Zeichens darf in Einzelfällen nicht geschlossen werden,
dass ein Name frei ist.

Das Wort Duden ist für den Verlag Bibliographisches Institut GmbH
als Marke geschützt.

Das Werk einschließlich aller seiner Teile ist urheberrechtlich geschützt.
Jede Verwertung außerhalb der engen Grenzen des Urheberrechtsgesetzes
ist ohne Zustimmung des Verlags unzulässig und strafbar. Das gilt insbesondere für Vervielfältigungen, Übersetzungen, Mikroverfilmungen
und die Einspeicherung und Verarbeitung in elektronischen Systemen.

Alle Rechte vorbehalten. Nachdruck, auch auszugsweise, verboten.

© Duden 2011
Bibliographisches Institut GmbH, Dudenstraße 6, 68167 Mannheim
E D C B

Printed in Germany

ISBN 978-3-411-74851-8
Auch als E-Book erhältlich unter:
ISBN 978-3-411-90303-0

Redaktionelle Leitung Heike Pfersdorff
Redaktion SinnKron (Christian Horn; Cornelia Heinrich, Claudia Ristau)
Herstellung Monika Schoch
Typografie und Satz Farnschläder & Mahlstedt, Hamburg
Umschlaggestaltung WohlgemuthPartners Neue Kommunikation, Bremen
Umschlagabbildung Fotolia/Friday: Bücher, Studio Kauffelt: Bücherrücken
Druck und Bindung Legoprint S. r. l., Via Galileo Galilei,
I-38015 Lavis (Trento), Italien
www.duden.de

Inhalt

Antike (ca. 2000 v. Chr. bis ca. 500 n. Chr.)

- 9 Anonym: *Gilgamesch-Epos*
- 12 Homer: *Ilias, Odyssee*
- 18 Äsop: *Fabelsammlung*
- 20 Caesar, Gaius Iulius: *Der gallische Krieg*
- 23 Vergil: *Aeneis*
- 26 Ovid: *Metamorphosen*
- 29 Tacitus, Publius Cornelius: *Germania*
- 31 Augustinus, Aurelius: *Bekenntnisse*
- 34 Herodot: *Historien*

Mittelalter (500–1500)

- 37 Anonym: *Beowulf*
- 39 Murasaki Shikibu: *Die Geschichte vom Prinzen Genji*
- 41 Anonym: *Tausendundeine Nacht*
- 44 Anonym: *Nibelungenlied*
- 47 Gottfried von Straßburg: *Tristan*
- 50 Wolfram von Eschenbach: *Parzival*
- 53 Chaucer, Geoffrey: *Die Canterbury-Erzählungen*
- 56 Dante Alighieri: *Die göttliche Komödie*

Renaissance (1500–1600)

- 59 Boccaccio, Giovanni: *Das Dekameron*
- 62 Brant, Sebastian: *Das Narrenschiff*
- 65 Machiavelli, Niccolò: *Der Fürst*
- 68 More, Thomas: *Utopia*
- 71 Rabelais, François: *Gargantua und Pantagruel*
- 74 Cervantes Saavedra, Miguel de: *Don Quijote*

Barock (1600–1720)
77 Grimmelshausen: *Der Abentheurliche Simplicissimus Teutsch*

Aufklärung (1720–1785)
80 Hobbes, Thomas: *Leviathan*
83 Fielding, Henry: *Die Geschichte des Tom Jones, eines Findlings*
86 Voltaire: *Candide*
89 Sterne, Laurence: *Leben und Ansichten von Tristram Shandy, Gentleman*
92 Rousseau, Jean-Jacques: *Emile oder Über die Erziehung*
95 Kant, Immanuel: *Kritik der reinen Vernunft*

Sturm und Drang (1765–1790)
98 Goethe, Johann Wolfgang von: *Die Leiden des jungen Werthers*
101 Bürger, Gottfried August: *Münchhausen*

Klassik (1786–1832)
104 Defoe, Daniel: *Robinson Crusoe*
107 Swift, Jonathan: *Gullivers Reisen*
110 Goethe, Johann Wolfgang von: *Die Wahlverwandtschaften*

Zwischen Klassik und Romantik
112 Kleist, Heinrich von: *Michael Kohlhaas*

Romantik (1798–1835)
115 Arnim, Achim von / Brentano, Clemens: *Des Knaben Wunderhorn*
118 Grimm, Jacob und Wilhelm: *Kinder- und Hausmärchen*
121 Austen, Jane: *Stolz und Vorurteil*
124 Eichendorff, Joseph Freiherr von: *Aus dem Leben eines Taugenichts*
127 Andersen, Hans Christian: *Märchen*
130 Gogol, Nikolai: *Tote Seelen*
133 Balzac, Honoré de: *Verlorene Illusionen, Glanz und Elend der Kurtisanen*

137 Brontë, Charlotte: *Jane Eyre*
140 Brontë, Emily: *Die Sturmhöhe*
142 Hugo, Victor: *Die Elenden*

Biedermeier und Vormärz (1815–1848)
145 Heine, Heinrich: *Buch der Lieder, Deutschland. Ein Wintermärchen*
150 Büchner, Georg: *Lenz*
153 Droste-Hülshoff, Annette von: *Die Judenbuche*

Moderne (1850–1968)
156 Melville, Herman: *Moby Dick oder Der weiße Wal*
159 Beecher Stowe, Harriett: *Onkel Toms Hütte*
162 Keller, Gottfried: *Der grüne Heinrich*
165 Dickens, Charles: *Große Erwartungen*
168 Dostojewski, Fjodor: *Der Idiot*
171 Tolstoi, Lew: *Krieg und Frieden*
174 Mark Twain: *Tom Sawyers Abenteuer*
177 Storm, Theodor: *Der Schimmelreiter*
180 Wilde, Oscar: *Das Bildnis des Dorian Gray*
183 Lagerlöf, Selma: *Gösta Berling, Nils Holgersson*
186 Fontane, Theodor: *Effi Briest*
189 Mann, Thomas: *Buddenbrooks, Der Zauberberg*
193 Proust, Marcel: *Auf der Suche nach der verlorenen Zeit*
196 Joyce, James: *Ulysses*
199 Babel, Isaak: *Die Reiterarmee*
202 Fitzgerald, Francis Scott: *Der große Gatsby*
205 Kafka, Franz: *Der Prozess, Das Schloss*
210 Woolf, Virginia: *Mrs. Dalloway*
213 Hesse, Hermann: *Der Steppenwolf, Das Glasperlenspiel*
218 Döblin, Alfred: *Berlin Alexanderplatz*
221 Remarque, Erich Maria: *Im Westen nichts Neues*
224 Roth, Joseph: *Hiob, Radetzkymarsch*
228 Traven, B.: *Das Totenschiff*
231 Fallada, Hans: *Kleiner Mann – was nun?*

- 234 Mann, Klaus: *Mephisto*
- 237 Steinbeck, John: *Früchte des Zorns*
- 240 Orwell, George: *Farm der Tiere*
- 243 Machfus, Nagib: *Die Midaq-Gasse*
- 246 Camus, Albert: *Die Pest*
- 249 Greene, Graham: *Der dritte Mann*
- 252 Dürrenmatt, Friedrich: *Der Richter und sein Henker*
- 255 Nabokov, Vladimir: *Lolita*
- 258 Tomasi di Lampedusa, Giuseppe: *Der Leopard*
- 261 Frisch, Max: *Homo Faber*
- 264 Aitmatow, Tschingis: *Dshamilja*
- 267 Grass, Günter: *Die Blechtrommel*
- 270 Solschenizyn, Alexander: *Ein Tag im Leben des Iwan Denissowitsch*
- 273 Wolf, Christa: *Der geteilte Himmel*
- 276 Bulgakow, Michail: *Der Meister und Margarita*
- 279 García Márquez, Gabriel: *Hundert Jahre Einsamkeit*

Gegenwart (ab 1968)
- 282 Lenz, Siegfried: *Deutschstunde*
- 285 Kertész, Imre: *Roman eines Schicksallosen*
- 288 Walser, Martin: *Ein fliehendes Pferd*
- 291 Eco, Umberto: *Der Name der Rose*
- 294 Jelinek, Elfriede: *Die Klavierspielerin*
- 297 Kundera, Milan: *Die unerträgliche Leichtigkeit des Seins*
- 300 Morrison, Toni: *Menschenkind*
- 303 Vargas Llosa, Mario: *Das Fest des Ziegenbocks*
- 306 Pamuk, Orhan: *Schnee*
- 309 Müller, Herta: *Atemschaukel*

- 313 Werkverzeichnis

Anonym

Gilgamesch-Epos
OT Scha naqba imuru (»Der alles schaute«) | Entstehungszeit ca. 21.–12. Jahrhundert v. Chr. | Deutschsprachige Erstausgabe 1891 | Form Epos | Epoche Babylonisches Altertum

Das *Gilgamesch-Epos,* das erste Großepos der Weltliteratur und gleichzeitig das bedeutendste Werk der babylonischen Literatur, war schon zu seiner Zeit berühmt Die besondere Hochschätzung der alten Stadt Uruk, die in dem Epos zum Ausdruck kommt, hängt u. a. damit zusammen, dass dort die Schrift so weit entwickelt wurde, dass sie die Gesamtheit der (sumerischen) Sprache auszudrücken vermochte. Uruk ist damit gewissermaßen die Wiege der Weltliteratur.

Entstehung Gilgamesch war ein König der mesopotamischen Stadt Uruk, der zwischen 2750 und 2600 v. Chr. (in der »frühdynastischen« Epoche) geherrscht haben muss. Kürzere epische Dichtungen über Gilgamesch in sumerischer Sprache liegen aus der 3. Dynastie von Ur (ca. 2000 v. Chr.) vor, deren Herrscher aus Uruk stammten. Unter Verwendung dieses Materials schuf ein Dichter der mittelbabylonischen Zeit (ca. 1200 v. Chr.) eine zusammenhängende Komposition in akkadischer Sprache: das eigentliche Gilgamesch-Epos. Ein Exemplar dieses auf zwölf Tontafeln in Keilschrift niedergeschriebenen Zyklus wurde in der Bibliothek des assyrischen Königs Assurbanipal (669–627 v. Chr.) gefunden. Ein Fragment eines literarischen Katalogs aus derselben Bibliothek nennt als Verfasser des Epos einen Priester namens Sin-leqe-uninni.

Nachdem der Text mehr als 2000 Jahre verschollen war, wurde er ab 1872 von dem britischen Assyriologen George Smith entdeckt. Zerstörte Teile des Textes werden seither in dem Maße ergänzt, wie an verschiedenen Orten Textfragmente (vor allem der sumerischen Varianten) gefunden werden.

Inhalt Um die Fronherrschaft des Königs Gilgamesch, der zu zwei Dritteln Gott und zu einem Drittel Mensch ist, über die Bewohner Uruks abzumildern, schaffen die Götter einen Gefährten für ihn: den »Tiermenschen« Enkidu. Dieser wird nach einem Zweikampf Gilgameschs Freund. Gemeinsam erleben Gilgamesch und Enkidu Abenteuer: Sie töten den Wächter des Zedernwaldes im Libanon, Chuwawa, und fällen die heilige Zeder. Zurückgekehrt, wird Gilgamesch von der Liebesgöttin Ischtar aufgefordert, die heilige Hochzeit zu vollziehen. Er lehnt das Angebot ab und verhöhnt die Göttin. Daraufhin muss er mit Enkidu gegen den Himmelsstier kämpfen, den sie töten. Aufgrund eines Ratsschlusses der Götterversammlung erkrankt Enkidu und stirbt. Gilgamesch trauert um den Freund und wird fortan von der Angst zu sterben umgetrieben. Auf der Suche nach Unsterblichkeit begibt er sich auf eine Reise zu Utnapischtim, der die Sintflut erlebte und von den Göttern die Unsterblichkeit erhielt. Auf dem Weg vollbringt er weitere Heldentaten; weder Gefahren noch der Rat der Schenkin Siduri, sich auf den Genuss des diesseitigen Lebens zu konzentrieren, können ihn bremsen. Der Fährmann Urschanabi setzt Gilgamesch schließlich über die Todeswasser zu Utnapischtim über. Dieser berichtet ihm, dass er die Unsterblichkeit erlangte, als er die Sintflut durch den Bau einer Arche überlebte. Mit Urschanabi kehrt Gilgamesch zurück zur Stadtmauer von Uruk. Sie, die von Gilgamesch gebaut wurde, erweist sich als das Mittel, seinen Namen unsterblich zu machen.

Aufbau Die Abenteuer des Helden bilden einen Kreis, beginnend und endend mit der (ihrerseits annähernd kreisförmigen) Stadtmauer Uruks. Daran ist als zwölfte Tafel eine Art Epilog angehängt. Ein wichtiges Element der einzelnen Abenteuer sind die großzügig eingearbeiteten Träume der Helden und deren Deutung als Omina.

Wirkung Der Sintflutbericht der *Bibel* ist offensichtlich von seinem mesopotamischen Gegenstück beeinflusst; der Letztere ist aber nicht exklusiv im *Gilgamesch-Epos* enthalten, sondern auch separat als Atrachasis-Mythos überliefert, der von der Schöpfung und der Sintflut erzählt. Motive des *Gilgamesch-Epos* haben spätere Heldenerzählungen beeinflusst, so jene über Herakles, und lassen sich noch in den Erzählungen aus *Tausendundeiner Nacht* finden.

Nach 2000 Jahren Rezeptionsabriss gelangten das Epos und sein Titelheld erneut zu großer Popularität. Neben den diversen Editionen des Epos selbst wurde der Stoff u. a. in der Oper *Gilgamesj* (1943/44) von Ture Rangström (1884–1947), in dem Oratorium *Gilgamesch* (Uraufführung: 1958) von Bohuslav Martinů (1890–1959) sowie in diversen Romanen (etwa *Fluss ohne Ufer,* 1949/50, von Hans Henny Jahnn) verarbeitet. Viel Beachtung erfuhr die Neuübersetzung und Nachdichtung des Epos von Raoul Schrott (*Gilgamesch,* 2001), in die auch neueste Erkenntnisse eingeflossen sind. Zusammen mit führenden Assyrologen fertigte er eine philologische Übersetzung an, stellte dieser aber eine zweite, dichterische Fassung gegenüber, in der er das Epos auch für die heutige Zeit lesbar macht.

Homer

griechischer Dichter | *8. Jh. v. Chr. | †8. Jh. v. Chr. | vermutlich in Smyrna geboren | Vorbild und Lehrmeister der Antike | gilt als Begründer des abendländischen Epos

Über Homers Person herrschte seit jeher Unsicherheit. Die literarisch-biografische Erforschung begann im 5. Jh. v. Chr., wobei die Quellen viel Widersprüchliches zutage förderten. Aufgrund sprachlicher Indizien erscheint Smyrna (heute Izmir) als seine Geburtsstadt wahrscheinlich. Anzunehmen ist, dass der nördliche Teil des ionischen Kleinasien Homers Heimat war. Als Sterbeort gilt die Insel Ios.

Die sogenannte homerische Frage nach dem Ursprung der Heldenepen und deren Entstehung kam bereits im Altertum auf. Bis zum 5. Jahrhundert schrieb man Homer neben der *Ilias* und *Odyssee* zahlreiche weitere Epen zu, später galt er als deren ausschließlicher Verfasser, bis ihm im Hellenismus die »Chorizonten« (Trennenden) die Autorschaft für die *Odyssee* absprachen. Im Laufe der Debatte entwickelten sich zwei Hauptrichtungen, die der Unitarier, die eine strenge Einheitlichkeit der Epen vertraten, und die der Analytiker, die beide Epen radikal in einzelne Lieder zerlegten. Hinzu kamen Forscher, die Erweiterungen und Kompilationen mehrerer Kleinepen annahmen und Homer nur für den »Redaktor« oder Herausgeber hielten. Wolfgang Schadewaldt leitete 1938 eine durch Komposition und Beziehungsreichtum des Epos begründete Gesamtschau der *Ilias* ein und konstituierte Homer wieder als ihren Dichter.

Homer, der heute als Schöpfer der beiden ersten und bedeutendsten griechischen Großepen *Ilias* und *Odyssee* gilt, steht am Anfang der griechischen Literatur sowie der abendländischen Tradition des Heldenepos. Bereits im Altertum war Homer ein gerühmter Dichter und ein Vorbild und Lehrmeister der Antike. Ab dem 6. Jh. v. Chr. wurden seine Werke durch fahrende Sänger im gesamten griechischen Sprachraum verbreitet und rezitiert. Die *Ilias* und die *Odyssee* übten maßgeblichen Einfluss auf die griechische Sprache, Literatur und bildende Kunst aus.

Ilias   OT Ilias | Entstehungszeit zweite Hälfte des 8. Jh. v. Chr. | Erstausgabe 1488 | Deutschsprachige Erstausgabe 1584 | Form Epos | Epoche Griechische Antike

Die *Ilias* gilt als die älteste Dichtung des Abendlandes. Homer verarbeitete darin nicht nur eigenes Gedankengut, sondern schöpfte auch aus Überlieferungen mündlicher Dichtung bis in die kretisch-mykenische Zeit. Dabei stellte er das Tradierte in einen gänzlich neuen Zusammenhang. Das Epos veranschaulicht die Selbstbeherrschung als höchste Form menschlichen Handelns und gibt Hinweise für das richtige Verhalten gegenüber den Göttern.

Aufbau und Inhalt   Der Titel *Ilias* ist von Ilion abgeleitet, dem zweiten Namen der in Kleinasien gelegenen Stadt Troja, die um 1200 v. Chr. zerstört wurde. Der in 24 Büchern zu ca. 15 000 Hexametern gefasste Stoff steht in historischem Bezug zu der Belagerung Trojas und schildert einen Ausschnitt der Kämpfe zwischen griechischen Belagerern und trojanischen Verteidigern, eine etwa 50 Tage umfassende Episode des zehn Jahre währenden Trojanischen Krieges. In Rückblick und Vorschau wird jedoch ein Bild des gesamten Krieges vermittelt.

Leitthema des Geschehens ist der Zorn Achills, des vortrefflichsten Kriegers der Griechen. Darauf konzentrieren sich alle kompositorischen, sprachlichen und stilistischen Mittel. Ein Streit mit Agamemnon, dem obersten griechischen Heerführer, entbrennt, als Achill sich weigert, dem troischen Apollonpriester Chryses dessen gefangen genommene Tochter Chryseis zurückzugeben. Als göttliche Strafe Apollons wird daraufhin das griechische Heer von einer Seuche heimgesucht. Als Sprecher derjenigen, die eine Freilassung der Gefangenen fordern, erzwingt Achill ihre Herausgabe. Zum Ausgleich fordert Agamemnon von Achill die schöne Briseis. Daraufhin bleibt dieser – seiner Kriegsbeute beraubt – grollend dem Kampf fern. Achills Mutter, die Meergöttin Thetis, erfleht von Zeus die Wiederherstellung der Ehre ihres Sohnes. Zeus beschließt, dass die Trojaner so lange über die Griechen siegen sollen, bis die Beleidigung des Achill gesühnt ist. So erhalten die Kämpfe um Troja die Bedeutung eines göttlichen Plans. Aufseiten der Griechen wie der Trojaner nehmen Götter am Krieg teil. Der Groll Achills wird erst gebrochen, als sein Freund Patroklos durch das Schwert Hektors fällt. Achill greift wieder in den Kampf ein, um Rache zu nehmen. Sein Zorn wandelt sich in Hass gegen Hektor, den er im Kampf tötet. Nach schrecklichem Wüten gegen die Feinde und Schändungen des Leichnams von Hektor findet Achill wieder zu maßvollem Verhalten und Menschlichkeit zurück: Er gibt der Bitte des Königs Priamos, Hektors Vaters, um Herausgabe der Leiche des Sohnes nach.

Stil Die *Ilias* ist in einer Kunstsprache verfasst, die aus ionisch-äolischen Elementen besteht. Formelhafte Wendungen lassen auf mündliche Vorstufen schließen. Charakteristisch für das Epos sind kraftvolle Fantasie, Sprachgewalt, Retardierung des Handlungsablaufs zur Erzeugung neuer dramatischer Spannung, minutiös geschilderte Einzelszenen, mitfühlende Anteilnahme und psychologisches Feingefühl sowie Schönheit der von Beobachtung zeugenden Gleichnisse. Homer lässt ein Bild des menschlichen Kosmos aufscheinen. Indem er das gesamte menschliche Leben – im Frieden wie im Krieg, bei handwerklichen u. a. täglichen Verrichtungen – beschreibt, geht er über die eigentliche Handlung der *Ilias* weit hinaus.

Wirkung Schon Aristoteles in seiner *Poetik* und Horaz in der *Ars poetica* lobten den Epiker Homer; Vergil konzipierte seine *Aeneis* als eine Synthese aus *Odyssee* und *Ilias*. In der Renaissance rühmten ihn besonders Francesco Petrarca und Giovanni Boccaccio. Für die Literaturtheorie des Sturm und Drang war Homers Werk vorbildlich.

Die *Ilias* wurde für das Theater adaptiert (Regie: Hansgünther Heyme und Hanns-Dietrich Schmidt; Uraufführung: 1989 in Düsseldorf) und mehrfach verfilmt, zuletzt von Wolfgang Petersen (*Troja,* 2004) mit Brad Pitt, Eric Bana, Diane Kruger und Orlando Bloom in den Hauptrollen.

Odyssee   OT Odyssee | Entstehungszeit zweite Hälfte des 8. Jh. v. Chr. | Erstausgabe 1488 | Deutschsprachige Erstausgabe 1537 | Form Epos | Epoche Griechische Antike

Die *Odyssee* gilt als das zweitälteste Dokument der abendländischen Literatur. Das in der Überlieferung als Werk des Homer ausgewiesene Heldenepos enthält wie auch die *Ilias* Motive mündlicher Dichtung und greift bis auf die mykenisch-kretische Zeit zurück.

Inhalt   Das Epos besingt in 12 200 Hexameterversen in 24 Büchern die abenteuerlichen Irrfahrten und die glückliche Heimkehr des Königs Odysseus zu seiner Frau Penelope. Es umfasst einen Zeitraum von 40 Tagen. Vorangegangenes wird nur indirekt, durch eine ausgedehnte Erzählung des Helden und in Liedern eines fahrenden Sängers, dargestellt. Der *Odyssee* ist eine kleine Hymne, das *Prooimion*, vorangestellt.

Das Epos setzt kurz vor der Heimkehr mit dem Aufenthalt des Odysseus bei der Nymphe Kalypso ein und lässt nach einem Schiffbruch den Helden selbst in einer Rahmenerzählung vor den Phäaken seine früheren Erlebnisse schildern. Parallel dazu erzählt die *Odyssee*, wie sich die auf die Rückkehr ihres Gatten wartende Penelope mit List ihrer Freier erwehrt, sich ihr Sohn Telemachos auf die Suche nach dem Vater begibt und später dem unerkannt heimgekehrten Odysseus bei der Ermordung der Freier hilft.

Aufbau   Die *Odyssee* zeichnet sich durch eine kunstvolle Gliederung sowie durch eine Einteilung in zwei gleich lange Hälften – Irrfahrt und Heimkehr – aus. Drei Hauptstoffkreise lassen sich unterscheiden: die Heimkehrgeschichte in Form eines Schiffermärchens vom umherirrenden Seefahrer (nostos), die Geschichte vom tot geglaubten, heimgekehrten König sowie das Märchen vom Sohn, der nach seinem verschollenen Vater sucht (Telemachie), bereichert durch die Legende vom Kriegshelden, der die toten Kameraden in der Unterwelt aufsucht (nekyia).

Unterschiede zur Ilias Die *Odyssee* hebt sich von der *Ilias* vor allem durch ein stark verändertes Menschenbild und ein neues Verhältnis zu den Göttern ab. Diese werden zwar noch immer anthropomorph und in absoluter Autonomie gegenüber den Menschen dargestellt, doch gebieten sie nicht mehr lediglich Ehrfurcht, sondern werden als Garanten des Rechts wahrgenommen. Wenn auch zuweilen ihren Leidenschaften erliegend, lassen sich die Götter in ihrem Handeln von Gerechtigkeit leiten. Dementsprechend gilt die Rache des Odysseus – ihrem ausführenden Werkzeug – als Exemplum des göttlichen Strafgerichts. Die zügellosen Freier sind letztlich für das an ihnen verübte Blutgericht selbst verantwortlich.

Mit Odysseus wird ein neues Heldenideal entworfen: Im Unterschied zu den kraftvollen und düsteren Haupthelden der *Ilias* zeichnet er sich durch menschliche Reife, Leidensfähigkeit, Klugheit, Fantasie, handwerkliches Geschick, Verstellungskunst, Humor, Verantwortungsgefühl und Gerechtigkeitsempfinden aus. Er wird so zum Vorbild für eine neue Menschlichkeit.

Am Beispiel der Freier werden die inneren Erschütterungen sichtbar, denen die aristokratische Schicht inzwischen ausgesetzt ist. Demgegenüber wird dem einfachen Volk, repräsentiert durch den Bettler Iros, den frechen Ziegenhirten Melanthios u. a. Figuren, in der *Odyssee* eine größere Rolle zugewiesen, als es noch in der *Ilias* der Fall war. Ebenso werden Frauencharaktere wie Penelope und Nausikaa wesentlich differenzierter gezeichnet.

Sprache Die Sprache der *Odyssee* ist eine Mischung verschiedener griechischer Dialekte, wobei der ionische überwiegt. Formelhafte Verse werden zur Schilderung wiederkehrender Geschehnisse benutzt; wichtige Szenen zeichnen sich durch große sprachliche Gestaltungskraft aus. Die Charaktere werden äußerst facettenreich dargestellt, Reden beanspruchen einen breiten Raum.

Wirkung Schon in der Antike wurde der *Odyssee* eine überragende Bedeutung zugewiesen. Sie galt als meisterhafte Darstellung und Ausdruck des ureigensten griechischen Wesens. Sie markiert den Ursprung des Epos als literarische Gattung und wurde von Aristoteles zum Vorbild erhoben. Vergils *Aeneis* nimmt formal und inhaltlich starken Bezug auf die *Odyssee,* ebenso die Epik des Mittelalters. In der Renaissance gelangte mit der Wiederentdeckung der Antike die Dichtkunst Homers erneut zu großer Anerkennung. Mit ihrer Häufung spektakulärer Abenteuer und der Schilderung sensationeller Handlungsmomente beeinflusste sie letztlich sogar den populären Abenteuerroman der Moderne.

Bedeutsam war Homers Großepos auch für die Literaturtheorie des Sturm und Drang. Diese sah den Ursprung aller großen Dichtungen in der »Natur« statt in der »Kunst« und schätzte Homers Werk als »natürliche«, unmittelbar der Anschauung der Wirklichkeit entsprungene Poesie. In der deutschen Literatur des Klassizismus spielte die *Odyssee* in der Diskussion um den Hexameter und die Erneuerung des Heldenepos eine Rolle. 1781 entstanden qualitätsvolle Versübersetzungen von *Ilias* und *Odyssee* durch Johann Heinrich Voß (1751–1826), die weite Bevölkerungskreise im deutschsprachigen Raum mit Homers Dichtung vertraut machten. Modernere Übertragungen von Thassilo von Scheffer (1873–1951), Rudolf Alexander Schröder (1878–1962) und v. a. Wolfgang Schadewaldt (1900–1974) trugen wesentlich dazu bei, dass die Heldenepen Homers bis heute eine große Faszination auf ihre Leser ausüben.

Die *Odyssee* hat über die Jahrhunderte hinweg unzählige Autoren, Komponisten, Theater- und Filmschaffende inspiriert. Motive und Handlungselemente fanden Eingang in Werke wie Goethes *Faust,* Jules Vernes *20 000 Meilen unter dem Meer* und James Joyces' *Ulysses.* Mario Camerinis *Die Fahrten des Odysseus* (1955) mit Kirk Douglas in der Hauptrolle zählt zu den populärsten Verfilmungen des Epos. In Filmen wie Stanley Kubricks *2001: Odyssee im Weltraum* (1968) und *O Brother, Where Art Thou?* (2000) von Joel und Ethan Coen wird der Stoff sehr frei adaptiert.

# Äsop

griechischer Dichter | * 6. Jahrhundert v. Chr. | † 6. Jahrhundert v. Chr. | erstmals bei Herodot erwähnt | stammt vermutlich aus Thrakien | in Delphi zum Tod verurteilt

....

Das Wissen über das Leben Äsops entstammt vor allem historischen und gelehrten Quellen. Nach der Überlieferung des griechischen Historikers Herodot wurde Äsop (griechisch Aisopos) in Thrakien an der Westküste des Schwarzen Meeres geboren. Auf der Insel Samos war er zunächst Sklave eines Mannes namens Xanthes, der ihn wegen seines Mutterwitzes freiließ.

Einer byzantinischen Quelle zufolge, die dem Gelehrten Maximos Planudes aus dem 13./14. Jahrhundert zugeschrieben wird, war Äsop im Dienst des Königs von Lydien, Krösus, tätig und reiste in dessen Auftrag nach Delphi. Dort wurde er, weil er die Einwohner der Stadt beleidigt hatte, zum Tod verurteilt und von einem Felsen gestürzt.

Obwohl den Griechen ältere Fabeln von den Dichtern Hesiod und Archilochos (7. Jahrhundert v. Chr.) bekannt waren, wurde Äsop, indem er ihre Fabeln zusammenfasste und seine eigenen Geschichten ergänzte, der Begründer dieser Gattung. Äsop gilt als der wichtigste Vertreter der Fabeldichtung. In einfachen Geschichten betrachtet er allgemeinmenschliche Schwächen.

Fabelsammlung   OT Mython synagoge | Entstehungszeit 6. Jahrhundert v. Chr. | Erstausgabe 1470 | Deutschsprachige Erstausgabe 1476 | Form Fabel | Epoche Griechische Antike

Die Fabeln von Äsop waren aufgrund ihrer unkomplizierten, deutlichen Sprache und ihrer moralischen Botschaft bei der Bevölkerung wie auch bei den Gelehrten sehr beliebt. Der aus einfachen Verhältnissen stammende Dichter schrieb nicht für eine elitäre Gruppe, sondern für das Volk.

Inhalt In den kleinen, in sich geschlossenen Geschichten werden menschliche Schwächen, Gewohnheiten und Verhältnisse auf sprechende Tiere, manchmal auch Pflanzen, übertragen und kritisiert. Götter und Menschen treten hingegen selten auf. In den Erzählungen begegnen sich folgende personifizierte Lebewesen: Maus und Frosch, Adler und Taube, Pferd und Rind, Esel und Hund, Hirsch und Hase, Lerche, Rabe und Schwalbe, Löwe und Kamel, Fische, Füchse und Wölfe, Bienen und Flöhe, Schlangen und Zikaden, Schafe und Schweine, Krokodile und Affen, Eiche und Ölbaum, Dornstrauch und Tanne, Feigen- und Apfelbaum, Rosen und Reben. Daneben erscheinen auch Götter und Heroen wie Zeus, Apollon, Aphrodite, Athene, Helios, Prometheus, Herakles, Hermes, Teiresias, Plutos (Reichtum), Thanatos (Tod) sowie einfache Menschen wie Wanderer, Seemann, Händler und Greis.

Die Protagonisten verfolgen, von negativen Eigenschaften wie Habgier, Neid, Geiz, Unersättlichkeit und Überheblichkeit angetrieben, einzig ihre persönlichen Interessen und versuchen diese auf Kosten der anderen durchzusetzen. Dabei kommt es zu einer unvorhersehbaren Wende des Geschehens, durch die die Agierenden nicht nur ihr angestrebtes Ziel verfehlen, sondern selbst den Schaden davontragen. Die Handlung versinnbildlicht somit eine allgemeingültige moralische Botschaft. Sie zeigt, dass sich Eigennutz und materialistisches Denken in einer Gesellschaft nicht bezahlt machen.

Wirkung Die Fabeln von Äsop sind das einzige Werk aus der griechischen Antike, das über die Jahrhunderte hinweg in ganz Europa verbreitet war. Die lateinische Übersetzung stammte von Phädrus (1. Jahrhundert n. Chr.). Sie bildete die Grundlage für alle späteren Fabelsammlungen für den Schulgebrauch vom Mittelalter bis zur Moderne und galt als Volksbuch. Die Fabeln inspirierten darüber hinaus in allen Literaturen Autoren zu neuen Fabeln in Vers und Prosa; sie beeinflussten zahlreiche Autoren nachfolgender Jahrhunderte, u. a. Martin Luther, Jean de La Fontaine und Gotthold Ephraim Lessing.

Caesar, Gaius Iulius

römischer Feldherr und Staatsmann | *13. 7. 100 v. Chr. in Rom |
† (ermordet) 15. 3. 44 v. Chr. in Rom Florenz | 63 v. Chr. Wahl
zum Pontifex Maximus | schloss 60 v. Chr. mit Pompeius und M. Licinius
Crassus das erste Triumvirat | 59 v. Chr. Wahl zum Konsul

....

Caesar wurde als Sohn einer aristokratischen Familie geboren. Mit der Wahl zum Priester des Jupiter erhielt er im Jahr 85 v. Chr. sein erstes Amt. 63 v. Chr. wurde er zum Pontifex Maximus gewählt, im Jahr darauf erreichte er mit der Wahl zum Prätor die Beteiligung an der Macht. Zwei Jahre später schloss er mit dem gefeierten Feldherrn Pompeius (106–48 v. Chr.), seinem Schwiegersohn, und mit M. Licinius Crassus (115–53 v. Chr.) ein politisches Bündnis, das als »Triumvirat« in die Geschichte einging. Dieses Zweckbündnis sicherte ihm für das Jahr 59 v. Chr. das Konsulat, das höchste Amt der Republik. Im Jahr darauf übernahm er als Prokonsul die Verwaltung der Provinzen Gallia Cisalpina (Oberitalien), Illyricum (Dalmatien) und Gallia Narbonensis (Südfrankreich). Gestützt auf diese Machtbasis unterwarf er Gallien westlich der Alpen bis zum Rhein.

Als sich seine Amtszeit als Prokonsul ihrem Ende zuneigte und er sich in Abwesenheit um das Konsulat für das Jahr 48 v. Chr. bewerben wollte, forderte der Senat, Caesar möge zuerst sein militärisches Kommando niederlegen und seine Provinzen abgeben. Da der Senat gleichzeitig seinem früheren Verbündeten Pompeius zusätzliche Befugnisse einräumte und Caesar mit Ablauf seiner Amtszeit eine Anklage befürchtete, überschritt er 49 v. Chr. den Fluss Rubikon und eröffnete damit den Bürgerkrieg. Nach dem Sieg über Pompeius und den Senat wurde ihm 44 v. Chr. die Diktatur auf Lebenszeit verliehen. Es gelang ihm jedoch nicht, die wichtigsten Kreise der römischen Elite für sich und seine Politik zu gewinnen. Vielmehr verschworen sich Kreise des Adels unter der Führung von M. Iunius Brutus und C. Cassius und ermordeten Caesar an den Iden des März im Jahr 44 v. Chr.

Der römische Feldherr, Schriftsteller und Diktator Caesar gehört zu den bekanntesten Persönlichkeiten der Weltgeschichte. Schon vor diesem Hintergrund zählt sein Bericht über die Eroberung Galliens in den Jahren 58–51 v. Chr., *Der gallische Krieg,* zu den populärsten Werken der antiken Geschichtsschreibung.

Der gallische Krieg   OT Commentarii de bello Gallico | OA 52/51 v. Chr. | Form Geschichtswerk | Epoche Römische Antike

Die Eroberung Galliens und nicht das Buch *Der gallische Krieg* war der Grundstein zur historischen »Unsterblichkeit« Caesars. Aber die von ihm selbst verfasste Geschichte dieses Feldzugs hat einen nicht unerheblichen Anteil an seinem Ruhm, denn mit dem ebenso knappen wie brillanten Bericht wusste er nicht nur seine Zeitgenossen in Rom zu überzeugen, es gelang ihm damit bis heute, auch die meisten Historiker für sich einzunehmen.

Inhalt   Im Mittelpunkt des Buchs stehen der Kampf und die politischen Intrigen gegen die Kelten, Belger und Aquitanier. Nach einigen überraschenden Siegen betrachtet Caesar nach dem zweiten Jahr ganz Gallien als unterworfen und behandelt alle, die sich nicht dem römischen Joch beugen, als »Aufrührer«. Der römische Feldherr schildert detailliert seine Feldzüge, übertreibt dabei aber meist bei der Schilderung der Stärke seiner Gegner und sagt wenig über die Stärke und Positionen seiner eigenen Truppen aus. Seinen Höhepunkt erreicht der Kriegsbericht mit der dramatischen Darstellung des Aufstands der Gallier unter der Führung des Averners Vercingetorix, dem es noch einmal gelingt, die Römer in die Defensive zu drängen. Gerade hier zeigt sich Caesar als geschickter Propagandist und weiß selbst die Niederlage von Gergovia als »Beinahesieg« darzustellen. Mit der Belagerung und Eroberung von Alesia, der letzten Festung der Gallier, endet das Buch.

Aufbau Das Werk ist in acht Bücher unterteilt, wobei jedes einem Kriegsjahr entspricht. Das achte Buch, das die Jahre 51 und 50 v. Chr. beschreibt, wurde von einem Freund Caesars, dem Feldherrn Aulus Hirtius, verfasst. In die Darstellung der Feldzüge flocht Caesar mehrfach ethnografische Notizen über die Völker ein, gegen die er Krieg führte.

Wirkung Das Werk, dessen prägnanter Stil bei den Zeitgenossen große Bewunderung hervorgerufen hatte, wurde im Mittelalter wenig gelesen. Erst in der Renaissance wurde es für die Schüler, die Latein lernen durften, die wichtigste Anfangslektüre. Die klassische Einfachheit der Sprache – der Wortschatz beschränkt sich auf 1200 bis 1300 Begriffe – macht das Werk bis heute zu einer geschätzten Schullektüre. Ebenso wird es von den meisten Althistorikern geschätzt, hingegen von vielen Militärhistorikern wegen seiner zahlreichen verschleiernden Ungenauigkeiten eher kritisiert.

Vergil eigentlich Publius Vergilius Maro

römischer Dichter | *15.10.70 v. Chr. in Andes bei Mantua |
†21.9.19 v. Chr. in Brundisium (Brindisi) | ab 55/50 v. Chr. in Rom |
29 v. Chr. Beginn der »Aeneis« | starb vor Werkvollendung
auf einer Rückreise von Griechenland

....

Vergil, der »Nationaldichter« der Kaiserzeit, weist sich mit seiner hohen Sprachkunst, der Ausgewogenheit seiner Kompositionen, der stringenten Symbolkraft seiner Aussagen und seiner humanistischen Botschaft als Meister der römischen Kunstpoesie aus.

Publius Vergilius Maro wurde als Sohn eines einfachen, aber nicht unvermögenden Gutsbesitzers geboren, sodass ihm seine Eltern eine sorgfältige Ausbildung ermöglichen konnten. Nach der Elementarschule in Cremona erhielt er Unterricht in Mailand. Zwischen 55 und 50 v. Chr. kam er nach Rom, wo Parthenios aus Nicäa sein Lehrer in griechischer Sprache und Literatur war. Philosophisch wurde er vor allem von dem Epikureer Siron beeinflusst, den er 50 v. Chr. in Neapel hörte. Nach der Schlacht von Philippi im Jahr 42 verlor Vergil durch Enteignung infolge der Landverteilung des Augustus (63 v. Chr. bis 14 n. Chr.) den väterlichen Grundbesitz, den er aber durch Vermittlung eines hochrangigen Gönners zurückerhielt.

Im Dichterkreis um seinen Mäzen Maecenas (70–8 v. Chr.), dem er ab 37 v. Chr. angehörte, entwickelte sich sein dichterisches Schaffen hin zu einer eher staatstragenden Dichtung im Sinne der Reformpolitik des Augustus. Mit seinen nach dem Vorbild des Theokrit (um 310 bis um 250 v. Chr.) gestalteten *Hirtengedichten* (entst. 42–39 v. Chr.) begründete Vergil die bukolische Poesie in der lateinischen Literatur und wurde ab der Renaissance zum Vorbild aller europäischen Hirtendichtung. Das hexametrische Epos *Landleben* (entstanden ca. 37–29 v. Chr.), das in der Nachfolge von Hesiod und Lukrez (um 97–55 v. Chr.) steht, ist im Kern kein Lehrgedicht über den Landbau, sondern vielmehr ein Leitbild für die durch Bürgerkriege entwurzelte Gesellschaft. 29–19 v. Chr. arbeitete Vergil an seinem Hauptwerk, dem Epos *Aeneis*.

Aeneis OT Aeneis | Entstehungszeit ca. 29–19 v. Chr. | Erstausgabe ca. 1469 | Deutschsprachige Erstausgabe 1515 | Form Versepos | Epoche Römische Antike

Die *Aeneis* ist das Hauptwerk von Vergil sowie eines der bedeutendsten Werke der lateinischen Dichtkunst. Es zeichnet sich durch die hohe Sprachkunst, die seelische Durchdringung der Gestalten, den ausgewogenen Aufbau und die tiefgründige theologische Geschichtsdeutung aus. Schon kurz nach seiner Entstehung wurde es zur Pflichtlektüre eines jeden römischen Schülers erhoben.

Entstehung Nach intensiven Studien der Texte Homers und hellenistischer Epiker sowie der Werke von Gnaeus Naevius (um 270 bis um 201 v. Chr.), Quintus Ennius (239–169 v. Chr.), Marcus Porcius Cato (234–149 v. Chr.) und Lukrez begann Vergil die Arbeit an der zuerst als Prosatext angelegten *Aeneis*. Die Aeneassage war zuvor von Naevius im *Bellum Punicum* und von Ennius in den *Jahrbüchern* literarisch gestaltet worden. Vergils *Aeneis* steht in der Nachfolge von Homer. Aufgrund des frühen Todes von Vergil blieb das Werk jedoch unvollendet. Das »Nationalepos« der Römer wurde sogleich nach Vergils Tod gegen seinen ausdrücklichen Willen auf Befehl des Augustus (63 v. Chr. bis 14 n. Chr.) veröffentlicht.

Inhalt Vergil schildert in zwölf Büchern das Schicksal des Aeneas von der Eroberung Trojas bis hin zum Sieg über den italischen Rutulerfürsten Turnus. Die ersten sechs Bücher handeln von den Irrfahrten des Aeneas bis kurz vor der Landung in Latium. Darunter findet sich die Episode mit der phönizischen Prinzessin Dido, der er nach einem Sturm auf hoher See in Karthago begegnet. Die Liebesgeschichte endet tragisch durch den Selbstmord Didos, nachdem Aeneas seine Weiterreise beschlossen hat.

Die folgenden sechs Bücher enthalten, wie die *Ilias* des Homer, Schilderungen von Kämpfen. Sie enden mit der Niederwerfung der Gegner, die die Ansiedelung der Fremden vereiteln wollten; der Weg für die Gründung der Stadt Lavinium ist nun frei. Von hier aus soll die Stadt Alba Longa, dann Rom selbst gegründet werden, das unter der Regierung der julischen Familie und in der Friedensherrschaft des Aeneas-Nachfolgers Augustus einem goldenen Zeitalter entgegenschreitet; Kaiser Augustus gehörte infolge der Adoption durch Caesar zum julischen Geschlecht, das seine Abstammung auf Venus, die Mutter des Aeneas, zurückführte. An zwei Stellen bezieht sich Vergil ganz deutlich auf das Imperium Augusti: Bei dem Abstieg des Aeneas in die Unterwelt mit der Heldenschau (Buch VI) und der Schildbeschreibung (Buch VIII) wird das Reich des Prinzeps Augustus als die Erfüllung des vom Schicksal bestimmten Verlaufs der römischen Geschichte dargestellt. Die Verherrlichung des Augustus in der *Aeneis* ist offensichtlich und lässt das Werk weniger als Heldenepos, sondern vielmehr als ein vaterländisches, religiös-politisches Epos erscheinen, das sich an der Neuordnung des Reichs durch Augustus orientiert und auf die künftige Größe des römischen Volks hindeutet.

Wirkung Das Werk fand schon zu Lebzeiten des Dichters höchste Bewunderung. Vergil wurde in der antiken Welt fortan zum großen Vorbild für alle Dichtung. Die Nachwirkung Vergils reicht von der Renaissance bis in die Neuzeit. Der tragische Dido-Stoff, der die Liebe des Aeneas zur karthagischen Königin Dido thematisiert, auf die er zugunsten seines Schicksalsauftrags verzichtet, fand Eingang in Malerei, Oper und Drama.

Ovid   eigentlich Publius Ovidius Naso
römischer Schriftsteller | * 20. 3. 43 v. Chr. in Sulmo (heute Sulmona) | † um 17 n. Chr. in Tomis (heute Constanza, Rumänien)

Ovid ist neben Vergil einer der wirkungsmächtigsten römischen Dichter. Schon zu Lebzeiten eine Berühmtheit, zählt er heute aufgrund seiner poetisch meisterhaften Darstellung von Stoffen aus Erotik und Mythologie zu den Klassikern der Weltliteratur.

Der aus einer wohlhabenden Familie stammende Ovid genoss eine rhetorische Ausbildung in Rom und Athen. Er unternahm Bildungsreisen nach Sizilien und Kleinasien. Nach kurzer Tätigkeit in einem Amt gab er seine politische Laufbahn zugunsten der Dichtkunst auf. Nachdem er ab etwa 20 v. Chr. in Rom als Dichter gefeiert wurde, traf ihn das Schicksal der Verbannung: Kaiser Augustus schickte ihn 8. n. Chr. vermutlich infolge eines Sittenskandals im Zusammenhang mit der Kaiserenkelin Julia der Jüngeren an die Grenzen des Römischen Reichs, nach Tomis am Schwarzen Meer. Trotz seiner Bittschreiben nach Rom wurde Ovid keine Begnadigung zuteil, sodass er bis an sein Lebensende im Exil bleiben musste.

Das Œuvre Ovids gliedert sich in drei Phasen: eine der Liebesdichtung verschriebene Frühphase, eine Phase der Großwerke mit den epischen *Metamorphosen* (250 Verwandlungssagen) und dem elegischen *Festkalender* (5–8 n. Chr.) sowie die Spätphase der Exildichtung. Schon sein erstes Werk *Liebeslieder* (ab 23 v. Chr.), eine Sammlung von Elegien, in deren Mittelpunkt er die fiktive Geliebte Corinna stellte und in denen er als witziger, genießender, triumphierender Liebhaber erscheint, verhalf Ovid zu Berühmtheit. Zu den erotischen Werken zählen neben Liebesliedern die Dichtungen *Liebeskunst* (um 1 v. Chr. bis 1 n. Chr.) und *Heldenbriefe* (20–10 v. Chr.) sowie die *Heilmittel gegen die Liebe* (1 n. Chr.).

Im Exil schrieb Ovid seine Spätwerke, die im elegischen Versmaß gehaltenen fünf Bücher *Klageelegien* (8–12 n. Chr.) und die vier Bücher *Briefe vom Pontos* (12–16 n. Chr.). Die in der Antike gerühmte Tragödie *Medea* ist verloren.

Ovid war der letzte große römische Elegiker, dessen Witz, schöpferische Fantasie sowie die hervorragende Beherrschung der lateinischen Sprache sein Werk auszeichnen, das noch heute nichts von seinem Reiz eingebüßt hat.

Metamorphosen   OT Metamorphoseon libri | Entstehungszeit um 1–8 n. Chr. | Erstausgabe 1471 | Deutschsprachige Erstausgabe 1545 | Form Episches Sagengedicht | Epoche Römische Antike

Die *Metamorphosen* zählen neben der *Aeneis* von Vergil zu den bedeutendsten mythologischen Großepen der Antike. Die rund 250 Verwandlungssagen aus der griechischen und italischen Mythologie, die ein weites Spektrum von Göttern, Menschen, Tieren und Pflanzen umfassen, vermitteln auf lebendige Weise die Welt des Mythos.

Inhalt   Ovid beginnt mit den Mythen der Urzeit, der Weltschöpfung, Götterversammlung und Sintflut, befasst sich im zweiten Hauptteil mit Götter- und Heroensagen (Jupiter, Apollo, Perseus, Theseus, Herkules etc.), behandelt den Sagenkreis um den Trojanischen Krieg, nimmt sich italischer Mythen an (Aeneas-Sage und altitalischer Sagenhistorien) und gelangt mit der Apotheose des Augustus, die den krönenden Abschluss des Werks bildet, zu seiner eigenen politisch-historischen Gegenwart.

Ovid stellt die Menschen einfühlsam und differenziert dar, Ironie und Witz blitzen auf. Bisweilen wählt er auch eine erotische Präsentation. Mit der Verwandlung in Tier, Baum, Quelle oder Stern lässt er eine umfassende vegetabilisch-animalische Allnatur aufscheinen.

Literaturgeschichtlich ist zu bemerken, dass in den *Metamorphosen* die alte mythische Tradition aufgehoben wird, indem Ovid den Mythos säkularisiert erscheinen lässt und auf die neutrale Ebene einer poetisch-symbolischen Stoffwelt hebt. Das antike Epos hat hier seine religiös-kultische Funktionalität verloren. Die Menschen werden ausschließlich von psychischen Kräften wie Liebe, Sehnsucht und Willen gesteuert. Natur, Gesetz oder Sitte bilden den Rahmen ihres Lebens.

Aufbau Das Werk umfasst 15 Bücher zu je 700 bis 900 Hexameterversen. Ovid reiht etwa 250 Verwandlungssagen aneinander, beginnend mit der Entstehung der Welt aus dem Chaos bis zum Anfang der imperialen Ordnung der augusteischen Epoche. Die kunstvolle Grundidee Ovids, Erzählungen des alten Mythos anhand des Verwandlungsmotivs aneinanderzureihen, entsprach der hellenistischen Lyrik. Die Gelehrsamkeit der Vorbilder ließ Ovid dabei zugunsten des eigenen leichten und spielerischen Stils zurücktreten.

Wirkung Die *Metamorphosen* haben auf die bildende Kunst und die spätere Dichtung seit zwei Jahrtausenden beträchtlichen Einfluss ausgeübt. In der römischen Kaiserzeit wurde Ovid viel gelesen und nachgeahmt. Die *Metamorphosen* übertrugen mythologische Bildung von der Antike über das abendländische Mittelalter bis in die Renaissance und das Zeitalter des Rokoko und wirken mit ihren Motiven bis heute fort.

Im Mittelalter wurde Ovid nach Vergil am meisten geschätzt. Dante Alighieri stellte Ovid neben Homer und Horaz. Noch die heutige mythologische Überlieferung gründet sich auf das Werk Ovids. So wird der mythische Begriff des »Chaos« allgemein im Sinne der *Metamorphosen* verwendet. Viele der bekanntesten mythologischen Bildungsinhalte wurden maßgeblich durch Ovid tradiert wie die Flut des Deukalion, die Auffahrt und der Absturz des Phaethon im Sonnenwagen, die Geschichten um Apoll und Daphne, um Philomela, Narziss oder Pygmalion.

Tacitus, Publius Cornelius
lateinischer Schriftsteller | * um 55 | † um 120 | Prätor und Konsul | Statthalter der Provinz Asia

Tacitus gilt als der bedeutendste römische Geschichtsschreiber der Kaiserzeit. Trotzdem weiß man über ihn recht wenig – und das Wenige stammt zumeist aus der Feder seines Freundes Plinius des Jüngeren (61/62 bis um 113).

Tacitus wurde als Sohn eines Ritters und Prokurators der Provinz Gallia Belgica geboren. Seine Herkunft prädestinierte ihn für eine glänzende politische Laufbahn. Die Ehe, die er im Jahr 78 mit der Tochter des Konsuls Gnaeus Julius Agricola einging, sicherte ihm endgültig einen Platz in der engeren Führungsspitze des Imperiums. Im Jahr 88 wurde er Prätor und Mitglied eines Priesterkollegiums. Wie vorgeschrieben, verließ er danach für vier Jahre die Hauptstadt und diente vermutlich als Legat oder als Proprätor. 97/98 zu einem der beiden Konsuln gewählt, wurde er 112/113 Prokonsul für die Provinz Asia.

Neben seiner *Germania,* einer bald rühmenden, bald rügenden Geschichtsschreibung, verfasste Tacitus eine Biografie seines Schwiegervaters und befasste sich v. a. mit Geschichtsschreibung (Jahr- und Geschichtsbücher).

Germania   OT De origine et situ Germanorum (Über Ursprung und Wohnsitz der Germanen) | Entstehungszeit 98 | Erstdruck 1470 | Deutschsprachige Erstausgabe 1526 | Form Geschichtswerk | Epoche Römische Antike

Das kleine Werk *Germania* ist die einzige aus der römischen Literatur bekannte länderkundliche Monografie und ein wichtiges Zeugnis über Gemanien.

Entstehung Tacitus schrieb die *Germania* etwa im Jahr 98. Bekannt ist, dass sein Vater als römischer Prokurator an der Mosel diente. Ob auch Tacitus »Germanien« aus eigener Anschauung kannte, ist fraglich. Er schöpfte wohl eher aus Mitteilungen des Vaters, des Schwiegervaters und von Kaufleuten sowie aus literarischen Quellen.

Inhalt Die 46 kurzen Kapitel des Buchs lassen sich grob in drei Gruppen aufteilen. In den Kapiteln eins bis fünf werden Herkunft und Volkstyp der Germanen (»große Gestalten«) sowie deren Land beschrieben (»landschaftlich ohne Reiz, rau im Klima«). Die Kapitel sechs bis 24 befassen sich mit Heerwesen, Religion und Rechtswesen der Germanen sowie deren Sitten und Gebräuche (»Ruhe behagt diesem Volke nicht«). In den Kapiteln 28 bis 44, die etwa die Hälfte des Buchs ausmachen, stellt Tacitus die einzelnen germanischen Stämme vor und untersucht, inwieweit sie jeweils von dem von ihm selbst zuvor dargestellten allgemeinen Wesen abweichen.

Die ausführliche Auseinandersetzung mit den germanischen Sitten sowie deren positive Bewertung (Germanenpreis) lassen vermuten, dass es Tacitus weniger um eine ethnografische Beschreibung der Germanen ging, sondern dass er vielmehr seine dekadenten römischen Landsleute mit einem Sittenspiegel konfrontieren wollte.

Wirkung In der Spätantike finden sich kaum Hinweise auf Tacitus' Werk, das zunächst wohl nur wenig Wirkung hatte und in Vergessenheit zu geraten drohte. Die *Germania* fand sich zu Beginn des 15. Jahrhunderts in der Bibliothek des Klosters Hersfeld wieder. Zu dieser Zeit, als ein Großteil von Tacitus' Schriften bereits für immer verloren war, entdeckten ihn die Renaissancehumanisten neu. Seitdem war der Hauptwirkungsbereich der *Germania* Deutschland. Eine zweite Rezeptionsphase (vor 1945) zielte auf die Verherrlichung des Germanentums (Freiheit, Tapferkeit, Treue, Sittenreinheit) und gipfelte in der Rassentheorie und Ideologie des Dritten Reiches.

Augustinus, Aurelius

lateinischer Kirchenlehrer des christlichen Altertums | * 13. 11. 354 in Tagaste (Numidien) | † 28. 8. 430 in Hippo Regius | zunächst Rhetor in Karthago, Rom und Mailand | 386 Bekehrung zum christlichen Glauben | 395 Bischofsweihe

....

Der Sohn eines mittleren städtischen Beamten und Anhängers des spätrömischen Götterglaubens und der heiliggesprochenen Monika, einer engagierten Christin, wuchs in Tagaste in Numidien auf. Nach seinem Studium der klassischen Literatur und der Rhetorik in Karthago sowie dortiger Tätigkeit als Lehrer der Rhetorik und Grammatik reiste Augustinus 383 nach Rom und weiter nach Mailand, wo er als Lehrer und Redner tätig war. Er beschäftigte sich mit der Philosophie, vor allem mit Cicero und Platon, und war ein Anhänger der Manichäer – einer Religion, deren Hauptlehre die eigenständige Existenz eines Prinzips des Bösen gegenüber Gott war. In dessen Lehre angelegte Widersprüche führten Augustinus zum Skeptizismus der mittleren Akademie, die sich im Wesentlichen auf Sokrates berief und ein wissendes Nichtwissen proklamierte.

386 bekehrte sich Augustinus zum christlichen Glauben, wurde im Jahr darauf getauft und kehrte nach Afrika zurück. 391 wurde er zum Priester und 395 zum Bischof von Hippo Regius geweiht; er betrieb intensive Bibelstudien und publizierte umfangreich. Sein überliefertes schriftstellerisches Werk umfasst 113 Bücher, 218 Briefe und nahezu 1000 Predigten. Die *Bekenntnisse* (397/98) zählen heute zu seinen populärsten Schriften. Mit dem apologetischen Werk *Über den Gottesstaat* (414–426) legte er sein Hauptwerk vor, den ersten groß angelegten Entwurf einer christlichen Geschichtsphilosophie.

Aurelius Augustinus gehört – neben Ambrosius (339–397), Gregor I. (540–603) und Hieronymus (342–420) – zu den lateinischen Kirchenvätern, die die Lehre der römisch-katholischen Kirche nachhaltig prägen.

Bekenntnisse   OT Confessiones | Entstehungszeit um 400 | Erstausgabe vor 1470 | Deutschsprachige Erstausgabe 1672 (652 Seiten) | Form Autobiografie | Epoche Christlich-römische Spätantike

Die *Bekenntnisse* von Augustinus schildern den Kampf zwischen den körperlichen und geistigen Dimensionen des Menschen. Sie sind Ausdruck der Auseinandersetzung einer faszinierenden Person mit sich selbst und ihrer Biografie, die dem Leser zugleich Wegweiser zu Gott sein soll. Es ist die Geschichte einer Bekehrung, fesselnd in ihrer Suche nach Ruhe und absoluter Wahrheit, erschreckend in der konsequenten Ablehnung des körperlichen Menschen.

Entstehung   Die *Bekenntnisse* zeugen von einer Epoche, die man als »Zeitalter der Angst« bezeichnet hat. Die römische Welt versank: Bereits in zwei Teile gespalten, wurde Rom von wandernden Völkern angegriffen, im Jahr 410 von den Goten erobert. Um 400 zogen die Vandalen durch römische Provinzen und eroberten 438 Karthago. Der christliche Glaube war Staatsreligion geworden und hatte den Kaiserkult abgelöst. Die Strukturen des Römischen Reiches waren einem tief greifenden Wandel unterzogen; historisch kann vom Ende der Antike gesprochen werden. Mit Augustinus beginnt die Geistesgeschichte des christlichen Mittelalters, die in den *Bekenntnissen* ihren exemplarischen Ausgangspunkt erhält.

Inhalt   Augustinus beginnt mit harscher Kritik an den Bildungsinhalten, die er in der Schule erlernte, die ihn aber nur von Gott entfernten. Ebenso scharf geht er mit sinnlichen und körperlichen Vergnügungen ins Gericht. Ausführlich beschreibt er seine fehlgeleitete Leidenschaft, die er auf körperliche Genüsse und materiellen Reichtum zurückführte, anstatt sie als eine Sehnsucht nach Gott zu verstehen. Mit Verachtung schildert er seine Jugendzeit voller Irrtümer, Vergehen und Sünden, berichtet von seinem geistigen »Irrweg« zur heidnischen Philosophie und zum Manichäismus.

Über die Lehren Platons kommt Augustinus zu Paulus und

zur Einsicht Gottes. »Nimm und lies«, fordert ihn im 8. Buch eine Stimme auf. Er greift zum Römerbrief und wird von der zweifelsfreien Einsicht übermannt. In einem Akt der Erleuchtung begreift er Gott als das Zentrum seiner Hoffnungen, Wünsche und Sehnsüchte.

Zunächst nur eingestreut finden sich knappe Bestimmungen fundamentaler philosophischer Begriffe wie des Schönen. Nach der Schilderung seiner Bekehrung bestimmen diese theologisch-philosophischen Spekulationen und Reflexionen die weiteren Bücher. Augustinus entwirft darin eine Theorie des Geistes, der Sinne und des Gedächtnisses sowie eine Auslegung der *Genesis*. Berühmt ist die Abhandlung über die Zeit im 11. Buch.

Aufbau Die *Bekenntnisse* sind eine Mischung aus verzweifelter Anrufung Gottes, philosophisch-theologischer Spekulation und Autobiografie. Die 13 Bücher richten sich an Gott, schildern den stilisierten Werdegang des Verfassers so, dass der Leser sich darin wiederfinden kann.

Wirkung Die Schriften des Augustinus haben das christliche Abendland zutiefst geprägt; durch seine Verbindung von philosophischer Reflexion und christlichem Glauben kann er als Vater der Theologie gelten. Mit den *Bekenntnissen* schuf er das Genre der Autobiografie; er prägte eine Literaturform, die den eigenen Werdegang reflektiert, das Individuelle mit dem Allgemeinen verbindet und damit dem Leser Anleitung zur Selbstreflexion gibt. Bereits zu Lebzeiten, im Mittelalter, in der Renaissance und bis in die Moderne hinein war und ist Augustinus der wohl meistgelesene christliche Philosoph.

Herodot
griechischer Geschichtsschreiber | * um 485 v. Chr. in Halikarnassos
(heute Bodrum) | † um 425 v. Chr. in Thurioi (Unteritalien) |
ausgedehnte Reisen u. a. nach Kleinasien, Mesopotamien, Ägypten
und ans Schwarze Meer | längere Zeit in Athen | 444/443 Übersiedlung in das Gebiet der Graeca Magna (Unteritalien)

Nachdem Herodot in jungen Jahren seine Heimatstadt aus politischen Gründen hatte verlassen müssen, ging er zuerst nach Samos. Er unternahm weite Reisen durch die ganze den Griechen damals bekannte Welt, also nach Kleinasien, Mesopotamien, Ägypten, Kyrenaika (Libyen) und die Gebiete nördlich des Schwarzen Meers. Herodot lebte lange in Athen, wo er mit dem Staatsmann Perikles und dem Tragödiendichter Sophokles befreundet war, und siedelte 444/443 in das Gebiet der Graeca Magna (Unteritalien) über, um dort an der Gründung der panhellenischen Kolonie Thurioi (heute Turio) teilzunehmen. Später kehrte er noch einmal nach Athen zurück. Seine Beobachtungen und Erfahrungen verarbeitete er in den *Historien*.

Mit Herodot aus Halikarnassos beginnt die geschriebene Geschichte der westlichen Welt. Sein Werk übte einen so nachhaltigen Einfluss auf die Geschichtsschreibung der Antike aus, dass Cicero ihn zu Recht als den »Vater der Geschichtsschreibung« bezeichnet hat.

Historien OT Histories apodexis | Entstehungszeit 445–430 v. Chr. |
OA 1502 | Deutschsprachige Erstausgabe 1535 (146 Seiten) |
Form Geschichtswerk | Epoche Griechische Antike

Mit den *Historien* des Herodot beginnt die systematische Geschichtsschreibung in Europa. Es ist zugleich das älteste vollständig erhaltene Werk in griechischer Prosa. Bis heute ist jedoch umstritten, ob Herodot ursprünglich eine Geschichte des großen Krieges zwischen Griechen und Persern (499–478 v. Chr.) schreiben wollte oder eine Ethnografie.

Inhalt In den in ionischem Dialekt verfassten *Historien* behandelt Herodot in universalhistorischem Zusammenhang den verheerenden Krieg zwischen Griechen und Persern, der eine Generation zuvor weite Teile Griechenlands verwüstet hatte. Einer der Grundgedanken, der sich durch sein Werk zieht, ist der Gegensatz zwischen Europa und Asien, zwischen Griechen und Barbaren; dieser begann, so Herodot, mit dem Raub der Io durch die Phönizier und setzte sich mit dem Raub der Europa durch die Griechen fort. Aus diesem zunächst ganz einfachen Sachverhalt entwickelt Herodot allmählich seine Sicht des Ablaufs der Geschichte der Völker, die seiner Überzeugung nach im Wesentlichen vom Verhalten Einzelner bestimmt wird, das bei aller Freiheit doch dem göttlichen Willen unterworfen bleibt. Immer wieder zeigt er auf, wie sich aus dem Fehlverhalten des Einzelnen, vor allem aus dessen Hybris, die von den Göttern besonders hart bestraft wird, Unglück für die Gemeinschaft entwickelt.

Die Darstellung der eigentlichen historischen Ereignisse setzt etwa mit der Zeit von König Kroisos (Krösus) von Lydien ein und geht anschließend über zur Gründung des Persischen Reichs. Nach der recht ausführlichen Beschreibung der persischen Expansion, die zur Unterwerfung ganz Mesopotamiens, Ägyptens und Kleinasiens führte, wendet sich Herodot der griechischen Geschichte zu. Die Schilderung des Aufstands der unterjochten Griechen in Kleinasien leitet schließlich den Bericht über den eigentlichen Persisch-Griechischen Krieg ein. Die *Historien* schließen mit dem Ende der Perserkriege kurz nach der Schlacht von Plataia, aber noch vor der Gründung des Attischen Seebunds und dem Aufstieg Athens – sie umfassen somit in etwa die Zeit 560–478 v. Chr.

Neben den historischen Schilderungen beeindruckt das Werk besonders durch seine ethnografischen Beobachtungen, die in großer Vielfalt vorgebracht werden: Rezepte für Schönheits- und Abführmittel, Tischsitten und Einbalsamierungsriten wurden von Herodot ebenso verzeichnet wie Schädelkunde und Thronfolgeordnungen. Der historische Bericht wird daneben von zahlreichen Anekdoten, Geschichten und Fabeln unterbrochen, wodurch das Werk auch literarische Qualität erhält und über eine rein analytische Geschichtsschreibung hinauswächst.

Wirkung Von den antiken Autoren bewundert, galt Herodot bis weit ins 19. Jahrhundert als einer der wichtigsten Historiker Griechenlands; danach begannen kritische Geschichtswissenschaftler große Teile seines Werks in Zweifel zu ziehen. Später allerdings konnten Archäologen nachweisen, dass viele seiner Angaben über Babylon, Ägypten und die Skythen durchaus der Wahrheit entsprachen. Inzwischen wird auch wieder anerkannt, dass Herodot die Geschichte der Perserkriege im Großen und Ganzen zutreffend darstellt und sein Werk deshalb nicht nur literarisch interessant, sondern auch eine wichtige Geschichtsquelle ist.

Anonym

Beowulf OT Beowulf | Entstehungszeit 7./8. Jahrhundert? | OA 1815 | Deutschsprachige Erstausgabe 1840 (191 Seiten) | Form Epos | Epoche Frühes Mittelalter

Unter den Nationalepen der Völker stellt *Beowulf* einen kuriosen Sonderfall dar: Es ist das einzige, das kein Thema aus der nationalen Geschichte oder Sagenwelt behandelt. Die Verbindung zu England besteht allein darin, dass das einzige erhaltene Manuskript um das Jahr 1000 von einem Geistlichen in einem altenglischen Idiom niedergeschrieben wurde und im Britischen Museum in London aufbewahrt wird.

Ob es sich bei dem kostbaren Literaturdenkmal um einen Originaltext, eine Abschrift oder eine Übersetzung handelt und wer ca. 300 Jahre zuvor der eigentliche Urheber des Werks war, ist unbekannt. Zweifellos aber gilt dieses 3182 Langverse umfassende Epos als die älteste vollständig überlieferte germanische Heldendichtung.

Entstehung Außergewöhnlich ist die Tatsache, dass der Verfasser Märchen- und Sagenmotive sowie sprachliche Ausdrucksformen aus allen Himmelsrichtungen verarbeitet hat, z. B. aus Irland und Skandinavien, aus Mittel- und Südeuropa. Besonders deutlich ist der Einfluss von Vergil und seiner *Aeneis* (29–19 v. Chr.).

Mut und Toleranz beweist das Bestreben des *Beowulf*-Dichters, nordisch-heidnische Bräuche und Ideale mit antiken und christlichen zu verbinden. Seine Vorliebe für die schon bei den alten Griechen beliebte Alliteration bezeugt die konsequente Verwendung des Stabreims. Dass der Autor einerseits kein Spannungselement erfahrener Barden, kein Gruselrequisit der Volksfantasie zu nutzen versäumt und andererseits keine Gelegenheit zu frommer Moralpredigt ausgelassen hat, spricht für den Ehrgeiz des Erzählers, seinem Werk die größtmögliche Wirkung zu sichern.

Inhalt Der erste Teil spielt am Hof des Dänenkönigs Hrothgar. In die Festhalle dringt ein Ungeheuer, genannt Grendel, ein. Es verschleppt die nach ihren Trinkgelagen in tiefen Schlaf gefallenen Edelleute und Wächter ins nahe Moor. Zwölf Jahre lang wird die Halle, Ort des Unglücks, gemieden. Eines Tages trifft ein fremder Ritter ein, der Fürstensohn Beowulf (d. h. Bienenwolf, ein Fabelname für den Braunbär) aus dem südschwedischen Gautenreich. Beowulf stellt Grendel eine Falle, vermag ihm im Zweikampf einen Arm auszureißen, aber die Flucht des Verwundeten nicht zu verhindern. Wenig später erscheint die Mutter des Monstrums, um die Verstümmelung des Sohns zu rächen, und richtet ebenfalls ein Blutbad an. Beowulf verfolgt sie bis in ihre Behausung unter dem Grendelsee. Er tötet Mutter und Sohn mit einem Riesenschwert, das er vor Ort findet.

Der zweite Teil des Epos berichtet von der weiteren Karriere Beowulfs. Für seine Heldentaten reich belohnt, ist er in seine Heimat zurückgekehrt und König der Gauten geworden. Nach 50 Jahren friedlicher Regierungszeit sieht sich der hochbetagte Held jedoch noch einmal zu einem Drachenkampf herausgefordert: Er überwältigt zwar die »Ausgeburt der Hölle«, die Teile seines Landes verwüstet hat, stirbt jedoch selbst infolge eines Bisses in den Hals und des giftigen Atems. Die Untertanen bestatten ihren König in einem weithin sichtbaren Grabhügel am Meer und mit ihm auch den fluchbeladenen goldenen Drachenhort.

Wirkung Die Forschung hat bis heute keine schlüssige Erklärung, warum ein Heldenepos von derart hohem sprachlichem Niveau und mit einer so publikumswirksamen Handlung das Mittelalter in nur einem Exemplar überdauert und in der späteren Dichtung keine Spuren hinterlassen hat. Immerhin hat der Mythenforscher J. R. R. Tolkien 1936 auf die magische Wirkungskraft der archetypischen Fantasiegestalten im *Beowulf* hingewiesen und sich von ihnen für sein Hauptwerk *Der Herr der Ringe* (1954/55) inspirieren lassen. Ins zeitgenössische Englisch wurde der Mythos 1999 von Seamus Heaney neu übertragen.

Murasaki Shikibu

japanische Schriftstellerin | * um 978 in Kyoto | † um 1016 | aristokratischer Herkunft | wahrscheinlich nach 1000 als kaiserliche Hofdame literarisch tätig

....

Murasaki Shikibu wurde als Mitglied der japanischen Aristokratie geboren. Ihre Familie, Fujiwara, bekleidete hohe politische Ämter, ihr Vater war Gouverneur. Der eigentliche Name Murasaki Shikibus ist nicht bekannt. In der Heian-Zeit galt es als schlechte Sitte, den Namen der Damen vornehmer Geburt zu notieren, sodass die Namensüberlieferung wohl auch aus kulturellen Gründen nicht gegeben ist. Durch die Tagebücher von Murasaki Shikibu, in denen sie das gesellschaftliche Leben ihrer Zeit beschreibt, sind die wenigen heute verfügbare Informationen über ihr Leben gegeben. Ihrer Heirat 998 oder 999 folgte die Geburt einer Tochter 999. Ihr Mann starb 1001. Wenig später, das genaue Jahr lässt sich nicht ermitteln, ging sie an den kaiserlichen Hof in den Dienst der Kaiserin Akiko. Hier entfaltete sich ihre literarische Tätigkeit.

Die Geschichte vom Prinzen Genji   OT Genji monogatari | Entstehungszeit Anfang des 11. Jahrhunderts | Form höfische Erzählung | Epoche Mittelalter

Dieses voluminöse Opus aus der Mitte der Heian-Zeit (794–1192), der klassischen Epoche der japanischen Literatur und Sprache, wird aufgrund von zeitgenössischen Belegen ganz oder teilweise der Hofdame Murasaki Shikibu zugeschrieben. Da die heutigen Editionen jedoch auf Handschriften des 13. Jahrhunderts zurückgehen, ist der ursprüngliche Umfang unbekannt.

Inhalt   Der größte Teil des Werks handelt vom Lebensweg des Helden Genji. Seine Eltern sind der Kaiser und dessen Lieblingsnebenfrau. Wenngleich sein Vater ihn unter vielen Kindern auch bevorzugt behandelt, bestimmt er ihn nicht zum Thronfolger. So erklärt sich der Name Genji, der eigentlich »Herr Minamoto« bedeutet und die Angehörigen der Sippe bezeichnet, die aus den aus der kaiserlichen Hauptfamilie ausgeschiedenen Mitgliedern besteht. Nach dem frühen Tod von Genjis Mutter erhebt der Kaiser eine ihr ähnliche Dame zur Favoritin. Der heranwachsende Genji zeugt mit seiner Stiefmutter einen Sohn, der zum Thronfolger erkoren wird, da seine illegitime Geburt unentdeckt bleibt. Der unwiderstehlich schöne, begabte und feinsinnige Prinz hat ein reiches Liebesleben, das zu einer gefährlichen Liaison und der Vertreibung ins Exil führt. Nach seiner Heimkehr in die Residenz erlebt Genji einen ungeahnten Aufstieg, da sein natürlicher Sohn den Thron besteigt. Der Tod seiner Lieblingsfrau verdüstert jedoch seine letzten Lebensjahre. Er stirbt 51-jährig. Die letzten 13 Kapitel befassen sich vor allem mit dem Schicksal seines vermeintlichen Sohnes Kaoru.

Wirkung Die Faszination, die das *Genji monogatari* auf die Zeitgenossen nachweislich ausgeübt hat, erklärt sich aus seinen Wirklichkeitsbezügen. Gewiss ließ sich das Werk als Schlüsselroman lesen; Verhältnisse und Skandale der beschriebenen Art charakterisierten die polygyne japanische Adelsgesellschaft. Mag der Held auch eher eine Kunstfigur sein, erfunden zur Demonstration erotischer Verstrickungen, so scheinen in ihm auch Züge historischer Persönlichkeiten wie des Kaisersohns Minamoto no Takaakira (914–982) erkennbar.

Für die Kulturgeschichte ist das *Genji monogatari* mit präzisen Schilderungen von Festen, Kostümen, Geräten usw. eine reiche Quelle. Auch der Sprachforschung liefert es wertvolles Material für die Ausdrucksmöglichkeiten des höfischen Idioms im Bereich des Mitteljapanischen. Vulgärbuddhistischem Verständnis blieb das Werk fremd: Es wurde im 12. Jahrhundert als sündig verdammt. Umso enthusiastischer feierte der führende Vertreter der volkstümelnden Literaturdogmatik des 18. Jahrhunderts, Motoori Norinaga (1730–1801), das gefühls- und triebbetonte Verhalten Genjis als genuin japanisch.

Anonym

Tausendundeine Nacht OT Alf Laila wa-Laila | Entstehungszeit 10.–18. Jahrhundert | Deutschsprachige Erstausgabe 1838–41 (3 Bände) | Form Anthologie von Erzählungen

Tausendundeine Nacht ist zwar weder die älteste noch die umfangreichste, gewiss aber die weltweit bedeutendste orientalische Sammlung von Märchen, Geschichten und Gedichten. Sie beeinflusste Dichter und Denker von Charles de Montesquieu bis Salman Rushdie.

Entstehung Von einer – bereits traditionellen – Erzählungssammlung, die durch die Geschichte von der klugen Wesirstochter Scheherezade zusammengebunden wurde, berichten arabische Texte ab dem 10. Jahrhundert; hierbei handelte es sich um das persische Buch *Tausend Abenteuer*. Während die Rahmenerzählung über mehr als ein Jahrtausend im Wesentlichen konstant blieb, waren die Geschichten, die Scheherezade in tausendundein Nächten erzählt, einem starken Wandel unterworfen. Die heutige Sammlung zeigt Spuren von mindestens vier wichtigen »Rezensionen«, wobei das älteste Material (u. a. die Rahmenerzählung) indischen Ursprungs ist; es folgten eine persische, eine mesopotamische und eine ägyptische Rezension. Schließlich ist das Werk auch bei der Übertragung in die europäischen Sprachen ab dem 18. Jahrhundert beeinflusst worden; eines der beliebtesten Märchen der Sammlung, *Aladin und die Wunderlampe,* zeigt deutlich europäische Einflüsse.

Inhalt König Schehrijar hat, von seiner Gattin betrogen, die grausame Gewohnheit angenommen, täglich eine Jungfrau zu ehelichen und nach der Hochzeitsnacht zu töten. Erst die Tochter seines Wesirs, Scheherezade, heilt ihn von diesem Treiben: Sie erzählt ihm des Nachts Geschichten, die stets vom Morgengrauen unterbrochen werden, sodass der König Verlangen hat, in der folgenden Nacht ihr

Ende zu hören. Tausendundeine Nacht lang währt dieses Erzählen, dann hat Schehrijar angesichts dreier inzwischen von der Scheherezade geborener Söhne ein Einsehen und verschont sie.

Die Geschichten, die Scheherezade erzählt, sind von unterschiedlichem Charakter: Märchen wechseln sich ab mit Romanen und Novellen, Liebes-, Schelmen- und Seefahrergeschichten, Sagen und Legenden, Fabeln und Parabeln, Humoresken und Anekdoten. Zu den bekanntesten Geschichten gehören *Aladin und die Wunderlampe*, *Ali Baba und die Vierzig Räuber* sowie *Sindbad, der Seefahrer*. In den Erzählungen finden zuweilen rhetorische Wettstreite statt, worin Spruchweisheiten und Tugendlehren entfaltet werden, sodass man von einer Art »Fürstenspiegel« sprechen kann. Zudem werden in den Erzählfluss immer wieder Gedichte eingeflochten (insgesamt mehr als 1000); die prosaischen Beschreibungen nehmen häufig die Form der »Reimprosa« an.

Wirkungsgeschichtlich waren die märchenhaften Elemente von entscheidender Bedeutung: zaubermächtige Dämonen, Dschinnen und Afrit, unermessliche Reichtümer, Zauberringe, Wunderlampen und fliegende Teppiche. Die überschäumende Lebenslust dieser Schilderungen erstreckt sich in verschiedenen Erzählungen auch auf den Bereich der Sexualität, deren freizügige Schilderung gleichwohl mit einer tiefen islamischen Frömmigkeit einhergeht.

Zeitlich und räumlich decken die Geschichten weite Bereiche ab, von biblischen Protagonisten bis hin zu Feuerwaffenträgern, vom Fränkischen Reich bis nach China. Besonders viele Erzählungen sind um den Bagdader Kalifen Harun ar-Raschid (763–809) angesiedelt, der nach seinem Tod ebenso zum Kristallisationspunkt von Legenden geworden war wie sein westlicher Zeitgenosse Karl der Große.

Aufbau Das heterogene Erzählmaterial wurde zu einem Gesamtwerk verbunden, indem die Geschichten in die Rahmenerzählung eingefügt wurden. Der Idee der Rahmenerzählung gemäß sind die zwei Strukturierungsmuster der Sammlung – einerseits die einzelnen Geschichten, andererseits die Folge der 1001 Nächte – nie deckungsgleich: Der Wechsel der Nächte findet stets mitten in einer Geschichte statt.

Wirkung Die Märchensammlung *Tausendundeine Nacht* gilt in Europa als Paradigma orientalischer Fabulierkunst. Das Buch prägte im 18. und 19. Jahrhundert entscheidend die europäischen Stereotype vom Orient, der einerseits als despotisch, andererseits aber auch als sinnenfrohe Haremslandschaft vorgestellt wurde. Für die Beeinflussung deutscher Dichter durch das Werk kann Goethe als Beispiel dienen, der meinte, es »möchte wohl schwerlich ein bedeutenderes Werk aufzufinden sein«.

Zahlreiche Elemente und Motive der orientalischen Märchensammlung wurden bislang für Theater, Film, Oper oder Hörspiel adaptiert. Unter dem Titel *Erotische Geschichten aus 1001 Nacht* verfilmte Pier Paolo Pasolini 1974 einige Geschichten (Drehbuch: Dacia Maraini und Pasolini). Im Jahr 2000 drehte Steve Barron mit *Arabian Nights – Abenteuer aus 1001 Nacht* (Drehbuch: Peter Barnes) einen opulent ausgestatteten und vorzüglich besetzten Kostümfilm (in den Hauptrollen: u. a. Vanessa Mae, Rufus Sewell, Alan Bates, Jason Scott Lee).

 **Anonym**

Nibelungenlied   OT Der Nibelunge Not | Entstehungszeit um 1200 | Erstdruck 1757 (in Auszügen), 1782 (vollständig) | Form Heldenepos | Epoche Mittelalter

Das *Nibelungenlied,* dessen Verfasser unbekannt ist, ist eines der bedeutendsten höfischen Heldenepen des deutschen Mittelalters. Es besteht aus zwei Teilen. Im ersten Teil geht es um den Helden Siegfried, den Drachentöter, im zweiten Teil um Kriemhilds, seiner Frau, Rache. Das *Nibelungenlied* besteht aus insgesamt 39 »aventiuren« und zählt etwa 2400 Strophen.

Inhalt   Das *Nibelungenlied* berichtet von der Pracht höfischen Lebens, aber auch von blutigen Schlachten. Erzählt wird von Liebe und Tod, von Treue und gnadenloser Rache. Der düstere Gedanke, dass alle Freude im Leid endet, durchzieht das Werk.

Am burgundischen Hof in Worms herrscht König Gunther; die schöne Kriemhild ist seine Schwester. Siegfried, Königssohn aus Xanten am Niederrhein und ein berühmter Held, kommt, um um sie zu werben. Hagen von Tronje, ein Gefolgsmann Gunthers, erzählt von Siegfrieds Heldentaten, wie er mit seinem Schwert Balmung einen gewaltigen Schatz aus Edelsteinen und Gold, den Nibelungenhort, erwarb, dem Zwerg Alberich die unsichtbar machende Tarnkappe abgewann, einen Drachen tötete und sich durch das Bad in dessen Blut unverwundbar machte.

Als Gunther auf Brautwerbung zur schönen und starken Königin Brünhild nach Island zieht, nimmt er Siegfried als Gefährten mit, dem er dafür Kriemhild als Braut verspricht. Die walkürenhafte Brünhild will nur denjenigen ehelichen, der sie im Kampf bezwingt. Siegfried verhilft Gunther mit seiner Tarnkappe zum Sieg. Nach einer unerfreulichen Hochzeitsnacht, in der sich Brünhild ihres Gatten erfolgreich erwehrt, indem sie ihn fesselt und an einen Haken an der Wand hängt, springt Siegfried abermals unerkannt ein.

Am burgundischen Hof kommt es zwischen Kriemhild, inzwischen die Frau von Siegfried, und der neuen Königin Brünhild zum Streit, u. a. darum, wer von beiden beim Eintritt ins Wormser Münster den Vortritt habe. Die wütende Kriemhild klärt Brünhild darüber auf, wer in Wahrheit ihr erster Mann gewesen ist. Brünhild ist verzweifelt und bittet Hagen um Beistand. Dieser überzeugt Gunther von der Notwendigkeit, Siegfried zu töten, da er zu mächtig werde.

Hagen bringt Kriemhild – unter dem Vorwand Siegfried schützen zu wollen – dazu, dessen einzige verwundbare Stelle auf seiner Kleidung mit einem Kreuz zu markieren, denn dort, wo während des Bades im Drachenblut zwischen seinen Schultern ein Lindenblatt seine Haut bedeckte, ist Siegfried verletzbar. Während einer Jagdpartie ersticht Hagen Siegfried hinterrücks, als dieser waffenlos an einem Quell trinkt.

Kriemhild erkennt, dass Hagen der Mörder ihres Mannes ist, und schwört Rache. Hagen raubt ihr den Nibelungenhort, damit sie ihn nicht zur Rache nutzen kann, und versenkt ihn im Rhein. Damit endet der erste Teil (aventiure 1–19).

Im zweiten Teil (aventiure 20–39) wirbt Etzel, König der Hunnen, um die verwitwete Kriemhild. Obwohl von Hagen vor den Folgen gewarnt, stimmt Gunther der erneuten Heirat seiner Schwester zu. Nun kann Kriemhild ihre Rache vollziehen. Sie lädt den Bruder und seine Gefolgsmannen zu sich ein. Auf dem Weg ins Hunnenland erfährt Hagen durch eine Prophezeiung, dass es eine Reise in den Untergang ist.

Am Hof Etzels wird ein großes Fest gegeben. Dies nutzt Kriemhild zum Angriff auf ihre Verwandten, die Burgunden (jetzt auch Nibelungen genannt), durch von ihr bestochene Hunnen. Im Saal tötet Hagen den jungen Königssohn Ortlieb. Kriemhild lässt den Saal anzünden. Es kommt zu einem Gemetzel, das nur Hagen und Gunther überleben. Kriemhild fordert von Hagen den Hort zurück, er antwortet ihr, dass ihn der Eid binde, solange Gunther lebt. Daraufhin lässt sie ihren Bruder töten. Eben dies hat Hagen bezweckt, denn nun weiß nur noch er, wo der Hort versteckt ist, und er wird es ihr niemals verraten. Rasend vor Wut schlägt ihm Kriemhild den Kopf ab. Daraufhin wird sie von Hildebrand, dem alten Waffenmeister, getötet.

Entstehung Das *Nibelungenlied* entstand vermutlich im Donauraum zwischen Passau und Wien. Es fasst Stoffe der Völkerwanderungszeit (4.–6. Jahrhundert), die über Jahrhunderte mündlich überliefert wurden, zusammen. Teilstücke wie das Lied von Siegfried dem Drachentöter und das *Gudrunlied* (Brünhild) finden sich auch in der nordischen *Lieder-Edda*.

Das *Nibelungenlied* mischt Altes und Zeitgenössisches auf vielfältige Weise und formt seine Teile zu einem in sich stimmigen Gesamtepos.

Wirkung Bis zu seiner Wiederentdeckung und Übertragung ins Neuhochdeutsche durch den Schweizer Schriftsteller und Philosophen Johann Jakob Bodmer (1698–1783) war das *Nibelungenlied* verschollen. Danach erhielt es rasch den Rang eines deutschen Nationalepos. Die Romantiker begeisterten sich ebenso dafür wie der Komponist Richard Wagner (*Der Ring des Nibelungen,* UA 1869–76). Verfilmungen schufen Fritz Lang (1924, Stummfilm) und Harald Reinl (1966).

Trotz vielfältiger nationaler Vereinnahmung und nationalsozialistischer Pervertierung (bedingungslose »Nibelungentreue« als Volkstugend) hat der Stoff bis heute nichts von seiner Faszination verloren. Er liegt in 35 Handschriften und Handschriftenfragmenten, aber auch zahlreichen Nacherzählungen, Dramatisierungen und Übersetzungen vor.

Gottfried von Straßburg

deutscher Schriftsteller | um 1200 | war neben Hartmann von Aue und Wolfram von Eschenbach der dritte große Vertreter der höfischen Epik

Von den Lebensdaten Gottfrieds ist nichts bekannt. Auch, ob es sich bei seinem Beinamen »von Straßburg« um den Ort seiner Herkunft oder seines Wirkens handelt, ist nicht geklärt.

Gottfried von Straßburg ist der Verfasser des wichtigsten deutschen *Tristan*-Romans. Von der Gelehrtheit des Dichters, der sich mit seinem Werk explizit an ein gebildetes Publikum wendet, zeugen kunstvolle Allegorien, seine rhetorische Gewandtheit und sein eleganter Stil. Neben dem *Tristan*-Epos verfasste Gottfried auch Lyrik (Sangspruchdichtung).

Obwohl sein Minneroman zu den Klassikern der mittelhochdeutschen höfischen Epik zählt, erlangte der *Tristan* nie die breite Wirkung des *Parzival* seines Antipoden Wolfram von Eschenbach.

Tristan
Entstehungszeit um 1210 | Erstdruck 1785 | Form Reimpaarepos | Epoche Mittelalter

Gottfrieds 19 548 Verse umfassendes, unvollendet gebliebenes Epos zählt zu den bedeutendsten literarischen Werken des Mittelalters. Es stützt sich auf französische Vorbilder, Gottfrieds Beitrag liegt v. a. in der artistischen Sprachkunst sowie in den Anspielungen und vielschichtigen Reflexionen, die das ganze Werk durchdringen.

Entstehung   Der Stoff des *Tristan* hat keltische Wurzeln; sein zentraler Konflikt ist in später aufgeschriebenen irischen Sagen belegt. Der Stoff gelangte in die Bretagne; ein französischer Urroman wird für die Mitte des 12. Jahrhunderts angenommen; anhand erhaltener Texte ist der Stoff in Frankreich nach 1150 nachweisbar. Gottfried stützte sich auf die französische Bearbeitung des Thomas d'Angleterre (2. Hälfte 12. Jahrhundert).

Im Mittelalter wurde das Verhalten der Ehebrecher Tristan und Isolde oft negativ bewertet; Gottfried hingegen akzeptiert die als »liep unde leit« empfundene Verbindung Tristans mit der von ihm eigentlich für seinen Onkel Marke geworbenen Frau.

Inhalt Der Waise Tristan wird in den Künsten, v. a. in Sprachen und Musik, sowie in ritterlichen Fertigkeiten erzogen. Im Alter von 14 Jahren wird er von Kaufleuten nach England entführt und am Strand von Cornwall ausgesetzt. Der dortige König Marke ist Tristans Onkel, wie sich bald herausstellt. Im Kampf gegen den riesenhaften Morold, der für den irischen König Zins und Geiseln fordert, siegt Tristan, wird aber schwer verwundet. Da die irische Königin, Morolds Schwester, für ihre Heilkünste berühmt ist, macht Tristan sich als Harfe spielender Kaufmann Tantris nach Irland auf. Seine musikalische Kunst verschafft ihm Zugang zum Königshof; die Königin heilt ihn, und er gibt der Königstochter Isolde Musikunterricht.

Nach England zurückgekehrt, übernimmt er den Auftrag, für Marke um Isolde zu werben. Erneut inkognito, befreit er Irland von einem Drachen und erhält zum Dank Isolde zugesprochen. Er bleibt jedoch seinem Auftrag treu, und man gibt ihm Isolde für Marke mit. Auf der Überfahrt nach England nehmen Tristan und Isolde aus Versehen einen Minnetrank zu sich, der eigentlich für das künftige Ehepaar bestimmt war und nun stattdessen bei den beiden seine Wirkung tut. Das Brautwerbungsschema ist hier zweifach gebrochen: Tristan wirbt für einen anderen die eigentlich ihm bestimmte Braut und kommt durch einen glücklichen Zufall doch in ihren Besitz. Tristan und Isolde sind nun für alle Zeiten in leidenschaftlicher, gesellschaftsfeindlicher Liebe verbunden. Der Liebestrank, in der Vorlage noch bloßes Zaubermittel, wird hier zum Symbol für eine naturgegebene Verbindung der beiden Protagonisten.

In der Folgezeit gelingt es Tristan und Isolde, unbeobachtete Treffen zu arrangieren. Bald werden Marke und der Hof jedoch misstrauisch. Marke sucht schließlich Gewissheit: Isolde muss sich einem Gottesurteil unterziehen, übersteht dieses aber durch einen doppelsinnig formulierten Eid unbeschadet. Trotzdem werden sie und Tristan vom Hof verbannt. In einer weltfernen Minnegrotte voller auf das Spirituelle weisender Allegorien, z. B. mit einem altarähnlichen, kristallenen Liebesbett, führen sie ein glückliches Leben. Die Grottenallegorese gilt als Zentrum des Werkes und Schlüssel zur Minneauffassung. Als König Marke die beiden beobachtet, legt Tristan ein Schwert als Unschuldsbeweis zwischen sich und Isolde. Marke, erneut getäuscht, lässt die beiden an den Hof zurückkehren. Eines Tages überrascht er sie eng umschlungen auf einem Bett schlafend. Tristan flieht in das Herzogtum Arundel und verliebt sich in die Herzogstochter, die ebenfalls Isolde heißt (im Unterschied zur »blonden« Isolde Isolde »Weißhand« genannt). Mit der Darstellung von Tristans Schwanken zwischen Treue und neuer Liebe endet Gottfrieds Text.

Zwei Fortsetzungen des 13. Jahrhunderts (Ulrich von Türheim, um 1230; Heinrich von Freiberg, um 1290) präsentieren einen anderen Ausgang: Tristan stirbt an einer Giftwunde und Isolde an gebrochenem Herzen; über den Tod hinaus lebt ihre Liebe weiter in einem Rosenstock und einer Weinrebe, die sich über den Gräbern der beiden innig verflechten.

Wirkung Von Gottfrieds *Tristan* sind 27 (z. T. sehr fragmentarische) Handschriften erhalten. Beeindruckend ist v. a. Gottfrieds in Vers und Sprachduktus eleganter Stil. Konrad von Würzburg († 1287) und Rudolf von Ems († vor 1254) nennen ihn explizit als Vorbild und sind bemüht, seinen Stil nachzuahmen. – Gottfrieds Name blieb das Mittelalter hindurch bekannt. Sein *Tristan* erfuhr ein zwischen moralischer Verdammung und sprachästhetischer Anerkennung gespaltenes Urteil. Seit der Wiederentdeckung des Originaltexts im 18. Jahrhundert haben sich Autoren um Neugestaltungen und Nachdichtungen in Vers und Prosa bemüht. Ein eigenes Kapitel der Rezeption stellt die Oper *Tristan und Isolde* (UA 1865) von Richard Wagner (1813–83) dar.

Wolfram von Eschenbach

deutscher Schriftsteller | * um 1170 | † nach 1220 (?) | stammte vermutlich aus Franken und war Ministeriale | wirkte auch am Thüringer Hof des Landgrafen Hermann I.

Komplizierte Werkvergleiche ermöglichen es, die Lebenszeit Wolframs zwischen 1170 und 1220 anzusetzen. Sein Beiname »von Eschenbach« deutet auf eine Herkunft aus dem Fränkischen. Er lebte daneben wohl auch in Bayern und Thüringen. Umstritten ist Wolframs Bildung. Im *Parzival* behauptet er, »keinen einzigen Buchstaben« zu beherrschen, womit er sich wohl von der betonten Buchgelehrsamkeit anderer Autoren abgrenzen wollte.

Wolfram von Eschenbach zählt als Verfasser des *Parzival* zu den herausragenden Dichtern der mittelhochdeutschen höfischen Klassik. Er ist der meistüberlieferte mittelhochdeutsche Epiker (über 90 Handschriften nur vom *Parzival*). Er verfasste auch Lyrik (Tagelieder), das Versepos *Willehalm* und die Verserzählung *Titurel* (beides Fragmente).

 Parzival   Entstehungszeit zwischen 1200 und 1210 | Erstdruck 1477 | Form Reimpaarepos | Epoche Mittelalter

Wolframs von Eschenbach 25 810 Verse umfassendes Epos zählt zu den meistgelesenen Dichtungen des Mittelalters. Es stützt sich auf französische Vorbilder, Wolframs Beitrag liegt v. a. in der Verbindung des höfischen Artusrittertums, dessen Grenzen er aufzeigt, mit dem Gralsrittertum, das eine religiöse Komponente mitbringt. Typisch ist außerdem die Vielfalt der Schauplätze und Handlungsketten sowie v. a. Wolframs Neigung zum Konkreten und Sinnlichen, sichtbar besonders in der Zeichnung der Figuren, die alle durch Verwandtschaftsbeziehungen miteinander verbunden sind.

Entstehung   Hauptquelle von Wolframs *Parzival* ist das Werk *Perceval ou li Contes del Graal* (1180/90) des Franzosen Chrétien de Troyes.

Inhalt   Das Epos untergliedert sich in eine Parzival-Erzählung und eine Gawan-Erzählung, benannt nach den beiden Hauptprotagonisten. Beiden Teilen vorangestellt ist in einer Vorgeschichte das Leben der Eltern Parzivals. Vater Gahmuret stirbt im Kampf. Die Mutter Herzeloyde isoliert den Sohn vom höfischen Leben (er lebt einsam im Wald!), um ihm ein ähnliches Schicksal zu ersparen.

In der Parzival-Erzählung führen verschiedene Stationen, wie das Erlangen einer Rüstung, was ihn zum »roten Ritter« werden lässt, oder v. a. die Erziehung durch Gurnemanz, den Titelhelden doch an den Artushof. Er findet auch die Gralsburg Munsalvaesche, fragt aber den kranken Gralskönig Anfortas nicht nach dessen Leiden, was Anfortas' Erlösung bedeutet hätte. Am nächsten Morgen ist die Gralsburg verschwunden. Parzival kehrt wieder zum Artushof zurück und wird in die Tafelrunde aufgenommen. Bei einem Fest erscheint die Gralsbotin Cundrie und verflucht ihn wegen der unterlassenen Frage. Viereinhalb Jahre zieht er umher, um den Gral zu finden. An einem Karfreitag kehrt er bei dem Einsiedler Trevrizent ein. Dieser klärt ihn sowohl über die Geschichte des Grals als auch über Details seiner Familiengeschichte auf: Trevrizent, Anfortas und Herzeloyde sind Geschwister. Auch ein Ritter, den Parzival getötet hat, um seine Rüstung zu erhalten, war mit ihm verwandt. Trevrizent überzeugt den erschütterten Parzival von der Barmherzigkeit Gottes.

Bei seinem nächsten Kampf unterliegt Parzival. Der Sieger ist, wie sich herausstellt, sein Halbbruder Feirefiz, Sohn Gahmurets und der Heidenkönigin Belakane. Gemeinsam ziehen sie zum Artushof, wo erneut Cundrie erscheint – diesmal aber, um zu verkünden, dass Parzival zum Gralskönig berufen worden sei. Parzival findet die Gralsburg wieder, stellt die erlösende Frage und wird neuer Gralskönig. Der Gral, bei Wolfram ein Stein, der Speisen und Getränke nach Wunsch herbeibringt, aber auch den Willen Gottes in Inschriften zeigt, kann als Symbol für die (utopische) Aufhebung des Dualismus von Gott und Welt gedeutet werden.

In der Gawan-Erzählung bricht auch Gawan, der vorbildliche Artusritter, vom Artushof auf. Auf seinem Weg wird er in mehrere Kämpfe und Abenteuer verwickelt. Ohne sich gegenseitig zu erkennen, kämpfen Parzival und Gawan gegeneinander und können nur mit Mühe getrennt werden. Dann gelingt es Artus, alle Feindschaften zu beenden.

Wirkung Die große Wirkung des *Parzival* im Mittelalter lässt sich aus der Zahl der Handschriften ebenso erschließen wie aus Bildzeugnissen, Erwähnungen in anderen Werken und der Tatsache, dass Adlige ihre Kinder nach Figuren des Epos benannten. Im 14. Jahrhundert entstand eine erheblich erweiterte Neubearbeitung. Auch die Meistersinger verehrten Wolfram als einen ihrer zwölf alten Meister.

Ab 1783 sorgten Editionen und Übersetzungen für ein reges Weiterleben des Stoffs, wobei die Übersetzungen des 19. und frühen 20. Jahrhunderts eine oft erstaunliche Anzahl von Auflagen erreichten. Noch höher ist die Zahl der dichterischen Bearbeitungen, unter denen die von Johann Jacob Bodmer, Friedrich de la Motte Fouqué, Ludwig Uhland, Gerhart Hauptmann, Tankred Dorst, Dieter Kühn und Adolf Muschg die literaturwissenschaftlich bekanntesten, wenn auch nicht immer folgenreichsten sind. Hinzu kommen eigene Fassungen für die Jugend, mindestens 15 Dramatisierungen und etwa ebenso viele lyrische, aber auch zwei parodistische Bearbeitungen.

Eine Bühnenfassung mit Musik von D. L. Meinecke (1905) ist heute so gut wie vergessen; anders natürlich das »Bühnenweihfestspiel« *Parsifal* von Richard Wagner (UA 1882), in dem der Komponist zwar – wie in allen seinen Bearbeitungen mittelalterlicher Stoffe – massive individuelle Umdeutungen vornahm, zugleich aber das Interesse am Stoff bis in unsere Zeit wachgehalten hat.

Chaucer, Geoffrey

englischer Schriftsteller | * um 1340 in London | † 25. 10. 1400 in London | ab 1357 Page | Soldat in Frankreich 1359/60 | 1367 Junker im Hofstaat König Edwards III.

Geoffrey Chaucer steht mit seinem Werk an der Schwelle vom Mittelalter zur Renaissance. Der Übergang zur neuen Epoche zeigt sich in seinem bedeutendsten und dauerhaftesten Werk, den – unvollendeten – *Canterbury-Erzählungen*. Mit der plastischen, variantenreichen Sprache sowie seiner realistischen und humorvollen Weltsicht setzte er Maßstäbe für die nachfolgende englische Literatur.

Von 1357 an diente Chaucer, Sohn eines wohlhabenden Londoner Weinhändlers, als Page im Hause, der Gräfin von Ulster, Ehefrau des dritten Sohns von König Edward III. (1327–77), und kam dadurch schon früh mit dem Hof in Berührung. Im Hundertjährigen Krieg zwischen England und Frankreich (1337–1453) war er 1359/60 als Soldat in Frankreich, geriet dort in Gefangenschaft und wurde mithilfe des Königs freigekauft. 1367 wurde er Junker im Hofstaat und erhielt königliche Ämter, unter anderem als Zollinspektor des Londoner Hafens. In diplomatischer Mission reiste er nach Flandern, Frankreich und Italien (1372/73 und 1378) und lernte das Werk der italienischen Dichter Boccaccio und Petrarca kennen. Vermutlich verlor er Ende 1386 die Gunst des Hofes. Erst König Richard II. (1367–1400) gewährte ihm 1394 eine Pension, die dessen Nachfolger Heinrich IV. (1367–1413) erhöhte.

In der frühen Phase seines Werks übersetzte Chaucer den altfranzösischen *Rosenroman* (entstanden im 13. Jh.). In der zweiten Phase griff er Anregungen der italienischen Literatur auf, die bereits von den literarischen Idealen der Renaissance geprägt war. In dieser Zeit entstand die Versdichtung *Das Vogelparlament* (1382), die Bezug nimmt auf die Vermählung von Richard II. Das Epos *Troilus and Cresseyde* (1385) hat nach dem Vorbild von Petrarca die höfische Liebe zum Thema. Sein Hauptwerk, die *Canterbury-Erzählungen*, konnte Chaucer vor seinem Tod nicht mehr vollenden.

Die Canterbury-Erzählungen OT The Canterbury Tales | OA 1478 | Deutschsprachige Erstausgabe 1827 | 368 Seiten | Form Erzählung in Vers und Prosa | Epoche Mittelalter/Renaissance

In der noch dem Mittelalter angehörenden literarischen Form der Rahmenerzählung präsentierte Geoffrey Chaucer in seinen *Canterbury-Erzählungen* eine neue Form der Literatur. Nie zuvor hatte ein Autor die Lebenswirklichkeit in einer volkstümlichen, jedoch zugleich vollendeten Sprache geschildert.

Entstehung Die *Canterbury-Erzählungen* entstanden zwischen 1387 und dem Todesjahr des Dichters. Ihr Vorbild war *Das Dekameron* (1348–53) von Giovanni Boccaccio, eine Sammlung von Geschichten, die in eine Rahmenhandlung eingebettet sind. Die Stoffe der *Canterbury-Erzählungen* stammen von antiken Autoren, aus mittelalterlichen Quellen oder lehnen sich an Boccaccio an. Unbenommen dieser Vorbilder, erscheint das Werk von Chaucer eigenständig.

Aufbau Chaucer unternimmt in seinem Werk mit 29 Frauen und Männern eine Pilgerreise zu Pferd von London nach Canterbury an das Grab des heiligen Thomas Becket. Der Wirt einer Taverne, selbst mit von der Partie, schlägt vor, dass die Reisenden sich unterwegs die Zeit mit dem Erzählen von Geschichten vertreiben. Jeder Pilger soll zwei Geschichten auf der Hin- und zwei auf der Rückreise erzählen. Der Tod Chaucers verhinderte, dass dieses ehrgeizige Projekt von 120 Geschichten zustande kam; 24 sind überliefert, zwei von ihnen blieben unvollendet. Viele Geschichten sind durch Zwischenstücke miteinander verbunden, in denen die Reisenden sich zu den Erzählungen äußern. Häufig fehlen diese Einschübe jedoch und bis heute ist die geplante Reihenfolge der Geschichten nicht abschließend geklärt.

In einem lebendigen Prolog, in dem die erwachende Natur und der Aufbruch der Menschen in Einklang gebracht sind, stellt der Autor die Mitreisenden vor, die aus unterschiedlichen Ständen – der höchste und niedrigste Stand ausgenommen – stammen. So repräsentieren die Mitglieder der Reisegruppe die mittelalterliche Gesellschaft in ihrer Breite, vom Ritter über Junker, Dienst- und Kaufmann, Nonne, Mönch, Pfarrer, Ablasskrämer bis zum Müller, Pflüger und Koch. Die Reisenden wirken auf den ersten Blick typisiert, sind jedoch mit detailliert beobachteten, ausgeprägt individuellen Zügen gezeichnet. Sie werden teils mit Humor, teils mit beißender Satire, allerdings auch idealisierend dargestellt wie der Ritter, der einem untergehenden Stand angehört. Chaucer spielt virtuos mit diversen mittelalterlichen Literaturformen; jeder Person ist eine bestimmte Form zugeordnet, von der Romanze *(Geschichte des Ritters)* und Heiligenlegende *(Geschichte der Priorin)* bis zur Predigt oder Tierfabel.

Inhalt In ihrer Mehrzahl handeln die Geschichten von der Liebe, so die Geschichte des Ritters, der die Romanze zwischen einer Dame und zwei sie verehrenden Rittern schildert, oder die der Frau aus Bath, die fünf Ehemänner überlebt hat; Souveränität, so die Kernaussagen der Geschichten, ist der höchste Wunsch der Frauen. Mit Schwänken von gehörnten Ehemännern unterhalten der Müller, der Verwalter und weitere Pilger ihre Mitreisenden. Eine der amüsantesten Geschichten ist die Tierfabel, die der Nonnenpriester vorträgt. Sie handelt vom Hahn Chantecleer, der sich zunächst vom Fuchs übertölpeln lässt, weil er auf dessen Schmeicheleien hin mit geschlossenen Augen singt, dann jedoch durch eine List entkommt.

Wirkung Die für ihre Zeit ungewöhnlich lebendige und umfassende Darstellung menschlicher Verhaltensweisen und Eigenarten sowie ihre humoristische Grundhaltung machten die *Canterbury-Erzählungen* zu einem bahnbrechenden Werk und schon im 15. Jahrhundert zu einem Publikumserfolg. Sie wurden zum Vorbild für die Werke kommender Dichter. Unter dem Titel *Tolldreiste Geschichten* verfilmte 1972 Pier Paolo Pasolini (1922–75) Teile der *Canterbury-Erzählungen*.

Dante Alighieri

italienischer Dichter | * zwischen 14.5.1265 und 13.6.1265 in Florenz | † 14.9.1321 in Ravenna | ab 1295 politische Aktivität aufseiten der papstfeindlich gesinnten Guelfen | 1302 Verbannung aus Florenz und Verurteilung zum Tod | erhob das Italienische zur Literatursprache

....

Dante Alighieri wuchs in Florenz auf und erhielt eine umfangreiche Ausbildung in klassischen Sprachen und Rhetorik. Seine Kindheit und Jugend waren geprägt durch die schwärmerische Verehrung der jungen Beatrice Portinari, die Dante später in der allegorischen Liebesdichtung *Das neue Leben* (zwischen 1283 und 1293/95 entstanden) und in der *Göttlichen Komödie* literarisch verewigte.

Schon früh war Dante in die inneritalienischen Auseinandersetzungen zwischen Anhängern des Kaisers und des Papstes involviert; 1289 kämpfte er mit den Guelfen in der Schlacht von Campaldino gegen Arrezzo. Ab 1295 war er aktiv aufseiten der kaisertreuen »weißen« Guelfen an der florentinischen Politik beteiligt. Nach dem Sieg der päpstlichen Anhänger wurde Dante unbegründet wegen betrügerischer Amtsführung angeklagt und im März 1302 für zwei Jahre aus Florenz verbannt sowie später in Abwesenheit zum Tod verurteilt. Ab 1303 führte er ein unstetes Wanderleben. Stationen seines Exils waren u.a. der Hof des Scaligers Can Grande I. in Verona, danach Lucca und Ravenna, wo er im Franziskanerkloster begraben wurde.

Im Exil entstand sein Hauptwerk, das allegorische Lehrgedicht *Die Göttliche Komödie*. Dante verfasste außerdem Liebeslyrik sowie Abhandlungen über Sprache, Philosophie, Naturwissenschaften und den Staat. Mit seiner Verwendung der Volkssprache statt des üblichen Lateins machte er die italienische Dichtung der lateinischen ebenbürtig. Damit legte er den Grundstein für die heutige italienische Sprache.

Dante Alighieri ist der Nationaldichter Italiens und bis heute einer der großen europäischen Klassiker. Seine große Popularität gründet vor allem auf der *Göttlichen Komödie*.

Die göttliche Komödie   OT La Divina Commedia | Entstehungszeit ca. 1307–21 | OA 1472 | Deutschsprachige Erstausgabe 1767–69 (768 Seiten) | Form Episches Gedicht | Epoche Mittelalter

Die Göttliche Komödie von Dante Alighieri ist das große Epos des Mittelalters, in dem sich Theologie, Geschichte, Politik, Astronomie, Physik, Philosophie, Mystik und Scholastik literarisch zur Summe eines Zeitalters vereinigen.

Entstehung   Das berühmteste Werk Dante Alighieris entstand während der Zeit seines Exils, vermutlich ab 1307, und war bei seinem Tod 1321 gerade abgeschlossen. Bereits kurz darauf waren zahlreiche Kopien in ganz Italien verbreitet. Das Attribut »göttlich« stammt von Giovanni Boccaccio. Dante selbst hatte sein Werk nur eine »Komödie« genannt und begründet dies in einem Brief an seinen Gönner Can Grande della Scala mit der Tatsache, dass die Dichtung im Gegensatz zu einer Tragödie schlecht beginne und gut ende.

Inhalt   *Die göttliche Komödie* ist eine allegorische Vision, die in 100 Gesängen den Weg durch die drei Jenseitsreiche Hölle, Fegefeuer und Paradies schildert. Der Autor Dante ist zugleich die Hauptfigur seiner Dichtung. Zu Beginn irrt er im dunklen Wald der Sünde umher und wird von den Lastern in Gestalt wilder Tiere bedrängt, als ihm der antike Epiker Vergil als Führer erscheint. In Begleitung seines dichterischen Vorbilds durchwandert Dante das Inferno (Hölle) und das Purgatorium (Fegefeuer). Vergil, die Personifikation der menschlichen Vernunft, wird an der Schwelle des Paradieses abgelöst von der Jugendliebe des Dichters, Beatrice, dem Sinnbild der göttlichen Offenbarung. Sie führt den geläuterten Dante stufenweise durch das Paradies bis hinauf zur Erkenntnis der Liebe und der Anschauung Gottes. Auf dem Weg durch die drei Reiche begegnen die Wanderer den Seelen der Verstorbenen, unter denen sich viele berühmte mythologische und historische Persönlichkeiten, aber auch persönliche Bekannte aus Florenz befinden. Die Seelen erzählen in bewegenden Worten ihr irdisches Schicksal und geben so dieser theologischen Dichtung eine zutiefst menschliche Dimension.

Aufbau *Die Göttliche Komödie* ist streng symmetrisch aufgebaut und zahlensymbolisch strukturiert auf der Grundlage der dem Mittelalter heiligen Zahlen Drei und Zehn. Sie besteht aus drei Teilen (Hölle, Fegefeuer, Paradies). Jeder dieser Teile besteht aus 33 Gesängen, die zusammen mit dem einleitenden Gesang die Zahl 100 ergeben. Die Zahl Drei erstreckt sich hinunter bis in das von Dante erstmals benutzte Versmaß der Terzine, des nur schwer ins Deutsche zu übertragenden Dreireims. Der Aufbau der drei Reiche entspricht dem ptolemäischen Weltbild: Um die im Mittelpunkt ruhende Erde kreisen neun Sphären, über denen sich der Sitz Gottes befindet, das Empyreum. Die in neun Kreisen sich trichterartig nach unten verengende Hölle reicht bis zum Erdmittelpunkt, an dem Luzifer seinen Sitz hat. Gegenüber dem Höllentrichter erhebt sich auf der anderen Erdseite der ebenfalls neunfach gestufte Läuterungsberg, auf dessen Gipfel sich das irdische Paradies befindet. Der klaren topografischen Struktur folgt die strenge Einteilung der büßenden Seelen auf verschiedenen Stufen der Jenseitsreiche, je nach Sünden oder Verdiensten.

Wirkung Bei der *Göttlichen Komödie* handelt es sich um den seltenen Fall einer Dichtung, die den Beginn einer Nationalliteratur bildet und zugleich ihr Hauptwerk geblieben ist. Seit ihrer Wiederentdeckung durch die deutsche und italienische Romantik ist ihre Popularität ungebrochen. Sie wurde in fast alle lebenden Sprachen sowie ins Lateinische, Griechische und Esperanto übersetzt. Bis in die Gegenwart gehört sie zum europäischen Bildungskanon. Zahlreiche Episoden haben sich literarisch verselbstständigt und sind ihrerseits Grundlage von Literatur, Musik (u. a. bei Franz Liszt, Giacomo Puccini), bildender Kunst (u. a. bei Sandro Botticelli, Eugène Delacroix, William Blake, Salvador Dalí, Auguste Rodin) und Film (*Hinter dem Horizont,* USA 1998; Regie: Vincent Ward) geworden.

Boccaccio, Giovanni

italienischer Dichter und Humanist | *1313 in Certaldo (bei Florenz) | †21.12.1375 in Certaldo/Florenz | ab 1332 Studium in Neapel | um 1340 Tätigkeit als Notar und Richter | ab 1873 Vorlesungen in Florenz über die *Göttliche Komödie* von Dante Alighieri

....

Giovanni Boccaccio, Sohn eines florentinischen Kaufmanns und einer adeligen Französin, verfasste schon mit zehn Jahren erste Gedichte. 1327 kam er nach Neapel um Kaufmann zu werden, wandte sich 1332 dem Studium des kanonischen Rechts und dann der klassischen lateinischen Dichtung zu. Um 1340 war Boccaccio wieder in Florenz, arbeitete als Notar und Richter. 1346 schuf er sein bestes Frühwerk, das idyllische Gedicht *Ninfale fiesolano*. Sein Meisterwerk, *Das Dekameron,* begann er nach der Pest 1348 zu verfassen, der auch sein Vater zum Opfer fiel.

1350 erhielt Boccaccio den Auftrag, Petrarca zur Übernahme einer Professur in Florenz einzuladen. Es entwickelte sich eine tiefe Freundschaft mit dem Humanisten, mit dem er gemeinsame Studien betrieb. Boccaccio veranlasste die erste vollständige Übersetzung Homers in die lateinische Sprache und setzte sich für das Studium des Griechischen ein. Ab 1373 hielt er in Florenz Vorlesungen über die *Göttliche Komödie* von Dante, dessen Vita er verfasst hatte (*Das Leben Dantes,* 1360 entstanden). Aufgrund gesundheitlicher Probleme konnte er die Vorlesungen jedoch nur bis zum 17. Gesang der *Hölle* fortsetzen. Die Stadt Florenz betraute ihn verschiedentlich mit politischen Ämtern und Gesandtschaften

Boccaccio zählt mit Dante Alighieri und Francesco Petrarca zum Dreigestirn der italienischen Literatur des 14. Jahrhunderts. Er schuf die ersten bukolischen (Hirten-)Dichtungen in italienischer Sprache und erhob die Stanze zur Versform des italienischen Epos. Mit seinem Hauptwerk *Das Dekameron* begründete er die italienische Novelle.

Das Dekameron   OT Il Decamerone | Entstehungszeit zwischen 1349 und 1353 | OA 1470 | Deutschsprachige Erstausgabe 1471 | Form Novellensammlung | Epoche Frührenaissance

Mit seinem Hauptwerk, einer der bedeutendsten Schöpfungen der Literatur, schuf Giovanni Boccaccio das Ur- und Vorbild der abendländischen Prosa, aus dessen reicher Quelle Generationen von Dramatikern und Erzählern schöpften. Die besondere Leistung Boccaccios ist aber vor allem in der Legitimierung der sinnlichen Liebe und weltfreudigen praktischen Moral zu sehen, die *Das Dekameron* von der mittelalterlichen und von der antiken Tradition abgrenzt und lange Zeit unübertroffen blieb.

Inhalt   *Das Dekameron* enthält »hundert Geschichten, Fabeln, Parabeln oder wirkliche Begebenheiten«, so Boccaccio, »die zur verderblichen Zeit der letzten Pest von sieben Damen und drei jungen Männern erzählt wurden.« Hinzugefügt sind »einige Liedlein, ... die eben jene Damen zu ihrer Lust gesungen haben«.

Aufbau   Der Titel *Dekameron,* aus dem griechischen deka (zehn) und hemera (Tag) gebildet, verweist auf die zyklische Form der Novellensammlung: Zehn junge Adlige erzählen an zehn Tagen jeweils zehn Geschichten. Mit der alten heiligen Zahl Zehn war Boccaccio durch das ptolemäische Himmelssystem vertraut, in ihrem symbolischen Bezug kannte er sie aus Dantes *Göttlicher Komödie* mit ihren 100 Gesängen.

Jeden Tag wird einer der Teilnehmer zum König oder zur Königin gewählt und legt ein Leitthema fest, zu dem jeder eine Geschichte erzählen soll. Nur am ersten Tag, an dem das Reglement noch nicht befolgt wird, und am neunten Tag, an dem man von ihm ausruhen will, wird kein Leitthema bestimmt. Nach dem zehnten Tag wird einstimmig beschlossen, dass die Gesellschaft ins pestverseuchte Florenz heimkehrt.

Die 100 ernsten und heiteren, erbaulichen und frivolen Geschichten sind in eine Rahmenerzählung – Florentiner Adlige fliehen vor der Pest auf ein Landgut – eingeflochten, die das Werk zu einer Einheit zusammenbindet. Boccaccio brachte die Gattung der Rahmenerzählung – obwohl aus dem Orient seit Jahrhunderten bekannt – in Europa als Erster zu klassischer Vollkommenheit. Der Rahmen dient nicht rein ästhetischen Aspekten, sondern bildet den Hintergrund für treffende Gesellschafts- und Landschaftsschilderungen. Lebensprall sind seine amourösen Szenen, deren Sprache trotz ihrer schwankhaften, drastischen Derbheit nie lasziv, sondern in ihrer sinnlichen Direktheit bisweilen komisch wirkt. Neben frivolen Szenen wird auch das Bild aufopferungsvoller Liebe heraufbeschworen.

Wirkung *Das Dekameron* beeinflusste in seiner kunstvollen Erscheinungsform wie auch mit seinem lebensnahen und stofflichen Reichtum nachhaltig die abendländische Literatur. So finden sich in Werken von Chaucer, Rabelais, den deutschen Romantikern, Shakespeare, Lessing und vielen anderen Bearbeitungen und Adaptionen aus dem *Dekameron.*

Von den zahlreichen Verfilmungen, deren Mehrzahl sich vordergründig den amourösen und erotischen Szenen des Werkes widmet, ist vor allem die Bearbeitung durch Pasolini aus dem Jahr 1970 von bleibender Bedeutung und künstlerischem Wert.

Brant, Sebastian

deutscher Schriftsteller | * um 1457 in Straßburg | † 10. 5. 1521 in Straßburg | Dekan der juristischen Fakultät in Basel | ab 1503 Stadtschreiber in Straßburg

....

Sebastian Brant war der Sohn eines angesehenen Gastwirtes und Ratsherrn in Straßburg. Er studierte in Basel Rechtswissenschaften, erlangte den Doktor beider Rechte und lehrte dort anschließend an der juristischen Fakultät. Daneben trat er als Editor hervor und wirkte als Berater der Basler Drucker: Er wählte Texte aus, verfasste Vorreden und Widmungen, überwachte den Druck und die Illustrationen. Wieder in seine Vaterstadt zurückgekehrt, war er ab 1503 bis zu seinem Tod Stadtschreiber in Straßburg.

Als Konservativer war Sebastian Brant streng katholisch sowie kaiser- und reichstreu. Als bürgerlicher Humanist verband er mittelalterliche Traditionen mit humanistischen Ideen und orientierte sich sowohl an antiken Vorbildern als auch an der Heiligen Schrift.

Brants Moralsatire *Das Narrenschiff* gilt als epochemachend; das Werk steht am Anfang der Narrenliteratur des 16. bis 18. Jahrhunderts.

Daneben übersetzte Brant Werke aus Antike und Mittelalter und verfasste juristische sowie historisch-geografische Schriften sowie Lyrik (religiöse und politische Gedichte) und Flugschriften zum politischen Geschehen und zu religiösen Themen. In diesen verband er, wie auch im *Narrenschiff*, volkssprachliche gereimte Texte mit illustrierenden Holzschnitten.

 ### Das Narrenschiff   Ersterscheinung 1494 (Das Narren Schyff, 158 Blatt) | Form Moralsatire | Epoche Renaissance

Das Narrenschiff, bestehend aus 112 lose aneinandergereihte Kapitel, ist eine Strafpredigt gegen menschliche Schwächen, Laster und Gebrechen, personifiziert durch jeweils einen Narren. All diese Narren segeln auf dem Narrenschiff gen Narragonien.

Die Moralsatire wirkt wie eine thematisch zusammengefasste Folge illustrierter Flugblätter. Neben der Sündenschelte ist das Werk eine plastische Zeitkritik, in der Brant mithilfe der Satire die Krisenhaftigkeit seiner Zeit zu fassen sucht.

Entstehung Sebastian Brant wurde schon früh von dem moralisierenden Humanistenkreis um Jakob Wimpfeling beeinflusst. Seine Idee, eine Tugendlehre unter einen einheitlichen Gesichtspunkt – den des Narren – zu stellen, war eine wichtige Fortentwicklung dieses Genres.

Die besonders schöne Ausstattung des Buchs mit mehr als 100 Holzschnitten von teilweise herausragender Qualität begründete seinen Ruf als Volksbuch. Die Mehrzahl der Illustrationen wird heute Albrecht Dürer (1471–1528) zugerechnet.

Inhalt Jedes Kapitel besteht aus einem dreizeiligen Mottovers, der die Moral des Kapitels benennt, einem Holzschnitt, der sich mehr oder minder auf die jeweilige Narrheit bezieht, und schließlich aus der in vierhebigen Reimpaaren verfassten Narrenbeschreibung.

Alle Menschen sind Narren – das ist die zentrale Botschaft des *Narrenschiffs*. Der Narr ist dabei Symbol für alle, die vom Weg der göttlichen Weisheit abgewichen sind, sei es in Form von Völlerei, Ehebruch, Nachlässigkeit im Glauben, übersteigerter Reiselust, Geschwätzigkeit, dem Horten überflüssiger Bücher und vielen anderen Schwächen mehr. Dabei treffen die mittelalterlichen Todsünden mit harmloseren Modetorheiten in einer großen Narrenrevue zusammen, die auch Längen und Wiederholungen aufweist. Die Thematik von Täuschung und Schein durchzieht dabei den gesamten Text.

Die moraldidaktische Idee ist, dass dem Leser ein Spiegel vorgehalten wird, er seine Verderbtheit, Unzulänglichkeit und Unvernunft selbst erkennen soll und so auf den Weg der Besserung zurückfindet. Brant verbindet hierbei den Ernst des christlichen Sittenrichters mit dem Spott des gebildeten Humanisten.

Brants Moralvorstellungen sind einerseits rückwärtsgewandt, andererseits vertritt er eine Ethik stadtbürgerlichen Gemeinsinns. Einige offenkundige Widersprüche sind Zeichen einer epochenbedingten Doppeldeutigkeit, die sich auch darin äußert, dass im Belegmaterial für jeden Narrentypus unbefangen Beispiele aus dem Alten Testament und aus klassischen lateinischen Werken durcheinandergewürfelt werden. Dabei entsteht eine eigentümliche Mischung aus Gelehrtem und Volkstümlichem.

Sprachlich erlangte das Werk, das in der Übergangsphase vom Mittelhochdeutschen zum Frühneuhochdeutschen entstand, seine Eingängigkeit durch die Verwendung von Sprichwörtern, Alltagsworten und vertrauten Formeln.

Wirkung *Das Narrenschiff* erlebte bis 1507 bereits fünf Auflagen und mehrere unautorisierte Nachdrucke. 1497 wurde es ins Lateinische und von dort bald ins Französische, Englische und Niederländische übersetzt, was zur Verbreitung des Werkes beim gelehrten Publikum Europas beitrug. 1498/99 hielt Johann Geiler von Kaysersberg im Straßburger Münster einen Predigtzyklus, in dem er *Das Narrenschiff* wie ein kanonisches Werk auslegte. *Das Narrenschiff* wird häufig als das erfolgreichste deutschsprachige Buch vor Goethes *Leiden des jungen Werthers* (1774) genannt.

Das Narrenschiff zog im 16. und 17. Jahrhundert eine üppige Narrenliteratur nach sich und beeinflusste noch den *Simplicius Simplicissimus* des Christoffel von Grimmelshausen. Die von Brant erfundene Figur des Grobian entwickelte sich zu einem eigenen Genre, der grobianischen Dichtung. Der Einfluss des *Narrenschiffs* auf die deutschsprachige Dichtung war umfassend. Heute liegt seine kulturgeschichtliche Bedeutung v. a. darin, durch Text und Bilder aufschlussreiche Einblicke von seltener Anschaulichkeit in das Leben des 15. Jahrhunderts zu gewähren.

Machiavelli, Niccolò

italienischer Schriftsteller | *3.5.1469 in Florenz | †22.6.1527 in Florenz | humanistisch-juristische Studien | Beamter in Florenz | 1513 Rückzug auf sein Gut San Casciano

Niccolò Machiavelli schuf mit *Der Fürst* ein Werk, dessen nachhaltige Bedeutung insbesondere in dem Bruch mit der Tradition christlich-metaphysischer Staatstheorie liegt.

Machiavelli entstammte einer verarmten, jedoch gebildeten florentinischen Patrizierfamilie. Früh durch die elterliche Bibliothek mit klassischen Schriften vertraut, erhielt er aufgrund seiner hervorragenden Begabung und seines gewandten Auftretens als junger Mann Zugang zu den höchsten Regierungskreisen der damaligen Republik Florenz. 1498 wurde er Sekretär in der mit auswärtigen Angelegenheiten und Militärfragen befassten zweiten Staatskanzlei, wenig später auch Kanzler des Rates der Zehn. In diesen und kommenden Jahren reiste er viel, verhandelte mit Ludwig XII. von Frankreich, Kaiser Maximilian und Papst Julius II. Seine Gesandtschaftsberichte lassen seine analytischen Fähigkeiten und einen Blick für Machtstrukturen deutlich werden. 1506 schuf er in seiner Heimat eine Bürgerwehr auf der Basis allgemeiner Wehrpflicht.

Sechs Jahre später wurde Machiavelli seines Amtes enthoben. Die Medici beschuldigten ihn der Verschwörung und kerkerten ihn ein. Machiavelli erlitt in dieser Zeit Folter, eine Schuld konnte ihm aber nicht nachgewiesen werden. Nach seiner Freilassung zog er sich 1513 mit Frau und Kindern auf sein Gut San Casciano bei Florenz zurück. Im folgenden Jahrzehnt entstanden die meisten seiner politischen, militärischen und auch belletristischen Schriften, darunter *Mandragola* (1518–20), das als das originellste Lustspiel der Renaissance gilt. Von 1519 bis zu seinem Tod erhielt Machiavelli von den Medici erneut öffentliche Aufträge, konnte seinen ursprünglichen politischen Rang aber nicht wieder erreichen. Zu seinen Aufgaben gehörte die Erstellung einer Geschichte von Florenz. Daneben oblag ihm die Leitung des Stadtmauerbaus.

Der Fürst   OT Il Principe | OA 1532 | 69 Blatt | Deutschsprachige Erstausgabe 1714 | Form Traktat | Bereich Politik

In *Der Fürst* entwickelte Niccolò Machiavelli eine Staatstheorie, die aufgrund ihrer Ablehnung einer ethischen Staatsmoral zum Inbegriff skrupelloser Machtpolitk wurde.

Entstehung   Machiavelli begann die Arbeiten an *Der Fürst* im Jahr 1513, nahezu zeitgleich mit seiner zweiten bedeutenden Schrift, *Unterhaltungen über die erste Dekade der römischen Geschichte des Titus Livius* (1531). Während er sich für die letzte Schrift acht Jahre Zeit nahm, benötigte Machiavelli für die Fertigstellung von *Der Fürst* etwa ein Jahr. Das Werk entstand zum einen unter dem Eindruck seines eigenen politischen Schicksals: Nach seiner Entfernung aus dem Staatsdienst sehnte er sich zurück zu den politischen Schalthebeln der Macht und betrachtete sein Leben auf dem Gut San Casciano bei Florenz als sinnlos. Zur Untätigkeit verurteilt, lebte Machiavelli seine politischen Fantasien in *Der Fürst* aus und versuchte eine Anleitung für eine erfolgreiche Regentschaft zu geben. Zum anderen ist *Der Fürst* ein Produkt der damaligen politischen Situation insbesondere Italiens: Machiavelli hoffte auf die Entstehung eines starken politischen Kerns in der Mitte Italiens, um dadurch das Land von den Fremdmächten befreien zu können. Machiavelli sehnte sich nach dem Ideal eines Herrschers, wie ihn aus seiner Sicht Cesare Borgia (1475–1507) verkörperte, der durch die Vernichtung vieler Feudal- und Stadtherrschaften eine Neugliederung Italiens vorbereitete.

Inhalt   Machiavelli bemüht sich in *Der Fürst* um eine rationale Sicht der Politik und Geschichte, auf die sich präzise Verhaltensregeln gründen lassen. Die Religionen und moralische Prinzipien werden mit der erklärten Absicht analysiert, sie nach ihrem Wert für die Erhaltung des Staats einzuschätzen. Grundlage und Ziel allen Verhaltens des in Gemeinschaft lebenden Menschen sei die Erhaltung und die Prosperität der Res publica. Die Frage nach der Erhaltung des Staats ist für Machiavelli so zentral, dass er den Herrscher unter der Voraussetzung des Staatsnotstands von dem Zwang befreien will, nach ethischen Normen zu handeln. An die Stelle christlicher Tugenden als Voraussetzung für eine erfolgreiche Regentschaft tritt bei Machiavelli die Fähigkeit, politische Macht zu erwerben und zu erhalten. Daher billigt er »Ruchlosigkeiten« wie Lüge, Verrat oder Erbarmungslosigkeit, sofern sie »zum Guten genutzt« werden.

Wirkung Nahezu alle großen Geistesbewegungen nach dem Tod von Machiavelli haben sich mit *Der Fürst* intensiv auseinandergesetzt. Bis in das 18. Jahrhundert hinein war es ein grundlegendes Traktat der Fürstenerziehung in Europa, das allerdings – wie z. B. bei Friedrich dem Großen (1712–86) im *Antimachiavell* (1739) – Widerspruch hervorrief. Während Jesuiten und Protestanten das Traktat bis weit in das 18. Jahrhundert hinein heftig bekämpften, weil sie darin die theoretische Rechtfertigung einer tyrannischen Regentschaft erkannten, sahen viele Vertreter der Aufklärung in diesem Werk die notwendige Legitimierung der Staatsraison. Der revolutionäre Nationalismus, der mit der Französischen Revolution in Europa begann, bekannte sich enthusiastisch zu den Lehren von Machiavelli. Der Einfluss des Buchs reicht bis in die Gegenwart: Aus dem Werk leitet sich der geläufige Begriff des Machiavellismus ab, der u. a. eine durch keinerlei moralische Bedenken gehemmte Interessenpolitik bezeichnet.

More, Thomas

englischer Staatsmann und Schriftsteller | *7.2.1478 in London | † (enthauptet) 6.7.1535 in London | Mitglied und Sprecher des Unterhauses | später Lordkanzler | vom Vatikan 1886 selig- und 1935 heiliggesprochen

....

Sir Thomas More (latinisiert Thomas Morus) war vieles zugleich, hochrangiger Staatsmann und gelehrter Humanist, überzeugter katholischer Christ und literarischer Schöpfer einer glücklichen Insel ohne Privateigentum, mit viel Freizeit und nur wenigen klaren Gesetzen.

Geboren wurde er in London, sein Vater war ein angesehener Jurist und Richter. Thomas More lernte Latein, las die klassischen Autoren wie Vergil und Cicero, studierte in Oxford und absolvierte eine juristische Ausbildung in London. Er wurde Richter und 1504 Mitglied des Unterhauses. Als bedeutende Persönlichkeit des englischen Humanismus pflegte More freundschaftliche Kontakte zu namhaften Humanisten seiner Zeit, allen voran John Colet und Erasmus von Rotterdam.

1514–18 arbeitete er an seiner Geschichte Richards III. Bekannter sind allerdings seine Epigramme und sein berühmtestes Werk sollte die 1516 erschienene Schrift *Utopia* werden. Kritisch setzte er sich mit den Ideen der Reformation auseinander. Mit dem literarischen Erfolg ging der politische Erfolg unter Heinrich VIII. einher. Sein Aufstieg führte ihn 1529 bis in das Amt des Lordkanzlers. Im Zuge der Auseinandersetzung Heinrichs VIII. mit der katholischen Kirche trat More drei Jahre später zurück. Da er es nicht mit seinem Gewissen vereinbaren konnte, verweigerte er Heinrich VIII. die Anerkennung als Oberhaupt der Kirche (anstelle des Papstes). Daraufhin wurde er wegen Hochverrats zum Tod verurteilt und am 6. Juli 1535 enthauptet. Auf dem Schafott soll er gesagt haben: »Des Königs guter Diener, doch zuerst der Diener Gottes.« 400 Jahre später sprach ihn 1935 Papst Pius XI. heilig, nachdem er schon 1886 vom Vatikan seliggesprochen worden war.

Utopia OT Libellus vere aureus nec minus salutatis quam festivus de optimo reipublicae statu deque nova insula Utopia (Ein wahrhaft herrliches, nicht weniger heilsames als kurzweiliges Büchlein von der besten Verfassung des Staates und von der neuen Insel Utopia) | OA 1516 | 110 Seiten | Deutschsprachige Erstausgabe 1524 | Form staatsphilosophische Schrift | Epoche Renaissance

Thomas Mores *Utopia* ist für eine Form des politischen Denkens der Neuzeit maßgebend geworden. Es verleiht der Hoffnung Ausdruck, dass die Menschen in der Lage sind, ihre soziale und politische Ordnung nach einem idealen Muster selbst zu gestalten. Und es geht davon aus, dass Bürger durch die politischen Institutionen, in denen sie leben, beeinflusst werden.

Entstehung Thomas More erfand den Weltreisenden und Begleiter des Seefahrers Amerigo Vespucci (1454?–1512), Raphael Hythlodaeus, und dessen Bericht von der Insel Utopia mit ihren glücklichen Bewohnern 1515 auf einer Handelsreise, auf der er in Brügge und Antwerpen befreundete Humanisten traf.

Nach London zurückgekehrt, ergänzte er 1516 die Schilderung Utopias durch ein vorangestelltes erstes Buch, in dem konkrete Gesellschaftskritik geübt wird. Noch im selben Jahr erschien die Schrift in Löwen, 1518 in Basel mit einem Holzschnitt des Ambrosius Holbein (um 1494 bis um 1519) als Frontispiz.

Inhalt *Utopia* ist ein zweiteiliger Dialog. Das erste Buch zeichnet das Bild einer korrupten Gesellschaft in England und Europa. Scharf wird die zeitgenössische Eigentumsordnung kritisiert. Die Dialogfigur Thomas More appelliert für eine mehr bürgerliche politische Philosophie, die nicht im träumerischen Überschwang die politische Ordnung der Zeit überfliegt, sondern humanistische Gelehrte dazu anhält, Fürsten zu Reformen zu bewegen.

Dagegen hält Raphael Hythlodaeus die Gesellschaft Englands für so verdorben, dass der Philosophie nirgends Gehör geschenkt würde. Die Ursache für politische Unordnung, Kriminalität und soziale Missstände liegt bei den Menschen selbst und ist ökonomischer Natur. Es ist der Verlust der traditionellen Agrarstruktur. Das Land, das die Menschen ernähren sollte, nährt Schafe, deren Wolle Gewinn verspricht.

Im Gegensatz dazu schildert Hythlodaeus im zweiten Buch die intakte Sozialordnung der Insel Utopia, die er auf einer Reise entdeckt haben will. Die Gesellschaft Utopias bietet ihren Bürgern ein abwechslungsreiches Leben zwischen Stadt und Land. Sie gewährt ihnen Glück, Wohlstand, leichtes Arbeiten sowie die Gelegenheit zu kultureller Bildung und lässt sie auf privates Eigentum und familiäre Privatheit leichten Herzens verzichten. Für die noch immer notwendige Kriegsführung bedienen sich die Utopier zumeist eines rohen, doch käuflichen Bergvolkes, der Zapoleten. Zwar hat sich die christliche Religion noch nicht auf der Insel verbreitet, aber ihre Bewohner verfügen über einen adäquaten Ersatz in einer natürlichen deistischen Religion, die ihr sittliches Gewissen trägt. Doch Utopia heißt Nirgendwoland, ihr Hauptort Amaurotum (= Nebelstadt) liegt am »Fluss ohne Wasser«; und Hythlodaeus bedeutet »Schwätzer«. More macht deutlich, wo er träumt. Sein *Utopia* enthält mithin beides: den idealistischen Glutkern revolutionärer Weltverbesserung wie den konservativen Geist politischer Reform.

Wirkung Mit *Utopia* schuf Thomas More das neuzeitliche Muster eines Staatsromans, das der literarischen Gattung Utopie den Namen gab. Sein Werk, angelehnt an die Idealvorstellungen von Platon und Augustinus, bleibt vorbildlich zunächst für »Raumutopien«, in denen glückliche Gesellschaften in fernen Ländern entworfen werden. Später wurden Utopien verzeitlicht. Die vollkommene Gesellschaftsform wurde zu einem Zukunftsbild, einem Bild der Hoffnung. Im 20. Jahrhundert wichen die Idealvorstellungen einer besseren Ordnung den Schreckensbildern (Dystopien) einer technischen Überwachungswelt, deren Wurzeln ebenfalls in der Welt Utopias liegen.

Rabelais, François

französischer Schriftsteller | * um 1494(?) in La Devinière bei Chinon |
† 9. 4. 1553 in Paris | nach theologischer Ausbildung und Noviziat
ab 1527 Weltgeistlicher | ab 1530 Medizinstudium in Montpellier |
ab 1532 Arzt in Lyon

Rabelais' Vater war ein wohlhabender Advokat, der seinen Sohn in Klosterschulen erziehen ließ. Für den geistlichen Stand bestimmt, absolvierte Rabelais seine theologische Ausbildung und sein Noviziat in dem Franziskanerkloster La Baumette bei Angers. Wegen seiner Studien antiker griechischer Texte geriet Rabelais in Konflikt mit den Ordensregeln der Franziskaner. 1524 wechselte er zu den dem Humanismus zugewandten Benediktinern, wo er seine literarische Bildung vertiefen konnte. Besonders beeindruckt war er vom Neuplatonismus mit der zentralen Position des Menschen im Universum. 1527 wurde Rabelais Weltgeistlicher.

1530 begann Rabelais ein Studium der Medizin und Naturwissenschaften in Montpellier. Fortan bot ihm die Medizin die Möglichkeit zu einer weltlichen Existenz; ab 1532 arbeitete er als Arzt in Lyon; in diesem Jahr veröffentlichte er auch das erste seiner Bücher über die merkwürdigen Abenteuer der Riesen Gargantua und Pantagruel. Einkünfte aus zwei Pfarreien bei Paris enthoben ihn materieller Sorgen, doch mehrten sich die Angriffe auf seinen humoristischen Roman *Gargantua und Pantagruel,* dessen fünf Teile (»Bücher«) bis 1564 veröffentlicht wurden und deren dritter Teil ihm besonderen Ärger mit der Zensur einbrachte. Der »uomo universale« schrieb auch medizinische, juristische und militärtechnische Abhandlungen. Berühmt und umstritten starb Rabelais im April 1553 in Paris.

Bekannt wurde François Rabelais vor allem als Schöpfer des fünfbändigen Romanwerks *Gargantua und Pantagruel,* dessen streckenweise fantastische Handlung ihm Gelegenheit gab, Kirche und Bildungswesen des spätmittelalterlichen Frankreichs satirisch anzugreifen und die geistigen Errungenschaften der jungen Renaissance dagegenzusetzen.

Gargantua und Pantagruel OT Gargantua et Pantagruel | OA 1532 | Deutschsprachige Erstausgabe 1575 | Form Roman | Epoche Renaissance

In dem satirisch-fantastischen fünfteiligen Romanzyklus *Gargantua und Pantagruel* verbindet Rabelais mit Fabulierkunst Gelehrsamkeit und Volksweisheit, Spaß und Geist und fordert die Menschen zur Abkehr vom scholastischen und dogmatischen Denken auf.

Entstehung Rabelais arbeitete über 20 Jahre lang an der Pentalogie. Das fünfte Buch erschien posthum und war vermutlich ursprünglich ein Teil des dritten bzw. vierten Buchs.

Inhalt Nach Art der Ritterromane erzählt Rabelais die merkwürdig anmutenden Abenteuer der beiden Riesenkönige Gargantua und Pantagruel. Pantagruel ist durch immerwährenden Durst und enormen Appetit zu einer grotesk-gewaltigen Lebensführung genötigt, die allerdings auch mit einem unmäßigen Bildungshunger und Studieneifer verbunden ist. Diese Grundannahmen, die zum Teil auf alte Volksbücher und auf das berühmte Vorbild der *Chansons de Geste* aus dem Mittelalter zurückgehen, gestatten es Rabelais, die Geschichte seiner beiden Helden und ihres Freundes Panurge (griechisch »der mit allen Wassern Gewaschene«) mit einer an Episoden überreichen Handlung zu verbinden. Er verknüpft populäres Erzählgut mit freier Fantasie, Legenden und Sagen. Die unbekümmert wirkende sprachlich herausragende Präsentation ist dabei ebenso wichtig wie die erkennbaren Handlungsstränge. So wird die Frage, ob Panurge nach seiner Heirat von seiner Frau betrogen werden könnte, zum Ausgangspunkt einer Satire auf den Wissenschaftsbetrieb.

Struktur Die eingehende Bildung sowie Erfahrung des Autors bilden das Fundament der Pentalogie, deren Stoff der Autor in den Klöstern und Bildungsstätten des Landes erworben und gesammelt hat. Montpellier, Lyon, aber auch Straßburg, Briançon, Grenoble oder Metz hat Rabelais besucht, erlebt und in seinem vielfältigen Frankreichbild mit einer im dritten und vierten Band immer stärker anekdotisch zerfallenden Romanhandlung verbunden. Besonders genau schildert Rabelais seine Heimat an der Loire, die zu jener Zeit als Kernland der Valois-Herrscher der Mittelpunkt des Königtums war. Das Land um Chinon ist Schauplatz des absurden Picrocholine-Krieges. Der tapferste in dieser Auseinandersetzung ist Bruder Jean, ein nicht sehr frommer Mönch, dem zum Lohn von Gargantua die Abtei Thélème zugesprochen wird. Sie ist das deutlichste positive Wunschbild des Werks, eine ideale Bildungsstätte, in der jeder tun kann, was und wie es ihm beliebt, und in die nur schöne Menschen aufgenommen werden.

Da das Werk deutliche satirische Porträts realer Personen enthält, hat man auch hinter den fantastischen Namen historische Persönlichkeiten vermutet: Grandgousier sei Ludwig XII., Gargamella Anna de Bretagne, Gargantua Franz I., Pantagruel demnach Heinrich II. und der verschlagene Panurge der Kardinal von Lothringen, ein Günstling Heinrichs II. In der Gestalt des Bruders Jean sahen Kundige den Kardinal du Bellay, den reichen und mächtigen Gönner des Dichters.

Wirkung Für *Gargantua und Pantagruel* wurde Rabelais von seinen Zeitgenossen, insbesondere den Mitgliedern der Sorbonne, vehement angegriffen, weshalb er in der französischen Klassik nur verhalten nachwirkte (etwa bei Molière). Die kreative Originalität Rabelais' und die Virtuosität seiner Sprache wurden erst ab dem 19. Jahrhundert erkannt und gewürdigt (u. a. von Honoré de Balzac und Victor Hugo). Die Wortschöpfungen, Anspielungen und Verballhornungen, für die neben den antiken Sprachen auch das Rotwelsch Pate stand, haben sich über den Übersetzer Johannes Fischart auch im deutschen Sprachraum verbreitet. Das Werk begründete den Ruhm des Dichters und fand viele Nachahmer. Es gehört heute gleichermaßen zu den schwierigsten wie auch den meistgelesenen und -interpretierten Werken der Weltliteratur.

Cervantes Saavedra, Miguel de

spanischer Schriftsteller | *29.9.(?)1547 in Alcalá de Henares |
†23.4.1616 in Madrid | Studium in Madrid | ab 1569 in Italien |
1575 von algerischen Piraten gefangen genommen und fünf Jahre lang
Sklave in Algier | ab 1608 in Madrid

....

Die Ritterromansatire *Don Quijote* von Miguel de Cervantes Saavedra bildet den frühen Höhepunkt der spanischen Literatur und gilt als der Geburtsmoment des modernen Romans.

Cervantes war der Sohn eines verarmten Kleinadligen. Er besuchte ein Jesuitenkolleg und hielt sich zu Studienzwecken in Madrid auf. 1569 floh er wohl vor einem Gerichtsurteil nach Italien, wo er in Rom als Kammerjunker in den Dienst des Kardinals Giulio Acquaviva eintrat. 1570 ging er zur Armee und nahm als Matrose in der spanischen Armada 1571 an der Seeschlacht von Lepanto gegen die Türken teil, in der seine linke Hand verstümmelt wurde. 1575 geriet er in die Gefangenschaft von algerischen Piraten und verbrachte fünf Jahre als Sklave in Algier. Nach mehreren gescheiterten Fluchtversuchen wurde er schließlich freigekauft. In Spanien lebte er zunächst in Sevilla und Valladolid, 1608 zog er nach Madrid. Bis zu seinem Tod sah er sich finanziellen Schwierigkeiten ausgesetzt. Seine wirtschaftliche Lage nötigte ihn, u. a. als Steuereinnehmer zu arbeiten. 1597/98 saß er wegen des Vorwurfs der Veruntreuung von Staatsgeldern in Sevilla im Gefängnis.

Das Werk von Cervantes umfasst alle literarischen Gattungen – Lyrik, Drama, Roman und Novelle. Nach wenig beachteten lyrischen Versuchen erzielte er mit dem Schäferroman *Galatea* (1585) einen ersten Erfolg. Als Dramatiker stand er stets im Schatten des damals führenden Lope de Vega (1562–1635). Zwölf seiner insgesamt 15 Novellen vereinte Cervantes unter dem Titel *Exemplarische Novellen* (1613) in einem Band; sie gelten nach *Don Quijote* als das meistgelesene Werk des Autors.

Don Quijote   OT El ingenioso hidalgo Don Quixote de la Mancha (Der sinnreiche Junker Don Quijote von der Mancha) | OA Teil 1 1605, Teil 2 1615 | 312 Seiten | Deutschsprachige Erstausgabe 1621 | Form Roman | Epoche Spaniens »Goldenes Zeitalter«

Mit seinem *Don Quijote*, einer Satire auf das Genre des Ritterromans, schrieb Miguel de Cervantes Saavedra ein mehrschichtiges, kunstreich verflochtenes Romanepos, das erstmals auch literarische Erörterungen in den Roman einbrachte. Aus der parodistischen Gegenüberstellung der Ritterideale mit den Realitäten der spanischen Gesellschaft am Ende des 16. Jahrhunderts zog Cervantes seine nüchternen, oft pessimistischen Lehren. Erstmals in der neuzeitlichen Literatur wird die persönliche Tragik eines idealistischen Menschen dargestellt, der an der von seiner Fantasie geschaffenen Welt festhält und sich der Realität verweigert.

Inhalt   Der verarmte Adlige Alonso Quijano verliert durch die exzessive Lektüre unrealistisch-märchenhafter Ritterromane den Verstand und bildet sich ein, der Ritter Don Quijote zu sein. Notdürftig ausgerüstet mit einer Barbierschüssel als Helm, zieht er auf seinem alten Pferd Rosinante in die Welt, um nach Art der fahrenden Ritter Jungfrauen und Waisen zu beschützen sowie für mehr Gerechtigkeit zu kämpfen. Begleitet wird er von dem bäuerlich-nüchternen Sancho Pansa, den er als Knappen gewinnen konnte.

Den ersten Teil des Romans durchziehen drei Hauptthemen: parodistische Anspielungen auf den Ritterroman, das Liebesthema im Sinne mittelalterlicher Minne und platonischer Idealität sowie Kunstgespräche. Don Quijote bleibt hier trotz seiner Misserfolge – wie des berühmten Kampfes gegen Windmühlen, die er für Riesen hält – stets siegesgewiss. Ist er im ersten Teil ein Tatenmensch, der sein Denken und Wollen in Handeln umsetzt, so erscheint er im zweiten Teil als Träumer und Melancholiker. Er wird nunmehr zum Spielball jener, die vorgeben, seine Narrheit ernst zu nehmen.

So kommt es zum Zusammenbruch Don Quijotes, als er von dem

als Ritter maskierten Baccalaureus Sansón Carrasco besiegt und zur Aufgabe seines Rittertums gezwungen wird. Er kehrt nach Hause zurück, stirbt aber in heiterer Gelassenheit, nachdem er sein wahres, gütiges Wesen – das des Alonso Quijano, der er vor seinem Ritterwahn war – wiedererlangt hat. Der Roman beinhaltet somit nicht nur die pessimistische Sicht der Unerfüllbarkeit von Idealen, sondern setzt dieser eine optimistische entgegen: die Gewissheit, dass die menschlichen Fähigkeiten den Erfordernissen des Lebens sehr wohl gerecht werden können.

In der unterschiedlichen Wesensart von Don Quijote und Sancho Pansa ist der Gegensatz zwischen weltfremdem Idealismus und praktischer Vernunft verkörpert. Neben den Helden treten mehr als 300 Figuren aus allen Schichten der damaligen Gesellschaft Spaniens auf. So wurde aus der ursprünglich geplanten Satire auf die Ritterbücher ein umfassendes Bild der frühneuzeitlichen spanischen Gesellschaft, ja des menschlichen Lebens überhaupt.

Während Cervantes im ersten Teil des Romans zahlreiche Novellen einfügte (»Literaturroman«), verzichtet er im zweiten Teil darauf, erzielt so mehr Einheit und Konzentration, lässt aber stattdessen Kommentare zur zeitgenössischen Literatur einfließen sowie Rezensenten des ersten Teils seines Romans auftreten (»Metaroman«).

Wirkung Zu seiner Zeit wenig beachtet und nach seinem Tod bald vergessen, wurde Cervantes von den deutschen Romantikern wiederentdeckt. Sahen diese, darunter Ludwig Tieck und August Wilhelm von Schlegel, *Don Quijote* als tragischen Kampf des Idealisten gegen die Wirklichkeit und nahmen den Roman als »Hieroglyphe genuin romantischer Erzählkunst« auf, so galt er den Spaniern am Ende des 19. Jahrhunderts als Ausdruck des spanischen Wesens schlechthin. Der Roman wurde in 68 Sprachen übersetzt und erreichte über 2300 Auflagen in aller Welt. Der Typus des »Ritters von der traurigen Gestalt« fand in der bildenden Kunst, in Ballett und Oper sowie im Film Aufnahme.

Grimmelshausen, Johann (Hans) Jacob Christoffel von

deutscher Schriftsteller | *12.3.1621 in Gelnhausen | †17.8.1676 in Renchen (bei Offenburg) | ab 1634 Dragoner im kaiserlichen Heer | 1649 Heirat | ab 1667 Schultheiß in Renchen

....

Grimmelshausen stammte aus einer verarmten Adelsfamilie, verlor früh seine protestantischen Eltern, aufgewachsen ist er bei seinem Großvater, einem Bäcker. Mehrere Jahre besuchte er die Lateinschule, bis kaiserliche Truppen in Gelnhausen einmarschierten und die Bevölkerung in die Festung Hanau flüchtete. Grimmelshausen wurde 1634 Dragoner im kaiserlichen Heer, später Regimentsschreiber und -sekretär. Ein Jahr nach dem Ende des Dreißigjährigen Kriegs 1648 heiratete er Katarina Henninger, die Tochter eines Regimentswachtmeisters, mit der er zehn Kinder hatte. Vermutlich war er bereits zuvor zum katholischen Glauben konvertiert. Er arbeitete im Gebiet von Gaisbach als Gutsverwalter, ab 1667 war er als Schultheiß in Renchen tätig. In diese Zeit fällt seine schriftstellerische Tätigkeit.

Der Barockdichter Johann Jacob Christoffel von Grimmelshausen stellt in seinen satirischen Schelmenromanen die Missstände der zeitgenössischen Gesellschaft dar. Seine Werke zeichnen sich durch eine detaillierte Schilderung und eine lebendige Darstellung aus. Vor allem der Dreißigjährige Krieg (1618–48) prägte sein Leben. Die verschiedenen Erfahrungen verarbeitete der Autor in seinen Werken auf realistisch-humoristische Weise.

Neben dem Roman *Der Abentheurliche Simplicissimus Teutsch* wurde Grimmelshausen auch durch die Werke *Trutz Simplex oder: Ausführliche und wunderseltzame Lebensbeschreibung Der Ertzbetrügerin und Landstörtzerin Courasche* (1670) sowie *Der seltsame Springinsfeld* (1670) berühmt.

Der Abentheurliche Simplicissimus Teutsch OA 1668 (1669; 587 Seiten) | Form Roman | Epoche Barock

Unter dem Pseudonym German Schleifheim von Sulsfort erschien 1668 (vordatiert auf 1669) der erfolgreichste deutsche Roman des 17. Jahrhunderts: *Der Abentheurliche Simplicissimus* – ein Buch vom und über den Dreißigjährigen Krieg.

Inhalt Grimmelshausen schildert das Leben des Romanhelden Simplicius Simplicissimus. Am Beginn erlebt er als zehnjähriger Knabe in der Zeit des Dreißigjährigen Krieges den tragischen Überfall auf den Bauernhof seines angeblichen Vaters im Spessart. Er flieht in den Wald und erfährt in der Einsiedelei eines Eremiten, der sich später als sein wirklicher Vater herausstellt, eine christliche Erziehung. In die Welt entlassen, wird er in Hanau zum Narren des schwedischen Stadtkommandanten, bevor umherstreifende Kroaten ihn entführen. Wenig später schließt er sich den kaiserlichen Truppen an, bis ihn der kommandierende Obrist zu einem Hofmeister gibt, der sich seiner annimmt und mit dessen Sohn, Ulrich Herzbruder, Simplicius Freundschaft schließt. Im Kriegsgetümmel wird Simplicius zum »Jäger von Soest«; als Soldat und Kaufmann zieht er durch die Welt, reist u. a. nach Paris, Wien, Moskau und gerät bis nach Korea und Japan. Von dort gelangt er nach Konstantinopel, wo er als Galeerensklave dienen muss, wird von venezianischen Schiffen gerettet und lässt sich nach einer letzten Pilgerreise nach Rom schließlich wieder im Schwarzwald nieder. Dort hält er Rückschau und erzählt sein Leben. Zuletzt formuliert Simplicius sein berühmt gewordenes »Adieu Welt« und zieht sich als Eremit in die Einsamkeit zurück.

Aufbau Der Roman, der der Tradition des spanischen Schelmenromans folgt, besteht aus zahlreichen Episoden, an deren Beginn der Erzähler jeweils eine kurze Inhaltsübersicht über das sich anschließende Kapitel gibt. Allerdings kommt der Autor über das bloße Prinzip der Reihung hinaus, indem er den Erzähler in das Geschehen einbindet und dadurch dem Prozess der Selbsterkenntnis bzw. der inneren Umkehr mehr Aussagekraft verleiht. Das ständige Auf und Ab seiner Erfahrungen steht für das Schicksalsprinzip (Fortuna), in dem sich das Lebensgefühl dieser Epoche widerspiegelt.

Als stilistische Klammer für das Kompendium an Ideen wählte Grimmelshausen die satirische Darstellung. Sie bildet den Rahmen, in dem sich allegorischer und realistischer Ausdruck, hoher und niederer Sprachduktus adäquat miteinander verbinden.

Wirkung Bereits im Frühjahr 1669 erschien eine zweite Ausgabe, vermehrt um die *Continuatio*. Der anhaltende Erfolg bewirkte eine recht komplizierte Folge von insgesamt sechs, zum Teil unautorisierten Fassungen. In den folgenden Jahrhunderten zählte das Werk zu den wenigen Barockromanen, die auch außerhalb der Wissenschaft auf ein reges Interesse stießen. Seit der Romantik haben sich zahlreiche Dichter von dem Buch inspirieren lassen.

Im 20. Jahrhundert adaptierten u. a. Bertolt Brecht in seinem Drama *Mutter Courage und ihre Kinder* (Uraufführung: 1941) sowie Günter Grass in der Erzählung *Das Treffen in Telgte* (1979) den Stoff. Mehrere Künstler fertigten Illustrationen an, Karl Amadeus Hartmann (1905–63) komponierte die Oper *Simplicius Simplicissimus* (1936 entstanden; Uraufführung: 1948).

Hobbes, Thomas
englischer Philosoph, Staatstheoretiker und Mathematiker | *5.4.1588 in Westport (heute zu Malmesbury) | †4.12.1679 in Hardwick Hall | Studium in Oxford | Hauslehrer der Familie Cavendish | Bekanntschaft mit Galilei, Bacon und Descartes

....

Als Sohn eines Landpfarrers in der Grafschaft Wiltshire studierte Hobbes bereits in seiner Kindheit intensiv die Werke von Aristoteles, Platon und Sokrates. Schon im Alter von 14 Jahren begann er sein Studium der aristotelischen Logik und der Physik im Magdalen College in Oxford und wurde 1608 von Baron Cavendish von Hardwick zum Hofmeister bestellt. Seine fortdauernde Verbindung mit dieser Familie ermöglichte ihm zu Beginn der 1620er-Jahre die Bekanntschaft mit dem englischen Philosophen Francis Bacon (1561–1626), für den er kurze Zeit als Sekretär arbeitete und der ihn mit seiner wissenschaftlichen Methode der Empirie beeinflusste. Auf einer Bildungsreise durch Europa lernte Hobbes 1634 die Gelehrten René Descartes, Pierre Gassendi und Galileo Galilei kennen. Nach seiner Rückkehr ergriff Hobbes im Streit zwischen dem englischen König Karl I. (1600–49) und dem Parlament in der Schrift *Naturrecht und allgemeines Staatsrecht in den Anfangsgründen* (1640) die Partei der Krone. Um der Verfolgung durch das Parlament zu entgehen, floh Hobbes 1640 ins Exil nach Paris, wo er den späteren englischen König Karl II. in Mathematik unterrichtete. Nach dem Ende des Bürgerkriegs und der Konstituierung der englischen Republik kehrte er 1651 nach England zurück, wo er bis zu seinem Tod auf dem Landsitz des Grafen von Devonshire lebte.

Thomas Hobbes gilt als einer der wichtigen Philosophen des 17. Jahrhunderts, auch wenn seine Staatslehre, die eine theoretische Rechtfertigung des Absolutismus lieferte, durch die Theorien Lockes in den Hintergrund gedrängt wurde. In Bezug auf seine ethischen und erkenntnistheoretischen Lehren, wie er sie in seinen Werken wie *Vom Körper* (*De corpore*, 1665) oder *Vom Menschen* (*De homine*, 1658) formulierte, wird Hobbes der Aufklärung zugerechnet.

Leviathan OT Leviathan or the Matter, Forme and Power of a Commonwealth Ecclesiasticall and Civil | OA 1651 | 396 Seiten | Deutschsprachige Erstausgabe 1794/95 | Form Wissenschaftliche Schrift | Bereich Philosophie

Leviathan oder Wesen, Form und Gewalt eines kirchlichen und bürgerlichen Gemeinwesens – so lautet der vollständige Titel von Thomas Hobbes Hauptwerk, das als die bedeutendste in englischer Sprache verfasste Schrift der politischen Philosophie gilt.

Entstehung Das Werk entstand unter dem Eindruck des Machtkampfs zwischen König Karl I. und dem sogenannten Langen Parlament. Nach seiner Bildung 1640 verabschiedete es ein Gesetz, das entgegen aller englischen Verfassungstradition jegliche Vertagung oder Auflösung des Parlaments verbot. 1642 brach nach einem gescheiterten Versuch des Königs, die Initiatoren des Langen Parlaments zu verhaften, ein Bürgerkrieg aus. 1649 wurde der König nach dem Sieg der Parlamentsheere unter Oliver Cromwell hingerichtet. Dieses Ereignis beeinflusste Hobbes, im französischen Exil den *Leviathan* zu schreiben, um nach wissenschaftlichen Prinzipien eine stabile politische Ordnung einzurichten.

Inhalt Im *Leviathan* legt Hobbes seine Vorstellungen über den recht begründeten und recht beherrschten Staat nieder. Er geht dabei im ersten Teil, *Über den Menschen,* seines staatsrechtlichen Werkes von einem Naturzustand aus, in dem das Handeln der Menschen durch den Trieb der Selbsterhaltung, durch das Streben nach Lust und Machtgier bestimmt wird. Die seit Aristoteles maßgebliche Vorstellung, der Mensch sei von Natur aus ein gesellschaftliches Wesen, wird von Hobbes abgelehnt. Vielmehr befänden sich die Menschen im Naturzustand im ständigen Konkurrenzkampf, ein jeder Mensch ist dem anderen ein Wolf (homo homini lupus).

Dieser permanente Kriegszustand kann nur durch einen gemeinsamen Vertrag überwunden werden. Darin verzichtet ein jeder auf sein Naturrecht und überträgt dieses auf einen Souverän. Mit dem so entstehenden Gesellschaftsvertrag wird der Leviathan ins Leben gerufen, »der sterbliche Gott, dem wir unter dem unsterblichen Gott unseren Frieden und unsere Verteidigung verdanken«. Ein souveräner Staat wäre somit nichts als die Vereinigung des Willens all seiner Bürger um des Friedens willen. Allerdings ist sich Hobbes bewusst, dass ein Gesellschaftsvertrag grundsätzliche Spannungen und Konflikte nie würde beheben können.

Nur für den Fall, dass der Souverän die Ordnung im Staat nicht garantieren kann, räumt Hobbes den Untertanen im zweiten Teil seines Werkes, *Über das Gemeinwesen,* ein Widerstandsrecht ein. Insofern steht der Souverän nur so lange über dem Gesetz, wie er seine umfassende Macht zum gemeinen Wohl verwendet.

Im dritten Teil, *Über ein christliches Gemeinwesen,* versucht Hobbes zu beweisen, dass seine gesellschaftliche Analyse und die daraus abgeleiteten politischen Schlüsse mit den Geboten der Bibel übereinstimmen, wobei jedoch der Souverän auch als geistliches Oberhaupt anzuerkennen ist. Im vierten und letzten Teil, *Über das Reich der Dunkelheit,* setzt sich Hobbes mit der katholischen Kirche auseinander, der er Machtanmaßung und -missbrauch vorwirft.

Wirkung Die Radikalität und Modernität des *Leviathan* und insbesondere das negative Bild des Menschen wurde von vielen Zeitgenossen abgelehnt. Das Werk war Gegenstand heftiger Kontroversen, blieb in verschiedenen europäischen Ländern sogar verboten, erzielte jedoch keine breitere politische Wirkung. Gleichwohl lassen sich Einflüsse des *Leviathan* bei Spinoza, Thomasius und Leibniz nachweisen. Als Gegenposition zur hobbeschen Theorie entwickelte sich im 18. Jahrhundert die Theorie von der Volkssouveränität, als deren bedeutendster Vertreter Jean-Jacques Rousseau gilt. Die Bedeutung seiner Philosophie beruht auf der Übertragung der mechanistisch-naturwissenschaftlichen Methode auf die Staats- und Gesellschaftslehre und der Idee eines begründbaren säkularen Staates.

Fielding, Henry

englischer Schriftsteller | * 22. 4. 1707 in Sharpham Park (Somersetshire) | † 8. 10. 1754 in Lissabon | aristokratischer Herkunft | wurde populär als Bühnenautor | 1748 Ernennung zum Richter

....

Henry Fielding, einer der scharfsinnigsten und ironischsten englischen Dichter des 18. Jahrhunderts, gilt neben Daniel Defoe und Samuel Richardson als Mitbegründer des modernen realistischen Romans.

Fielding entstammte einer aristokratischen Familie. Nach seiner standesgemäßen Erziehung in Eton und einigen Jahren in London nahm er ein geisteswissenschaftliches Studium im niederländischen Leyden auf. Er kehrte jedoch 1729, nach kaum einem Jahr, wieder nach London zurück, wo er als Bühnenautor sehr bald Karriere machte. 1731 ließ ihn seine politische Komödie *The Welsh opera*, eine noch milde, gegen den Hof gerichtete Satire, erstmals in Konflikt mit der Zensur geraten. In *The historical register for the year 1736* richteten sich Fieldings unverhohlene Attacken gegen den reaktionären Premierminister Sir Robert Walpole (1676–1745). Dieser reagierte 1737 mit dem Erlass des Theaterzensurgesetzes, das bis auf zwei Ausnahmen sämtliche Theater der Stadt einer Zensur unterwarf und Fieldings Laufbahn als Bühnenautor beendete. Zu dieser Zeit hatte Fielding insgesamt 26 Farcen und Komödien verfasst. Er begann eine juristische Ausbildung, wurde 1748 zum Friedensrichter von Westminster und Middlesex ernannt und setzte sich für die Verbesserung sozialer Missstände ein.

Sein erstes Erzählwerk, *Die Geschichte von den Abenteuern Joseph Andrews'*, veröffentlichte Fielding 1742. Auch hierin suchte er wieder die Auseinandersetzung mit zeitgenössischen Diskursen, indem er den ersten realistischen Roman der englischen Literatur, *Pamela* von Samuel Richardson, parodierte.

Die letzten Jahre des Schriftstellers waren von einer schweren rheumatischen Erkrankung überschattet. Fielding starb auf einer Erholungsreise durch Portugal.

Die Geschichte des Tom Jones, eines Findlings   OT The history of Tom Jones, a foundling | OA 1749 | 1269 Seiten | Deutschsprachige Erstausgabe 1771 | Form Roman | Epoche Aufklärung

Mit diesem brillant geschriebenen und unterhaltsamen Roman über das Schicksal des sympathischen Titelhelden Tom Jones schuf Henry Fielding ein frühes Meisterwerk des modernen, realistischen Gesellschaftsromans.

Inhalt   Der verwitwete Adlige Squire Allworthy lebt mit seiner unverheirateten Schwester auf einem ländlichen Gut in Somersetshire. Als er eines Nachts ein ausgesetztes Kind in seinem Zimmer findet, nimmt er sich liebevoll des kleinen Jungen an. Die Suche nach dessen Eltern führt Allworthy zu Jenny Jones, die in seinem Haus und in dem des Dorfschullehrers Partridge als Magd arbeitet. Nach einer Unterredung mit ihr hilft Allworthy der von den Dorfbewohnern nunmehr geächteten Jenny, sich in einem anderen Bezirk eine neue Existenz aufzubauen. Der vermeintliche Kindsvater Partridge verlässt kurz darauf die Gegend.

Allworthy nimmt indes den elternlosen Knaben, dem er den Namen Tom Jones gibt, an Sohnes statt bei sich auf. Wenig später heiratet seine Schwester Bridget den Mitgiftjäger Captain Blifil, der noch vor der Geburt ihres gemeinsamen Sohnes stirbt. Während Tom zu einem ungezwungenen, stürmischen und liebenswerten Jungen heranwächst, entwickelt sich der kaum jüngere Blifil zu einem bösartigen und erbitterten Rivalen. Blifil gelingt es, Tom vor Allworthy zu verleumden. Von seinem zu Unrecht enttäuschten Adoptivvater verstoßen, tritt Tom eine Reise an. Sein Abschied fällt ihm umso schwerer, als er sich leidenschaftlich in Sophie, die Tochter des benachbarten Squire Western, verliebt hat. Sophie ihrerseits, die Toms Liebe erwidert, muss erfahren, dass ihr Vater sie mit Blifil zu verheiraten plant. Sie sieht keinen anderen Ausweg, als nach London zu fliehen.

Tom hat inzwischen den Entschluss gefasst, sein Glück in der Seefahrt zu suchen. Auf dem Weg nach Bristol lernt er zufällig Partridge kennen, der ihm glaubwürdig versichert, nicht sein Vater zu sein. In einem Gasthof in Upton lässt sich Tom auf ein Tête-à-Tête mit Mrs. Waters ein. Zu spät erfährt er, dass Sophie in demselben Gasthof übernachtet hat und von dem Rendezvous weiß. Wie der mittlerweile in Upton eingetroffene Squire Western verfolgt nun auch Tom die Spur Sophies bis nach London, wo schließlich alle Handlungsfäden zusammenlaufen.

Tom, der Mr. Fitzpatrick in einem Duell getötet hat, wird verhaftet und kommt ins Gefängnis. Blifil, unterdessen mit Allworthy in London eingetroffen, spinnt eine gefährliche Intrige gegen seinen Kontrahenten, mit der er ihn an den Galgen zu bringen versucht. Als sein Plan misslingt und Tom freikommt, erkennt Allworthy die Charakterlosigkeit Blifils und seine eigene Ungerechtigkeit gegen Tom. Es kommt zur Versöhnung zwischen ihnen. Als sich zu guter Letzt auch noch herausstellt, dass Tom der uneheliche Sohn Bridget Allworthys ist, akzeptiert ihn Squire Western als Schwiegersohn.

Aufbau Der Roman ist in 18 Bücher unterteilt, lässt sich jedoch inhaltlich in drei etwa gleich lange Abschnitte gliedern. Während der erste Teil das ländliche Leben und der zweite die abenteuerliche Reise Toms beschreibt, steht im dritten Teil das städtische Leben im Vordergrund.

Wirkung Der enorme und lang anhaltende Erfolg des Romans begann unmittelbar nach seinem Erscheinen. Zur Reihe der von Fielding beeinflussten Schriftsteller gehörten neben Charles Dickens auch Georg Christoph Lichtenberg und Christoph Martin Wieland. Fielding ist heute nicht nur als einer der großen Ironiker der englischen Literatur bekannt, sondern gilt vielen auch als der geistige Vater des englischen Romans.

Voltaire   eigentlich François-Marie Arouet

französischer Schriftsteller | *21.11.1694 in Paris | †30.5.1778 in Paris | 1716 Verbannung wegen kritischer Äußerungen | ab 1736 Briefwechsel mit Friedrich II., dem Großen | 1746 Aufnahme in die Académie française

....

Voltaire, Sohn eines Notars, wurde am Pariser Jesuitenkolleg Lycéele-Grand erzogen und studierte anschließend Jura. Nach Spottversen über den Regenten Philipp II. von Orléans wurde er 1716 für einige Monate aus Paris verbannt und 1717 sogar für elf Monate in die Bastille geworfen. Hier stellte er seinen ersten Erfolg fertig, die Tragödie *Oedipus* (1719 uraufgeführt). In der Folgezeit wurde er durch das väterliche Erbe und eine Pension aus der königlichen Schatulle finanziell gut gestellt und erlangte Zutritt zum Hof Ludwigs XIV. Nach einer persönlichen Auseinandersetzung erneut aus Paris verbannt, ging er 1726 für drei Jahre nach Großbritannien. In seinem Werk *Briefe über die englische Nation* (1733) richtete sich Voltaire polemisch gegen französische Rückständigkeit, Dogmatismus sowie Willkürherrschaft und religiöse Herrschaftsansprüche – erstmals wurden hier Vorstellungen der Aufklärung zusammengefasst. Die Briefe wurden ein Skandalerfolg; man erließ einen Haftbefehl gegen Voltaire, der nach Lothringen auf das Schloss Cirey floh und dort bis 1744 blieb. Dort entstand u. a. die naturwissenschaftliche Studie *Prinzipien der newtonschen Philosophie* (1738).

In den 1740er-Jahren wurde der Streit zwischen dem Hof und Voltaire beigelegt, 1746 wurde er zum Mitglied in der Académie française gewählt. 1750 nahm Voltaire eine Einladung Friedrichs II. nach Potsdam an, wo er mehrere Jahre blieb. 1758 ließ er sich auf dem Gut Ferney in der Nähe von Genf nieder. Er veröffentlichte 1764 das *Philosophische Taschenwörterbuch,* eine Kritik der Kirche. Mit seinem kulturhistorischen und geschichtsphilosophischen Kompendium *Über den Geist und Sitten der Nationen* (1756) trat Voltaire zudem als Vorläufer moderner Geschichtsschreibung hervor. 1778 reiste Voltaire zur Uraufführung seiner Tragödie *Irene* nach Paris, wo er – nach einem triumphalen Erfolg – wenige Monate später starb.

Voltaire zählt neben Jean-Jacques Rousseau und Denis Diderot zu den einflussreichsten Autoren der französischen Aufklärung. Das 18. Jahrhundert wird wegen der herausragenden Stellung des Denkers auch das Jahrhundert Voltaires genannt.

Candide   OT Candide ou L'optimisme | OA 1759 | Deutschsprachige Erstausgabe 1776 | Form Roman | Epoche Aufklärung

In seinem philosophischen Roman *Candide oder Der Optimismus* kehrt Voltaire die von Gottfried Wilhelm Leibniz aufgestellte These von »dieser Welt als der besten aller möglichen« ins Ironische um, indem er die Welt als in sich fragwürdig darstellt. Der Roman ist eines der wichtigsten Werke der französischen Aufklärung.

Entstehung   Voltaires Grundüberzeugung von einer vernünftigen Einrichtung der Welt war durch die Beendigung seiner Freundschaft mit König Friedrich II., dem Großen, von Preußen (1712–86), durch Berichte über den Siebenjährigen Krieg (1756–63) sowie durch das Erdbeben von Lissabon (1755) erschüttert worden. Seine daraus entstehenden Zweifel an einem optimistischen Weltbild der Metaphysik brachte Voltaire in *Candide* zum Ausdruck.

Inhalt   Candide (von lateinisch »canditus«, aufrichtig), ein neugieriger Beobachter der Geschehnisse seiner Zeit, wird mit der Lebensanschauung seines Lehrers Maître Pangloss konfrontiert, wonach alles, was in der Welt passiert, den Menschen nur zum Besten gereiche, auch die Katastrophen.

Die Suche nach seiner geliebten Cunégonde führt Candide quer durch Europa, über Südamerika nach Portugal, wo er das Erdbeben von Lissabon miterlebt. Schließlich trifft er Cunégonde wieder: Sie wurde aus ihrer Heimat vertrieben, von Soldaten geschändet und befindet sich unter der Kontrolle eines Großinquisitors sowie eines Juden. Um weiteres Unheil zu verhindern, tötet Candide beide Gegner. Immer wieder begegnet er seiner Geliebten, er gerät in die Hände von Kannibalen und Seeräubern, kann sich aber befreien.

Als Candide den Gelehrten Martin trifft, erklärt ihm dieser, dass in der Welt nicht alles aufs Beste ausgerichtet sei, sondern dass neben einem guten auch ein böses Prinzip existiere. In Venedig versucht der Edelmann Pococurante dem lernbegierigen Candide zu vermitteln, die einzige Freude in dieser Welt sei es, zu akzeptieren, dass man an nichts Freude finden könne. Zuletzt gelangt Candide nach Konstantinopel, wo er Cunégonde wiederbegegnet und heiratet. Nach dem Erwerb eines kleinen Landgutes entdeckt er eine befriedigende Beschäftigung darin, »seinen Garten zu bestellen«.

Aufbau *Candide* weist viele Elemente des Barockromans auf: Schiffbruch, Trennung und Wiederbegegnung der Liebenden, Katastrophen, Erkundung fremder Länder etc. Sie werden episodenartig dergestalt verknüpft, dass Candide zu der Einsicht gelangt, dass die Lehren seines Lehrers Pangloss nicht aufrechtzuerhalten sind.

Hinter zahlreichen satirischen Elementen, die sich vordergründig zu einer humoristischen Erzählung fügen, verbirgt sich zum einen die nachdrückliche Kritik an den politischen und gesellschaftlichen Bedingungen der Zeit; zum anderen wird auf diese Weise der Sinn des Lebens bzw. die Existenz eines alles zum Guten lenkenden Gottes angezweifelt. Die reale Welt bringt Candide dazu, die theoretische Welt, die Welt der Ideale, zu ignorieren.

Wirkung Voltaires Roman war Vorbild für Werke verschiedenster Kunstrichtungen.

Der französische Komponist Jean-Benjamin de La Borde (1734 bis 1794) schrieb 1768 die Oper *Candide*. Im 20. Jahrhundert bildet Leonard Bernsteins (1918–90) gleichnamiges Musical (1956) einen der Höhepunkte der *Candide*-Rezeption. Der Maler Paul Klee (1879 bis 1940) wurde von *Candide* zu zahlreichen Illustrationen inspiriert.

Sterne, Laurence

englischer Schriftsteller | * 24. 11. 1713 in Clonmell, Irland | † 18. 3. 1768 in London | Sohn eines Soldaten | ab 1735 Studium der Theologie | späte Berühmtheit und Leben in London ab 1760

Laurence Sterne gilt als wichtiger Vorläufer der Moderne. Er bereicherte mit seinem Roman *Leben und Ansichten von Tristram Shandy, Gentleman* die Weltliteratur um ein neues Erzählmodell, das die Subjektivität gegenüber äußeren Ereignissen betont und Romane von Kollegen wie Samuel Richardson sowie Henry Fielding parodiert. Mit seinem humorvollen und gefühlsbetonten Werk löste Sterne in ganz Europa einen Kult der Empfindsamkeit aus.

Sterne wuchs in ärmlichen Verhältnissen auf. Der Vater war als Soldat in verschiedenen Ländern stationiert und die Familie zog ihm nach. 1735–40 konnte er, finanziell unterstützt durch seinen Cousin, in Cambridge Theologie studieren. 1741 wurde er Pfarrer in Yorkshire, später der dortige Domherr. Ab 1741 war Sterne mit Elizabeth Lumley verheiratet; sie hatten eine Tochter. Themen seiner Tätigkeit als Geistlicher und seine literarischen Ambitionen verband er in kirchensatirischen Schriften.

Nach dem Durchbruch des *Tristram Shandy* – ein Erfolg, der ihn knapp zwanzig Jahre nach Beginn seiner Pfarrerstätigkeit berühmt machte – hielt sich Sterne in London auf oder reiste durch Europa, in der Hoffnung auf Heilung seines Lungenleidens. 1762–65 lebte die Familie in Südfrankreich. Zwei Jahre später schloss sich seine *Sentimentale Reise durch Frankreich und Italien* (1768) an. Das Buch versammelt in loser Reihung Reiseeindrücke, Beobachtungen und Reflexionen sowie fiktive Passagen. Für den Sentimentalismus wurde es zu einer der prägenden Schriften.

Unter seinen Zeitgenossen polarisierte Sterne. Insbesondere Konservative sahen in dem Pfarrer eine Reizfigur. Sein Lebenswandel war nicht eben solide und er liebte es, mit frivolen Scherzen zu provozieren. Sterne starb berühmt, aber mittellos und vereinsamt sowie von seiner Familie inzwischen getrennt lebend in London.

Leben und Ansichten von Tristram Shandy, Gentleman

OT The Life and Opinions of Tristram Shandy, Gentleman | OA 1759–67 | Deutschsprachige Erstausgabe 1769 | Form Roman | Epoche Aufklärung

Der Roman von Laurence Sterne, der bis 1767 in neun Bänden erschien, bewirkte im Winter 1759 eine Sensation. Diese Wirkung erklärte sich vor allem durch seine Gestaltung als Parodie auf Werke des noch jungen englischen Romans.

Inhalt Obgleich der Titel eine Lebensbeschreibung des Icherzählers in Aussicht stellt, erfährt der Leser über die Biografie Tristrams kaum etwas. Auch konterkarierte der Roman die Erwartungen von Lesern an die Konsistenz und Stringenz einer Romanhandlung. Angetreten mit dem Vorsatz, sein Leben gewissenhaft und unter Berücksichtigung aller kausalen Zusammenhänge darzulegen, verstrickt sich der Held – er wird erst im dritten Band geboren! – in zahlreichen Digressionen. Die Erzählgeschwindigkeit wird auf diese Weise nicht nur herabgesetzt, auch verkehrt sich die Chronologie des Romans insgesamt, indem die Passagen nach dem Bewusstsein des Protagonisten geordnet sind: Die Erzählung beginnt 1718 – neun Monate vor Tristrams Geburt – und wechselt zwischen verschiedenen Daten anscheinend planlos hin und her. Das Buch endet in der Erzählung mit dem Jahr 1713. Dazwischen liegt ein vorgebliches Chaos aus scheinheilig kaschierten Schlüpfrigkeiten, eingeschobenen Erzählungen sowie leeren oder geschwärzten Seiten. Das Vorwort reicht der Erzähler im dritten Teil nach.

Struktur Was den Verdacht erzählerischer Unfertigkeit aufkommen lässt, was scheinbar primär einer Spottlust genüge tut, ist tatsächlich wohldurchdacht. Sterne parodiert den Vernunft- und Ordnungsglauben der Aufklärung, zugleich aber setzt er an die Stelle des klassischen Erzählmodells (das auf dem Prinzip linearer chronologischer Abläufe basiert) einen neuen, »zirkulären« Romantypus.

Der eigentliche literarische Kunstgriff des Buchs liegt darin, dass durch das Fehlen einer stringenten Handlung der Blick vom Erzählten auf den Vorgang des Erzählens selbst gelenkt wird. Der Protagonist Tristram denkt laut über seine Schreibweise nach, erwägt, prüft oder verwirft ausdrücklich den Gebrauch verschiedener Stilmittel und diskutiert solche Fragen mit seinen Lesern, die ihm wiederholt mit Einwänden ins Wort fallen (herkömmliche Romane hatten dem Publikum dagegen eine nur passive Rolle zugestanden). Dadurch bekommt das Werk den Charakter einer Konversation.

Wirkung Der Roman erlangte unmittelbar nach seinem Erscheinen große Popularität. Sein Stil wurde u. a. im *Sentimental Magazine* nachgeahmt. In Frankreich, wo man Sterne den Titel eines »englischen Rabelais« verlieh, inspirierte er Denis Diderot zu dessen Roman *Jacques der Fatalist und sein Herr* (1778–80).

In Deutschland ist Jean Paul sein wichtigster Nachfolger. Die sittenstrengen Viktorianer stießen sich an Sternes Albernheiten und Anzüglichkeiten, seit etwa 1920 aber ist seine Aktualität unbestritten. Für Milan Kundera war *Tristram Shandy* »der modernste Roman des 18. Jahrhunderts«. Indem Sterne dem Bewusstsein des Helden als erzählerischem Strukturprinzip den Vorrang vor einer chronologischen Darstellung einräumte, wies er bereits auf den Roman der Moderne voraus, wie ihn James Joyce und Virginia Woolf erarbeiteten.

Rousseau, Jean-Jacques

schweizerisch-französischer Philosoph und Schriftsteller | *28.6.1712 in Genf | †2.7.1778 in Ermenonville bei Paris | ab 1730 auf Wanderschaft durch die Schweiz, Italien und Frankreich | konvertierte zeitweilig zum katholischen Glauben | 1750 Preis der Akademie von Dijon

....

Jean-Jacques Rousseau verlebte eine schwierige Kindheit. Der Sohn eines protestantischen Uhrmachers verlor seine Mutter kurz nach der Geburt. Der Vater gab seinen Sohn 1722 in die Obhut seines Onkels, der den Jungen zu dem Pfarrer Lambercier in Bossey zur Erziehung schickte. Sechzehnjährig verließ Rousseau seine Vaterstadt. 1732 ließ er sich bei seiner Gönnerin und späteren Geliebten Madame de Warens in Chambéry nieder. Sie veranlasste ihn dazu, zum katholischen Glauben zu konvertieren. Seine Bildung eignete sich Rousseau vor allem als Autodidakt an. Er betrieb Studien zur Philosophie, Theologie, Musik und zu Naturwissenschaften. Während seiner Wanderjahre (1730–41), die ihn von Genf nach Italien und Frankreich führten, wurde er mit den tiefen sozialen Gegensätzen der herrschenden Gesellschaft konfrontiert.

1745 ließ sich Rousseau in Paris nieder, wo er im Kreis der Enzyklopädisten verkehrte. Durch seine in Dijon preisgekrönte *Abhandlung über die Frage: Hat das Wiederaufleben der Wissenschaften und Künste zur Besserung der Sitten beigetragen?* (1750) wurde er über Nacht berühmt. Der sich immer weiter vertiefende weltanschauliche Gegensatz zu den Enzyklopädisten führte 1775 zum Bruch. 1762 entstand seine berühmteste politische Schrift *Über den Gesellschaftsvertrag*. Rousseau folgte einer Einladung von David Hume (1711–76) nach England, kehrte aber bereits 1767 nach Frankreich zurück. 1770 vollendete er sein Werk *Die Bekenntnisse,* in dem er sein Leben darstellt und deutet.

Rousseau ist einer der wichtigsten französischen Schriftsteller und Philosophen des 18. Jahrhunderts. Er gilt als einer der ideellen Wegbereiter der Französischen Revolution und als einer der bedeutendsten Pädagogen der Neuzeit. Mit seiner Erziehungstheorie beeinflusste Rousseau Pädagogen wie Johann Heinrich Pestalozzi (1746–1827) und Friedrich Fröbel (1782–1852) sowie mit seinen politischen Gedanken u. a. Immanuel Kant, Goethe und Schiller.

Emile oder Über die Erziehung   OT Émile ou de l'éducation | OA 1762 | Deutschsprachige Erstausgabe 1762 (4 Bände; insgesamt 1168 Seiten) | Form Erziehungsroman | Epoche Aufklärung

Der Erziehungsroman *Emile oder Über die Erziehung* von Jean-Jacques Rousseau übte großen Einfluss auf die Entwicklung der Pädagogik aus. Seine immense Wirkung verdankt das Buch der Kraft seiner Gedanken und Macht seiner Sprache. Der Erziehungsroman, den Goethe als das »Naturevangelium der Erziehung« bezeichnet hat, stellt den ersten großen und gleichzeitig unübertroffenen Entwurf des neuzeitlichen subjektivistischen Menschenverständnisses dar. Erzieherische Prinzipien Rousseaus wie entwicklungsgerechtes, erlebnis- und lustbetontes, spielerisches und aktives Lernen gehören auch heute noch zu den Grundlagen reformpädagogischer Ansätze.

Inhalt   Rousseau entwickelt ein Modell einer natürlichen Erziehung. Ein Hauptanliegen seines Werks ist die Lebensreform, die Erneuerung des Menschen und der Gesellschaft. Nach Rousseaus Ansicht wird die Gesellschaft insgesamt eine bessere, sprich menschlichere, wenn man den Einzelnen entsprechend erzieht. Es gibt drei Erzieher, die Natur (ermöglicht die Reifeprozesse, die zum Lernen nötig sind), die Dinge (ermöglichen das Ausloten der eigenen Fähigkeiten) und die Menschen (vermitteln zwischen den Lernprozessen und den sie bedingenden Reifeprozessen). Grundlagen seiner Erziehungstheorie sind der Glaube an das Gute im Menschen und an die Existenz von Entwicklungsperioden des Kindes mit je eigenen Gesetzmäßigkeiten.

Rousseau unterscheidet vier Entwicklungsperioden: Säugling bzw. Kleinkind (bis 2 Jahre, 1. Buch), Kindesalter (2–12 Jahre, 2. Buch), Knabenalter (12–15 Jahre, 3. Buch) und Jünglingsalter (15 Jahre bis Heirat, 4. Buch). Im »Glaubensbekenntnis des savoyardischen Vikars« (4. Buch) definiert Rousseau seine religiöse Idee eines Menschen, der im Naturzustand nicht sündig ist, keine religiösen Dogmen und Konfessionen kennt und für den Gott in der Natur allgegenwärtig ist. Eine Kurzfassung der im gleichen Jahr wie *Emile* erschienenen Schrift *Über den Gesellschaftsvertrag* ist als Quintessenz der Bildung des Bürgers Emile im 5. Buch zu finden. An die Reisen, auf denen seine politische Bildung reift, schließt sich Emiles Hochzeit an, für Rousseau Ausgangspunkt einer Abhandlung über die weibliche Erziehung.

Wirkung In Frankreich eher kritisiert, hatte Rousseau in Deutschland großen Einfluss auf den Idealismus. So wurde der »Naturmensch« als Ideal des Sturm und Drang angesehen, der sich aus einer Protesthaltung heraus gegen die nüchterne Aufklärungsphilosophie und den zivilisierten Gesellschaftsmenschen wandte.

Rousseaus Vorstellungen beeinflussten durch die Betonung des sensualistischen Anteils bei der Erziehung die Reformpädagogen des 19. und 20. Jahrhunderts in starkem Maße. Sie entwickelten seine erzieherischen Grundsätze weiter und gelangten zur Herausbildung tolleranterer und psychologisch orientierter Methoden der Kindererziehung.

Kant, Immanuel

deutscher Philosoph | * 22. 4. 1724 in Königsberg | † 12. 2. 1804 in Königsberg | Studium der Philosophie, Theologie, Mathematik und Physik | 1746–55 Hauslehrer | ab 1770 Professur in Königsberg

Immanuel Kant zählt zu den führenden Vertretern der Aufklärung. Seine Philosophie übte großen Einfluss auf die Geistesgeschichte aus.

Sohn eines Sattlers, erhielt Kant in seiner Geburtsstadt Königsberg eine Ausbildung und eine strenge pietistische Erziehung am Collegium Fridericianum. Er studierte 1740–45 neben Philosophie auch Theologie, Mathematik und Physik an der Königsberger Universität. Als Hauslehrer sorgte er in den Jahren 1746–55 für den Unterhalt seiner Familie. 1755 schloss er seine Promotion ab, habilitierte und arbeitete anschließend als Privatdozent an der Universität in Königsberg. Nachdem er 1769 und 1770 Rufe nach Erlangen bzw. Jena ausgeschlagen hatte, erhielt er 1770 eine Professur für Logik und Metaphysik in Königsberg. Bis 1796 hielt er Vorlesungen; in den Jahren 1786–88 übernahm er zudem die Funktion des Rektors.

In seinen ersten Arbeiten beschäftigte sich Kant überwiegend mit naturwissenschaftlichen Fragen und der zeitgenössischen Schulmetaphysik von Gottfried Wilhelm Leibniz und Christian Freiherr von Wolff (1679–1754). Nach einer Veröffentlichungspause von mehr als zehn Jahren erschien 1781 das Werk, das seinen Weltruhm begründete: die *Kritik der reinen Vernunft*. Es folgten weitere Schriften zum Ausbau der kritischen Philosophie wie die *Grundlegung zur Metaphysik der Sitten* (1785), die *Kritik der praktischen Vernunft* (1788) und die *Kritik der Urteilskraft* (1790). In Konflikt mit der preußischen Zensurbehörde geriet der Philosoph mit seiner Schrift über die *Religion innerhalb der Grenzen der bloßen Vernunft* (1793). Doch Kant blieb ein unbeugsamer Aufklärer, der (mit einem Motto des Dichters Horaz) den Wahlspruch der Aufklärung schlechthin formulierte: »Habe Mut, dich deines eigenen Verstandes zu bedienen!«

Kritik der reinen Vernunft   OA 1781 | 856 Seiten |
Form Sachbuch | Bereich Philosophie

Die *Kritik der reinen Vernunft* von Immanuel Kant markiert eine Epochenschwelle der Philosophie, und zwar zur Transzendentalphilosophie. Deren Aufgabe ist es nicht, das Wesen der Wirklichkeit zu beschreiben, sondern sie thematisiert, wie das Erkennen von Gegenständen geartet und strukturiert ist.

Entstehung   Erste Überlegungen zu diesem Werk reichen in das Jahr 1769 zurück. Von entscheidendem Einfluss war laut Kant die Philosophie von David Hume (1711–76), dessen Skeptizismus den Begriff der Kausalität, also der Beziehung von Ursache und Wirkung, hatte fragwürdig werden lassen. Kant versuchte den Begriff der Kausalität zu bewahren, stimmte aber mit Humes Kritik am Rationalismus darin überein, dass das Kausalitätsprinzip nicht evident ist. Für Kant wird Kausalität zu einem reinen Verstandesbegriff, der Erfahrung erst ermöglicht.

Aufbau   Die Schrift besitzt einen streng gegliederten Aufbau. Sie besteht aus zwei Teilen, einer Elementar- und einer Methodenlehre. Die Elementarlehre besteht aus der transzendentalen Ästhetik, die die Anschauungsformen von Raum und Zeit untersucht, und der transzendentalen Logik. Diese wiederum zerfällt in die Analytik als dem Teil der Logik, der alle Elemente reiner Verstandeserkenntnis zergliedert, und die Dialektik, die Logik des Scheins.

Inhalt   Kant hat in der Erkenntnistheorie eine kopernikanische Wende vollzogen – er selbst sprach von einer »Revolution der Denkart«. Er hat erkannt, dass es durch die Art und Weise menschlichen Erkennens bedingt ist, wie die Gegenstände menschlicher Erfahrung beschaffen sind. Außerdem hat er gezeigt, wie menschliche Erkenntnis auf den Raum möglicher Erfahrungen begrenzt ist. Wo die Vernunft diese Grenzen möglicher Erfahrungen überschreitet, verwickelt sie sich notwendig in Widersprüche. Die Ursache dieser Widersprüche aufzuzeigen, ist das Ziel der transzendentalen Dialektik, der Logik des Scheins.

Der Ausdruck Kritik in der *Kritik der reinen Vernunft* meint daher eine Selbstbegrenzung, die die Vernunft vornimmt, um sich vor Urteilen über Sachverhalte zu bewahren, die jenseits der Grenzen möglicher Erfahrung liegen, wie etwa Gott, Freiheit und Unsterblichkeit. Einzig bei der Freiheit, seinem Vermögen, sittlich zu handeln, ist dem Menschen ein Durchbruch in eine Welt möglich, die nicht vollständig beschrieben werden kann, wenn man sie nur im Licht der Gesetze betrachtet, die die Gesamtheit der Natur kausal determinieren. Die Freiheit hat laut Kant ihre eigenen Gesetze. Ihnen widmet sich der Philosoph in seiner zweiten Kritik, der *Kritik der praktischen Vernunft,* die seine systematische Moralphilosophie enthält.

Wirkung Die kritische Philosophie von Kant erreichte nicht nur Philosophen, sondern auch Naturforscher und Dichter (Goethe, Heinrich von Kleist, Schiller) und wurde zum Gesprächsgegenstand gebildeter Kreise. Die Philosophie des deutschen Idealismus geht mit ihren spekulativen Systemen von der kantischen Kritik aus, aber auch weit über sie hinaus. Friedrich Nietzsche wiederum griff die Idee einer Vernunftkritik auf und wendete sie existenziell. In der zweiten Hälfte des 19. bis in die 20er-Jahre des 20. Jahrhunderts waren die verschiedenen Schulen des Neukantianismus (Marburger Schule, südwestdeutscher Neukantianismus) die maßgeblichen Strömungen der deutschen Universitätsphilosophie.

Goethe, Johann Wolfgang von

deutscher Schriftsteller | *28.8.1749 in Frankfurt am Main | †22.3.1832 in Weimar | Studium der Rechtswissenschaft in Leipzig und Straßburg | ab 1775 am Weimarer Hof | ab 1794 Freundschaft mit Friedrich Schiller

....

Johann Wolfgang von Goethe hinterließ ein universelles Werk, das nicht nur die Literatur, sondern auch die Geistesgeschichte, die Philosophie und die Naturwissenschaften beeinflusste.

Goethe studierte in Leipzig und Straßburg, wo er als Jurist promovierte. Dort wurde er v. a. durch Johann Gottfried Herder (1744 bis 1803) für Shakespeare, Ossian und die Antike begeistert. Er initiierte v. a. mit dem Drama *Götz von Berlichingen* (1773) die Periode des Sturm und Drang, die u. a. auch gegen starre Dichtungsregeln opponierte. Der Briefroman *Die Leiden des jungen Werthers,* der auf einem eigenen schmerzlichen Liebeserlebnis in seiner Zeit als Referendar in Wetzlar basierte, machte Goethe auf einen Schlag berühmt. Sein wachsendes Renommee trug ihm 1775 die Berufung als Gesellschafter des jungen Herzogs Carl August an den Hof der Herzogin Anna Amalia nach Weimar ein. Dort wurde Goethe mit vielfältigen Regierungs- und Verwaltungsaufgaben belastet, genoss aber auch weitreichende Freiheiten und materiellen Wohlstand. Dennoch floh er 1786 aus der Enge Weimars und der Beziehung zu Charlotte von Stein nach Italien. Er schrieb dort einen Teil seines Lebensprojekts, *Faust* (*Fragment* 1790, *Der Tragödie erster Teil* 1808), und kehrte erst 1788 nach Weimar zurück. Danach schloss er eine für beide Seiten sehr fruchtbare Freundschaft mit Schiller, die neben dem Briefwechsel auch Balladen (1797) und satirische Gedichte hervorbrachte. Zu dieser Zeit schrieb Goethe den Roman *Wilhelm Meisters Lehrjahre,* der ihn für die nächste Generation zum Vorbild machte. Seine Hinwendung zur Klassik ist in dem Drama *Iphigenie auf Tauris* (UA 1779) zu erkennen, aber auch in der klaren, stilisierten Fiktion seiner *Wahlverwandtschaften* (1809).

Das Alterswerk, das mit seiner Autobiografie *Aus meinem Leben. Dichtung und Wahrheit* (ab 1811) und deutlich mit dem Gedichtzyklus *West-östlicher Divan* (1819) einsetzt, ist durch einen souveränen Umgang mit offenen Formen sowie durch einen symbolischen Stil gekennzeichnet, dies zeigt sich an *Wilhelm Meisters Wanderjahre* (1821) ebenso wie am *Faust II* (1832).

Die Leiden des jungen Werthers   OA 1774 | 224 Seiten |
Form Briefroman | Epoche Sturm und Drang

Als Ausdruck radikaler, leidenschaftlicher Subjektivität schlug Goethes Briefroman Generationen von Lesern in seinen Bann und verkörpert die emotionale Kompromisslosigkeit des Sturm und Drang.

Entstehung   Als Goethe 1772 in Wetzlar lebte, warb er vergeblich um Charlotte Buff (1753–1828), die Braut von Johann Christian Kestner. Im selben Jahr erschoss sich dort der ebenfalls unglücklich verliebte Legationssekretär Carl Wilhelm Jerusalem. Nach Goethes Heimkehr nach Frankfurt kam es zu Reibereien mit dem Kaufmann Peter Brentano, für dessen junge Frau Maximiliane La Roche Goethe entbrannt war. Im Kontext dieser biografischen Details schrieb Goethe 1774 innerhalb von vier Wochen den Roman nieder. Er betrachtete dies als Befreiungsschlag, der ihn aus dem »stürmischen Elemente« gerettet habe. In einer 1787 erscheinenden Neufassung, die Goethe, da er selbst kein authentisches Exemplar mehr besaß, auf der Grundlage eines unrechtmäßigen Nachdrucks herstellte, milderte er den impulsiven Sturm-und-Drang-Stil.

Inhalt   Werther, ein intelligenter, hochsensibler, schwärmerischer junger Mann, schreibt zwischen dem 4. 5. 1771 und dem 23. 12. 1772 seinem Freund Wilhelm Briefe aus »Wahlheim«, in denen er ihm sein Innerstes eröffnet, seine Begeisterung über Natur und Liebe, seine Verzweiflung über deren Aussichtslosigkeit und über gesellschaftliche Zurücksetzung. Werther verliebt sich in Lotte, die zumindest seine aus der empfindsamen Literatur gespeiste Gefühlssprache erwidert. Als ihr Verlobter, der brave Albert, von einer Reise heimkehrt, schließt man Freundschaft, doch Werthers Eifersucht wird, wie seine Briefe verraten, immer drängender. So schlägt die anfangs enthusiastische Stimmung allmählich um in Pessimismus und Todessehnsucht, symbolisiert durch das Lesen in James McPhersons *Ossian*. Als er die Geliebte allein antrifft, kommt es noch einmal zu einer harmonischen Szene; beide sind »fürchterlich« bewegt, doch begegnet Lotte Werthers Küssen durch die Flucht ins Nebenzimmer. Der junge Mann schreibt einen Abschiedsbrief, leiht von Albert ein Paar Pistolen, kleidet sich wie beim Kennenlernen Lottes – es ist die nachmals berühmte Werther-Tracht mit blauem Frack und gelber Weste – und erschießt sich.

Die zunächst unkommentierte Abfolge von Werthers Briefen erlaubt das unmittelbare Mitempfinden des seelischen Auf und Ab und die Einsicht in seine Verblendung. Der aufsteigenden Linie des 1. Buches mit der Gewitterszene als Gipfel, die zum scheinbaren Einklang der Herzen führt, folgt der Weg in die Katastrophe des 2. Teils. Schließlich schaltet sich der Herausgeber mit seinem Bericht ein, um die letzten Tage Werthers zu schildern.

Wirkung Mit dem Aufbegehren der jungen Generation, dem Recht auf Gefühle statt Vernunft und dem vorrevolutionären Affekt gegen die Ständehierarchie traf Goethe den Nerv seiner Zeit. Werther wurde zur Kultfigur. Zur Publizität des zunächst anonym veröffentlichten Buchs trug der Skandal bei, dass hier ein Selbstmord gerechtfertigt wurde. Angeblich kam es zu Nachahmungstaten (Werther-Effekt). Nach Jahrzehnten erschienen noch Bücher, die deutliche Spuren des Vorbilds tragen wie *Letzte Briefe des Jacopo Ortis* (1802) von Ugo Foscolo und *Obermann* (1804) von Étienne Pivert de Senancour. Thomas Mann griff ein Wiedersehen Goethes mit seiner Jugendliebe in *Lotte in Weimar* (1939) auf. Das Scheitern eines jungen Mannes an der restriktiven Gesellschaft der DDR schilderte Ulrich Plenzdorf 1972 in *Die neuen Leiden des jungen W.* (mehrfach verfilmt, u. a. 2008 unter der Regie von Uwe Janson).

Bürger, Gottfried August

deutscher Schriftsteller | *31.12.1747 in Molmerswende (Harz) |
†8.6.1794 in Göttingen | Studium der Rechtswissenschaft |
bis 1783 Provinzamtmann | ab 1784 Privatdozent in Göttingen

Als Lyriker und Begründer der deutschen Kunstballade gehört Gottfried August Bürger zu den wichtigen Figuren der Sturm-und-Drang-Epoche. Schillers Kritik an der mangelnden Idealisierung seiner Gedichte, der Distanzlosigkeit zu den Gegenständen und der Anpassung an die »Fassungskraft des großen Haufens« traf ihn nicht nur persönlich schwer, sondern minderte auch die Wirkung seines Werks beträchtlich. Bürger, der bekennender Anhänger der frühen Werke Goethes war, beabsichtige mit seinem Werk, Bildungs- und Volksdichtung miteinander zu verbinden.

Während seines Jurastudiums in Göttingen 1768–72 wandte sich der in ärmlichen Verhältnissen aufgewachsene Pfarrerssohn der Philologie und Literatur zu und schloss sich der Dichtergruppe »Göttinger Hain« an. Deren *Göttinger Musenalmanach* gab er ab 1779 heraus. Die Tätigkeit in seinem Brotberuf als Provinzamtmann beendete er nach Streitereien mit seinen Dienstherren 1783 und lehrte danach als unbesoldeter Dozent an der Universität Göttingen. Ständige Geldnöte zehrten ebenso an seinen Kräften wie seine drei unglücklichen Ehen. Viele von Bürgers – durchaus formstrengen – Gedichten sind wenig bedeutsame Gelegenheitswerke in der Tradition der Anakreontik und Aufklärung. In etlichen politischen Gedichten nimmt er Stellung gegen Adelswillkür und Tyrannei. Einen neuen, eigenen Ton findet Bürger in den sinnlich-bildkräftigen Liebesgedichten an Molly (mit der eigentlich geliebten jüngeren Schwester seiner ersten Frau lebte Bürger jahrelang in einer heiklen Dreierbeziehung; beide Frauen starben im Kindbett) und vor allem in seinen Balladen (*Lenore*, 1773; *Das Lied vom braven Mann*, 1777), die dramatische Spannung mit sprachlicher Stimmungsmalerei verbinden. Zur Popularität von Shakespeares Werken in Deutschland trug Bürger durch die Übertragung des *Macbeth* ins Deutsche bei.

Wunderbare Reisen zu Wasser und Lande, Feldzüge und lustige Abenteuer des Freiherrn von Münchhausen
OA 1786 | 114 Seiten | Form Erzählungen | Epoche Sturm und Drang

Die populären *Münchhausen*-Geschichten sicherten Gottfried August Bürger seinen Nachruhm, auch wenn er als deren Autor fast in Vergessenheit geriet.

Entstehung   Bürger hat sich selbst zu seiner Autorschaft an diesem Werk nicht bekannt, einerseits um sich als Verfasser von Lügengeschichten in seiner ungesicherten gesellschaftlichen Position nicht in Verruf zu bringen, andererseits aus Rücksicht auf den in Bodenwerder/Weser lebenden realen Karl Friedrich Hieronymus Freiherr von Münchhausen (1720–97). Die nur mündlich berichteten Geschichten dieses begabten Fabulierers wurden 1781 in Berlin anonym in einer Anekdotensammlung publiziert und fanden 1785 größere Verbreitung in einer englischen Version. Diese lieferte die Grundlage für Bürgers freie, stilistisch verfeinerte Rückübersetzung, die er mit etlichen eigenen Zutaten anreicherte. Der berühmte Ritt auf der Kanonenkugel, die Rettung aus dem Sumpf durch das Herausziehen am eigenen Schopf und der Fang von mehreren Dutzend Enten mit einem Speckstück am Faden beispielsweise sind seine Erfindungen. Die stofflichen Grundlagen sind zum Teil wesentlich älter; einzelne Episoden finden sich schon in den lateinischen Satiren von Lukian sowie in den Schwanksammlungen des Mittelalters und des 15. und 16. Jahrhunderts.

Inhalt   Auf einer beschwerlichen Reise nach Russland findet Münchhausen sein Pferd, das er an einen Stecken angebunden zu haben glaubte, nach der plötzlichen Schneeschmelze auf der Kirchturmspitze wieder, holt es mit einem Schuss durch den Halfter wieder herunter und reitet zu weiteren Abenteuern. Von ähnlicher Qualität sind seine unwahrscheinlichen Jagderfolge und Erlebnisse mit wilden oder fabelhaften Tieren. Das Glück bleibt ihm auch bei kriegerischen Auseinandersetzungen treu. Wenn sein Hengst entzweigehauen wird, reitet der Held auf dem Vorderteil weiter, während das Hinterteil sich selbstständig und an einem Dutzend Stuten zu schaffen macht. Zwar gerät Münchhausen in türkische Gefangenschaft, doch kehrt er nach vielen mit List und Körperkraft bestandenen Gefahren wohlbehalten in seine Heimat zurück. Seine Seeabenteuer führen ihn durch alle Meere und Kontinente sowie an die Höfe der Mächtigen der Erde, als neuen Jonas durch den Bauch von riesigen Fischen, in den Krater des Ätna und sogar bis auf den Mond.

Aufbau In lockerer anekdotischer Reihung berichtet Münchhausen von seinen Abenteuern, beglaubigt durch die Ichform, die auch das Unglaublichste als selbst Erlebtes präsentiert. Im ersten Teil dominieren die Tiere, die der aktive Held besiegt oder als Helfer benutzt. Im zweiten Teil stehen die fremden Welten im Vordergrund, deren Herausforderungen der Erzähler neugierig begegnet.

Wirkung Als erfolgreicher und tatenlustiger Kraftkerl, der mit seiner Respektlosigkeit gegenüber politischen Herrschern und seiner ursprünglichen, unverbildeten Intelligenz allen Unbilden der Natur und der Zivilisation trotzt, ist der fiktive Münchhausen ein typisches Produkt des Sturm und Drang. Bürgers volkstümlich-witziger Sprachgestus machte ihn zu einer Identifikationsfigur des aufstrebenden Bürgertums. 1788 veröffentlichte er eine erweiterte Fassung des Werkes, dessen Episoden in der Tradition der Lügenliteratur und der fantastischen Reiseberichte zum erzählerischen Gemeingut wurden und etliche Nachfolger zu neuen Erfindungen um den großsprecherischen Aufschneider inspirierten.

Defoe, Daniel   eigentlich Daniel Foe
englischer Schriftsteller | *(September?) 1660 in London | †26.4.1731 in London | Ausbildung zum presbyterianischen Pfarrer | Geschäftsmann, Steuereinnehmer und Aufseher der staatlichen Lotterie | Begründer des neueren englischen Romans

Daniel Defoe, Sohn eines Metzgers und Dissenters, wurde nach einer Ausbildung zum presbyterianischen Pfarrer Kaufmann. 1692 musste er Konkurs anmelden und kam in Schuldhaft, avancierte jedoch später zum Steuereinnehmer und Aufseher über die staatliche Lotterie und erwarb eine Ziegelei. 1702 brachte ihm seine Satire *Kurzer Prozess mit den Nonkonformisten* eine Gefängnisstrafe ein. 1703–14 war Defoe als Agent im Dienst des gemäßigt konservativen Premierministers Robert Harley (1661–1724) tätig und verfasste in der von ihm gegründeten Zeitschrift *The Review* regierungsfreundliche Artikel. Erst mit 59 Jahren schrieb er seinen ersten Roman: *Robinson Crusoe*.

Defoe publizierte über 500 Schriften, v.a. Journale und Pamphlete. Er verstand das Schreiben als Möglichkeit, aktuelle Zeitfragen politischer, sozialer und moralischer Natur zu erörtern. Seine heutige Bedeutung beruht auf seinem Spätwerk, den Abenteuerromanen, mit denen er den Beginn des neueren Romans in England markiert.

Robinson Crusoe   OT The Life and Strange Surprising Adventures of Robinson Crusoe, of York, Mariner. Written by himself | OA 1719 | 364 Seiten | Deutschsprachige Erstausgabe 1720 | Form Roman | Epoche Klassizismus

Das Leben und die seltsamen Abenteuer des Robinson Crusoe, eines Seemanns aus York gehört zu den großen Romanen der Weltliteratur und ist zugleich ein immer noch beliebtes Jugendbuch. Daniel Defoe vereint verschiedene Formen zeitgenössischer Literatur wie Abenteuerroman, Reisebericht, Utopie, Bekehrungsliteratur, Seelentagebuch und Robinsonade zu einem Ganzen. Angeblich nur der Herausgeber des Werks, erhebt Defoe im Vorwort Anspruch auf Authentizität des Geschilderten und grenzt den Roman explizit von der bis dato üblichen Form der fiktiven Romanze ab. Die Authentizitätsfiktion entwickelte sich seitdem zum entscheidenden Merkmal des Romans.

Entstehung Defoe griff z. T. auf zeitgenössische Quellen zurück, u. a. auf die Erlebnisse des Matrosen Alexander Selkirk und einen Bericht von Robert Knox. Selkirk hatte jahrelang auf der Pazifikinsel Juan Fernandez gelebt, bevor er 1709 von Kapitän Woodes Rogers gerettet wurde, Knox hatte 19 Jahre auf Ceylon in Gefangenschaft verbracht und 1681 einen Erfahrungsbericht veröffentlicht.

Inhalt Der fiktive Erzähler Robinson Crusoe schildert seine Reiseerlebnisse aus der Retrospektive. Robinson, Sohn eines Kaufmanns aus York, der gegen den Willen der Eltern zur See fährt, besteht dort einige Abenteuer und wird nach einem Schiffbruch als einziger Überlebender auf eine einsame Insel verschlagen. Detailliert schildert er, wie er sich mühsam auf der Insel einrichtet und sich nach und nach seine eigene »Zivilisation« schafft. Sein Überleben sichert sich Robinson durch Ausdauer, Geschicklichkeit und Beobachtungsgabe, jedoch auch durch ein neu gewonnenes Gottvertrauen. Eines Tages rettet er einem Eingeborenen das Leben, nennt ihn Freitag, erzieht ihn zu einem Diener und bekehrt ihn zum Christentum. Nach über 28 Jahren wird Robinson von einem englischen Kapitän gerettet und nimmt Freitag nach England mit.

Wirkung Der Roman lässt in seiner Vielschichtigkeit unterschiedliche Deutungsschwerpunkte zu, was die Rezeptionsgeschichte des Werks zeigt. Als Robinsonade grenzt sich *Robinson Crusoe* von seinen Vorgängern ab, weil Crusoe auf seiner Insel keine alternative Lebensform entwickelt, sondern die europäische Zivilisation nachzubauen versucht. Indem er auch den Eingeborenen Freitag dem zivilisatorisch-europäischen Ideal unterwirft, wird das für die Zeitgenossen aktuelle Thema des Kolonialismus zu einem wichtigen Aspekt des Romans. Das Werk kann auch als Utopie vom einfachen Leben gelesen werden. Der sich zunehmend arbeitsteilig entwickelnden Gesellschaft des frühkapitalistischen Englands tritt Robinson als Universaltalent entgegen, das auf seiner Insel für Geld keine Verwendung hat. Die Zielstrebigkeit, mit der sich Robinson die Insel aneignet, und sein Pragmatismus lassen ihn andererseits als Homo oeconomicus erscheinen, den Prototyp des aufstrebenden Unternehmers und Kolonisators des 18. Jahrhunderts.

Die Ähnlichkeit mit einem puritanischen Seelentagebuch (spiritual autobiography) lässt auch eine religiöse Interpretation des Werks zu. Robinson führt ein Inseltagebuch, in dem er auf der Suche nach dem Sinn seines Schicksals seine Bekehrung zum Glauben schildert. Nicht zuletzt führt *Robinson Crusoe* als zentrales Thema vor Augen, dass der Mensch mithilfe von Gottvertrauen, Ausdauer, Tat- und Willenskraft Widerstände der Natur überwinden kann.

Defoe schrieb mit den *Weiteren Abenteuern des Robinson Crusoe* (1719) und *Ernstlichen und wichtigen Betrachtungen des Robinson Crusoe, welche er bei den erstaunungsvollen Begebenheiten seines Lebens gemacht hat* (1720) zwei Fortsetzungen des Romans. Die erste beschreibt Robinsons Rückkehr auf die Insel, in der zweiten, weitgehend unbekannten Fortsetzung setzt Defoe die Inselerfahrungen Robinsons in gleichnishaften Bezug zu seinem eigenen Leben.

Autoren wie Joachim Heinrich Campe, Jules Verne, Robert Louis Stevenson und Johann David Wyss ließen sich von *Robinson Crusoe* inspirieren. Das Werk erfuhr zahlreiche Nachahmungen, ebenso entwickelten sich die sogenannten Robinsonaden, von denen *Die Insel Felsenburg* (1731–43) von Johann Gottfried Schnabel am bekanntesten ist.

Robinson Crusoe wurde mehrfach verfilmt, u. a. 1975 von Jack Gold unter dem Titel *Freitag und Robinson* (in den Hauptrollen: Peter O'Toole, Richard Roundtree) und 1997 von Rod Hardy und George T. Miller (in den Hauptrollen: Pierce Brosnan, William Takaku).

Swift, Jonathan

englischer Schriftsteller | *30.11.1667 Dublin | †19.10.1745 in Dublin |
1682 Beginn des Studiums der Theologie in Dublin | 1689 Übersiedlung
nach England | ab 1699 als Geistlicher tätig in Irland

Jonathan Swift, dessen Werk neben *Gullivers Reisen* auch Gedichte und zahlreiche politische und religiöse Schriften umfasst, gilt als der bedeutendste englischsprachige Satiriker des 18. Jahrhunderts.

Als Sohn englischer Eltern in Irland geboren, wuchs Swift unter der Obhut eines Onkels in Dublin auf. 1689 ging er nach England, wo er als Sekretär bei Sir William Temple, einem erfolgreichen Diplomaten und Essayisten, in Farnham (Surrey) beschäftigt war. In Oxford nahm Swift sein 1682 am Trinity College in Dublin begonnenes Theologiestudium wieder auf. 1695 erhielt er die Priesterweihe, arbeitete jedoch weiterhin in seiner Sekretärstellung bei Temple, bis dieser 1699 starb.

1702 erhielt Swift, der inzwischen als Vikar in der Nähe von Belfast tätig war, den Grad eines Doktors der Theologie. Die folgenden Lebensjahre Swifts wurden zunehmend von seinem politischen Engagement für die konservativen Tories bestimmt. In dieser Zeit entstanden erste satirische Schriften.

Der Verfall der Toryregierung und der Machtwechsel nach dem Tod der Königin Anna 1714 sollten die Hoffungen von Swift auf ein hohes kirchliches Amt in England vereiteln. Als Dekan des St.-Patricks-Doms in Dublin verbrachte er den Rest seines Lebens vorwiegend in Irland.

In seinen ironischen Schriften prangerte er soziale Missstände, Unaufrichtigkeit und Korruption in der Politik an. Mit den *Tuchhändler-Briefen* (1724), in denen er sich für die Unabhängigkeit Irlands einsetzte und damit ein Bewusstsein irischer Identität literarisch formulierte, wurde Swift 1724 zum Nationalhelden.

Gullivers Reisen
OT Travels into Several Remote Nations of the World | OA 1726 | Deutschsprachige Erstausgabe 1728 | Form Roman | Epoche Aufklärung

Mit seinem 1726 erschienenen Roman *Gullivers Reisen* schuf Jonathan Swift einen Klassiker der englischen Literatur und eines der meistgelesenen Bücher der Welt. Dass *Gullivers Reisen* in gekürzter und redigierter Fassung auch zu einem Kinderbuchklassiker wurde, ist auf die Märchenhaftigkeit der mit großer Fantasie entwickelten Geschichten zurückzuführen, täuscht jedoch über den abgründig satirischen Charakter des Werkes hinweg.

Inhalt Der Roman erzählt in vier Büchern von den abenteuerlichen Reisen des englischen Schiffsarztes Lemuel Gulliver. Im ersten Buch bricht Gulliver 1699 zu einer Schifffahrt in die Südsee auf. Nach einem Schiffbruch rettet er sich an den Strand der Insel Liliput. Während er schläft, wird er von den Bewohnern Liliputs, die um ein Vielfaches kleiner sind als er, gefesselt. Gullivers Aufgeschlossenheit für die Gepflogenheiten seiner Gastgeber und seine Bereitschaft, sie in einer kriegerischen Auseinandersetzung zu verteidigen, machen ihn bald zum Helden. Durch eine Intrige verliert Gulliver jedoch das Vertrauen des Kaisers und muss nach England zurückkehren.

Das zweite Buch berichtet von seiner nächsten Reise. Bei Madagaskar gerät sein Schiff in einen Sturm. Die Mannschaft entdeckt eine Insel, von der Gulliver und einige Matrosen Wasser besorgen wollen. Zu spät erkennen sie, dass die Insel, Brobdingnag genannt, von Riesen bewohnt wird. Allein zurückgelassen, gerät Gulliver in die Hände eines Bauern, der ihn auf einer Reise durch Brobdingnag als Attraktion zur Schau stellt und an den Königshof verkauft. Er gewinnt die Gunst des Königs, mit dem er Gespräche über England führt. Nach einigen Abenteuern wird er von einem Adler in die Lüfte entführt und über dem Meer fallen gelassen. Die Besatzung eines Schiffs rettet ihn und bringt ihn im Juni 1706 zurück in die Heimat.

Trotz der erlittenen Gefahren beschließt Gulliver erneut auf Reisen zu gehen. Im dritten Buch wird er von Piraten gefangen genommen und landet auf der fliegenden Insel Laputa. Deren Bewohner befassen sich fast ausschließlich mit Mathematik, Musik und Astronomie, pflegen jedoch kaum mehr zwischenmenschliche Beziehungen. Er verlässt die Insel, um auch das zur laputischen Monarchie gehörende Festland Balnibarbi und seine Hauptstadt Lagado kennenzulernen. Dort besucht er eine Akademie, in der an absurden Projekten wie etwa der Gewinnung von Schießpulver aus Eis oder der Mischung von Farben durch Blinde gearbeitet wird. Später gelangt Gulliver nach Japan und von dort aus zurück nach England.

Im vierten Buch des Romans sticht Gulliver als Kapitän eines Schiffes in See. Nachdem seine Leute sich gegen ihn verschworen haben, setzen sie ihn am Ufer eines unbekannten Landes aus. Hier begegnet er den ersten Houyhnhnms und Yahoos. Während die affenartigen Yahoos als Sinnbilder des Irrationalen von äußerster Hässlichkeit sind, erscheinen die tugendhaften Houyhnhnms in ihrer schönen Pferdegestalt als Inkarnationen des rein Rationalen. Von den Yahoos als Houyhnhnm und von den Houyhnhnms als Yahoo betrachtet, bemüht sich Gulliver um die Gunst der Houyhnhnms, die ihn jedoch des Landes verweisen. Nach seiner Rückkehr flieht Gulliver seine Mitmenschen, wird zum Menschenfeind und verbringt fortan seine Zeit in der Gesellschaft von Pferden.

Wirkung Das Werk, obgleich populär, erregte auch heftige Kritik: Schriftstellerkollegen wie Sir Walter Scott oder William Makepeace Thackeray sahen in der Figur des Gulliver den Verfasser Swift und warfen diesem pathologische Misanthropie vor. Zahlreiche Passagen in dem Bericht Gullivers enthalten mehr oder weniger verhohlene, bissig-humorvolle Anspielungen auf die sozialen und politischen Zustände in England. Durch den satirischen Charakter der Erlebnisschilderungen wird die eher von Zweifeln überwiegende Haltung des Autors gegenüber der Utopie deutlich. Gleichzeitig beleuchtet der Roman die Relativität aller menschlichen Werte.

Goethe, Johann Wolfgang von

deutscher Schriftsteller | *28.8.1749 in Frankfurt am Main | †22.3.1832 in Weimar | Studium der Rechtswissenschaft in Leipzig und Straßburg | ab 1775 am Weimarer Hof | ab 1794 Freundschaft mit Friedrich Schiller

Schillers früher Tod 1805 bedeutete für Goethe einen schweren persönlichen Verlust. Konsequent arbeitete er nun an seinem in den Jahren mit Schiller entwickelten dichterischen Konzept weiter, die subjektive Lebenswelt des Menschen unter den objektiven Gesetzmäßigkeiten der Natur zu erfassen und darzustellen. So entstand 1808/09 der Roman *Die Wahlverwandtschaften*. Mit diesem Werk, das manche wegen seiner Vielschichtigkeit und Symbolik sogar eher der Romantik als der Klassik zurechnen, wurde Goethe zum Wegbereiter des modernen Romans.

 ## Die Wahlverwandtschaften   OA 1809 | 646 Seiten |
Form Roman | Epoche Klassik

Eine wechselnde Liebesbeziehung zwischen vier Menschen, die in eine Katastrophe mündet, wird von Goethe in Bild und Terminologie einer chemischen Reaktion wie eine Versuchsanordnung betrachtet.

Entstehung   Goethe übernahm den Begriff »Wahlverwandtschaft« von dem schwedischen Chemiker Torbern Bergman. Es geht um die Eigenschaft von Elementen, bei Annäherung anderer Stoffe ihre Verbindung aufzulösen und stattdessen eine neue Zusammensetzung einzugehen. Dabei überträgt Goethe solche Naturgesetze auch auf die »Vernunftfreiheit« des Menschen. So interpretiert der Roman das Verhalten von vier Personen wie etwas »Anorganisches«, etwas Unausweichliches.

Inhalt Baron Eduard hat seine Jugendliebe Charlotte geheiratet und kann sich nun der gärtnerisch-architektonischen Umgestaltung seines Landguts widmen. Als er seinen Freund, den Hauptmann Otto, gegen den Widerstand seiner Frau als Dauergast aufnimmt, lädt diese ihre unschuldig-jugendliche Nichte Ottilie ein. Es entstehen zwei unheilvolle Liebesbeziehungen. Charlotte und Otto versagen sich zunächst ihre Neigung zueinander, während Eduard sich rückhaltlos in Ottilie verliebt. In einer Nacht »doppelten Ehebruchs« zeugen die beiden Ehepartner zwar ein Kind, denken aber an die beiden anderen Protagonisten statt aneinander. Später gestehen die beiden Liebespaare einander ihre Gefühle.

Die Situation ist für alle Personen unhaltbar geworden; Otto reist ab, Eduard zieht in den Krieg, die zwei Frauen bleiben zurück. Als das Kind von Charlotte geboren wird, fällt seine Ähnlichkeit mit den beiden nur geistig Beteiligten auf. Bei der Heimkehr Eduards entsteht zunächst die Hoffnung, den Konflikt gütlich durch Scheidung zu lösen. Doch bei einer Bootsfahrt, bei der erstmals auch Ottilie ihrer Neigung zu Eduard nachgibt, wird sie schuldig am Ertrinken des Kindes. Sie beschließt, sich von der Welt zurückzuziehen. Als Eduard nicht verzichten und sie aus dem Pensionat zurückholen will, hungert sie sich zu Tode. Sie gewinnt die Aura einer Märtyrerin und wird mit Eduard, der kurz darauf stirbt, in der Gutskapelle bestattet.

Goethe veranschaulicht den Gegensatz zwischen der moralischen Forderung, einer Leidenschaft aus Freiheit zu entsagen, und der naturgesetzlichen Dämonie, der sich der schwache Mensch nicht widersetzen kann. Den negativen Ausgang deuten zahlreiche Todessymbole vom Beginn der zweiten Romanhälfte an.

Wirkung Als Beziehungsroman sind *Die Wahlverwandtschaften* ein Vorläufer zahlreicher späterer Texte (u. a. der Romane von Theodor Fontane). Thomas Mann bezeichnete *Die Wahlverwandtschaften*, in denen niemand unschuldig bleibt und in denen auch Goethe jedes eindeutige Urteil vermied, als den »höchsten« Roman der deutschen Literatur.

Kleist, Heinrich von

deutscher Schriftsteller | *18.10.1777 in Frankfurt an der Oder | † (Selbsttötung) 21.11.1811 nahe des Kleinen Wannsees bei Berlin | entstammte dem preußischen Adel | Studienabbruch, zahlreiche Reisen | erschoss sich gemeinsam mit einer unheilbar kranken Freundin

....

Mit seinen Werken, die Identitätskrisen ausloten, von Missverständnissen berichten und zerbrechende familiäre oder gesellschaftliche Ordnungen vorführen, stand Heinrich von Kleist außerhalb der literarischen Hauptströmungen seiner Zeit. Zwischen Spätaufklärung, Klassik, Romantik und politisch engagierter Literatur verortet, weist sein Werk auf die Moderne voraus. Modern wirken v. a. auch die spannungsreiche Sprache sowie Doppeldeutigkeiten und Ironie.

Auch in seinem privaten Leben blieb Kleist, der sich gegen Zwänge und Inhumanität wandte, ein Außenseiter. Er brach mit den Traditionen seiner preußischen Offiziersfamilie, indem er den Militärdienst quittierte. Der Versuch, sich eine bürgerliche Existenz aufzubauen, scheiterte. Sein Studium (Mathematik, Physik, Recht, Volkswirtschaft) brach er nach wenigen Semestern ab und auf seinen Posten in der Berliner und Königsberger Finanzverwaltung hielt er es nie lange aus.

Die ersehnte Anerkennung und Existenzsicherheit fand Kleist auch als Schriftsteller nicht. Während seine Novellen und Erzählungen immerhin eine gewisse Aufmerksamkeit erzielten (*Die Marquise von O...*, 1808, *Michael Kohlhaas*, 1810, *Der Findling*, 1811), gelangten seine Dramen häufig nicht während seiner Lebzeiten zur Uraufführung. In ihnen setzt er sich mit dem Gegensatz von Schein und Sein, dem Konflikt individuellen Strebens und gesellschaftlicher Räson auseinander (*Penthesilea*, 1808, *Das Käthchen von Heilbronn*, 1810, *Der zerbrochene Krug*, 1811, *Prinz Friedrich von Homburg*, 1821). Heute als innovativ angesehen, wurden seine Werke von den Zeitgenossen zumeist für zu radikal gehalten. Verarmt und verkannt, nahm sich Kleist 34-jährig am Berliner Wannsee das Leben.

Michael Kohlhaas OA 1810 | 215 Seiten | Form Novelle | Epoche Zwischen Klassik und Romantik

Michael Kohlhaas gilt als die bedeutendste Novelle Heinrich von Kleists. Der Geschichte über den Pferdehändler, der aus einem ins Maßlose gesteigerten Rechtsgefühl heraus um sein Recht und damit um seine verletzte Menschenwürde kämpft, lag eine reale Begebenheit aus der Zeit um 1530–40 zugrunde.

Inhalt Kleists *Kohlhaas* spielt um die Mitte des 16. Jahrhunderts in Brandenburg und Sachsen. Der Pferdehändler Michael Kohlhaas gerät in einen Rechtsstreit mit dem Junker Wenzel von Tronka, der widerrechtlich zwei Pferde von ihm einbehält und sie zugrunde richtet. Kohlhaas' Anrufung der Gerichte bleibt infolge der Intrigen von Tronkas Verwandten erfolglos. Als letztes Mittel versucht Kohlhaas, sein Recht durch Rebellion zu erlangen. Nach seinem Überfall auf Tronkas Burg und auf Wittenberg, wo Tronka sich versteckt hält, vermittelt Martin Luther einen Kompromiss mit dem Kurfürsten von Sachsen, an den sich zwar Kohlhaas, nicht aber der Kurfürst hält. Schließlich geht der Fall an Kohlhaas' Landesherrn, den Kurfürsten von Brandenburg, der einerseits der Klage gegen Tronka stattgibt, andererseits aber Kohlhaas wegen Aufruhr zum Tod verurteilt. Kurz vor seiner Hinrichtung vernichtet der Pferdehändler vor den Augen des Kurfürsten von Sachsen einen ihm einst übergebenen Zettel, auf dem eine für den Kurfürsten bedeutsame Prophezeiung steht.

Kleist beginnt seine in weiten Teilen wie eine Chronik erzählte Geschichte mit einem den Konflikt zusammenfassenden Paradoxon: Er stellt Kohlhaas als einen der »rechtschaffensten« und zugleich »entsetzlichsten Menschen seiner Zeit« vor. Die Handlung zeigt dann, wie aus einem Mann, der das erlittene Unrecht als Verstoßung aus der Staatsgemeinschaft und Verletzung der Würde aller Menschen erlebt, ein Mordbrenner wird, weil er das (Natur-)Recht in Anspruch nimmt, gegen Willkür und eine in Unordnung geratene Welt Widerstand zu leisten. Dass es dabei um mehr als nur rechtliche Aspekte geht, macht der symbolhafte Vorname deutlich, den Kleist seinem Helden gab (der historische Kohlhaas hieß Hans) und der an den Erzengel Michael erinnert, der den Satan bekämpfte.

Die Novelle ist in mehrere Abschnitte und Szenen unterteilt, die spiegelbildlich zueinanderstehen und Wechselbeziehungen von Täter und Opfer sowie von Schuld und Unschuld thematisieren. Dem ersten Teil, in dem Kohlhaas mit seiner berechtigten Klage auf allen legalen Wegen scheitert und zum Justizopfer wird, steht der Teil gegenüber, in dem er seine Sache in die eigene Hand nimmt, den sich anfangs so selbstherrlich gebenden Junker verfolgt und dessen Fluchtorte niederbrennt.

Im Schlussteil werden Kohlhaas und der Kurfürst von Sachsen gegenübergestellt: Während der Kurfürst daran zerbricht, nicht in den Besitz der Prophezeiung gelangen zu können, gewinnt Kohlhaas seine Autonomie – wenn auch um den Preis des Todes – zurück; und seinen Söhnen winkt der gesellschaftliche Aufstieg.

Wirkung *Michael Kohlhaas* ist unter den Novellen von Kleist diejenige, die mit ihrem strengen formalen Aufbau und ihrer vertieften Figurengestaltung den größten Einfluss auf die Entwicklung der deutschen Novellistik ausübte. Die Vielschichtigkeit des Textes zog vielfältige Deutungen – rechtstheoretische, religiöse, psychologische, soziale – sowie die unterschiedlichsten Vereinnahmungen nach sich. Von Nationalisten als Inbegriff des Preußentums oder Verkörperung »deutschen Rechtsgefühls« angesehen, galt Kohlhaas der Linken als Revolutionär bzw. als Vorkämpfer einer gerechten Weltordnung.

Arnim, Achim von
deutscher Schriftsteller | *26.1.1781 in Berlin | †21.1.1831 in Wiepersdorf | Studium der Naturwissenschaft und Mathematik | Bekanntschaft mit Brentano 1801 | 1811 Heirat mit Bettina von Arnim (Schwester Brentanos)

Brentano, Clemens
deutscher Schriftsteller | *9.9.1778 in Ehrenbreitstein | †28.7.1842 in Aschaffenburg | Studium der Medizin | ab 1800 verstärkt literarisch tätig | 1817 Entsagung der Literatur

....

Jünger als die erste (»Jenaer«) Romantikergeneration, waren Achim von Arnim und Clemens Brentano von deren Dichtungen begeistert. Anstelle der Wiedererweckung des Hochmittelalters wandten sie sich jedoch dem Sammeln »alter deutscher Lieder« zu. Der preußische Student Arnim und der studierte Kaufmannssohn Brentano aus italienischer Familie lernten sich 1801 in Göttingen kennen und unternahmen im Folgejahr eine Rheinreise. 1804–06 arbeiteten sie an *Des Knaben Wunderhorn*. Daneben gab Arnim in Heidelberg seine kurzlebige *Zeitung für Einsiedler* heraus, zu der auch Brentano beitrug.

Brentano hatte eine kaufmännische Lehre beendet und ein Medizinstudium begonnen, bevor er sich vorwiegend der Literatur zuwandte. Er wurde mit seiner Lyrik, den *Romanzen vom Rosenkranz* (entstanden 1802–12), den kunst- und stimmungsvollen *Rheinmärchen* (Gesamtausgabe erst 1846) sowie der *Geschichte vom braven Kasperl und dem schönen Annerl* (1817) bekannt. Texte wie der frühe Roman *Godwi* (1801) sind aus dem Geist der romantischen Ironie geschrieben. 1817 rekonvertierte Brentano zum Katholizismus und entsagte der Literatur.

Arnim hatte das Studium der Naturwissenschaften und der Mathematik aufgenommen, widmete sich dann jedoch primär der Tätigkeit als Schriftsteller. Er heiratete Brentanos Schwester, die Schriftstellerin Bettina von Arnim (1785–1859), und zog sich auf sein Gut Wiepersdorf zurück. Neben Gedichten, publizistischen Artikeln und dem unvollendeten Roman *Die Kronenwächter* (1817) setzte er sich hauptsächlich mit virtuosen Novellen durch, darunter *Der tolle Invalide auf dem Fort Ratonneau* (1818).

Des Knaben Wunderhorn   OA 1805–08 | 933 Seiten | Form Volksliedersammlung | Epoche Romantik

Die epochemachende Anthologie »alter deutscher Lieder« wurde zum Hauptwerk der »Heidelberger Romantik«.

Entstehung   Arnim und Brentano entwarfen dieses lyrische Kernstück ihres Schaffens im Sommer 1805 am Neckar; den Plan hierzu hatten sie bereits während ihrer Rheinfahrt im Jahr 1802 gefasst. In Heidelberg und Kassel sammelten sie Texte von Liedern, Balladen und Romanzen, weitgehend aus schriftlichen Quellen. Der 1805 (mit dem Druckdatum 1806) erschienene erste Band war Goethe gewidmet. Dessen positive Rezension ermutigte Arnim und Brentano zum Weitermachen. Die Herausgeber riefen in Rundschreiben zur Mitarbeit auf und etwa 50 Beiträger lieferten umfangreiches Material.

Inhalt   Brentano zufolge sollte *Des Knaben Wunderhorn* »Geistliche, Handwerks-, Tagewerks-, Tageszeits-, Jahrzeits- und Scherzlieder« enthalten. Die rund 700 Texte zählen zu den populären Genres der Romantik: Kirchen- und Liebeslieder, Kinderreime, historische Chronikballaden, Rollenlieder der Soldaten und Bettler, Wanderlieder. Brentano redigierte für den Abschluss des dritten Bandes *Kinderlieder*, u. a. *Schlaf, Kindlein, schlaf* oder *Guten Abend, gute Nacht*.

Neben den *Volksliedern* (1778/79) von Johann Gottfried Herder (1744–1803), deren Hauptvorbild eine Sammlung alter englischer Poesie von Thomas Percy (1729–1811) gewesen war, benutzten Arnim und Brentano die *Ungedruckten Reste alten Gesangs* (1784) von Anselm Elwert (1761–1825) und anonyme oder von benennbaren Dichtern stammende Texte aus weiteren etwa 140 Quellen. Dabei verfuhren sie oft recht unbefangen mit ihren Vorlagen, kürzten, dichteten um, ja fügten zuweilen Texte aus eigener Feder hinzu, was sich vor allem durch kryptische Quellenangaben wie »mündlich« verrät. Der fromm-andächtige, schauerlich-balladeske oder auch breit-historische Ton der Lieder wird nicht selten ironisch gebrochen. Umstritten war die Praxis, Lieder von beinahe zeitgenössischen Autoren aufzunehmen.

Aufbau Die drei Bände sind mit Absicht weder thematisch noch nach Landschaften oder Konfessionen geordnet. Über kürzere Strecken lassen sich inhaltliche Muster erkennen, etwa das Abwechseln von Räuberhistorien und Marienliedern im 2. Teil. Insgesamt ist das *Wunderhorn* jedoch ein Beispiel für die romantische Idee der natürlichen Buntheit. Die verschlungene Ikonografie der Titelkupfer, insbesondere das »Wunderhorn«-Frontispiz des 2. Teils, machte die Bände zu einem Gesamtkunstwerk, dem allerdings keine Melodien beigegeben wurden. Dem Projekt sind in der breiteren literaturgeschichtlichen Betracht die 1811 erschienen *Altdänischen Heldenlieder* von Wilhelm Grimm hinzuzurechnen und die *Kinder- und Hausmärchen* der Brüder Grimm (1812–15).

Wirkung *Des Knaben Wunderhorn* bot für viele romantische Lyriker der jüngeren Generation, von Joseph von Eichendorff über Eduard Mörike bis zu Heinrich Heine, Vorbilder sowohl in formaler Hinsicht – besonders mit der vierzeiligen sogenannten Volksliedstrophe – wie auch durch seine Stimmung. Viele spätere Liedsammlungen übernahmen im Titel das Wort »Wunderhorn«, und die literarischen Anspielungen in der deutschen Literatur von Georg Büchner bis zu Thomas Mann sind vielfältig. Die bildenden Künstler des Biedermeier ließen sich ebenso inspirieren wie zahlreiche Komponisten, von Franz Schubert bis zu Hans Pfitzner, die aus dem Geist des »Volkslieds« mit *Wunderhorn*-Texten Kunstlieder schufen. In der Arbeit Gustav Mahlers wurden die *Wunderhorn*-Gesänge sogar zur Basis seiner frühen Sinfonien.

Grimm, Jacob
deutscher Sprach- und Literaturwissenschaftler |
*4.1.1785 in Hanau | †20.9.1863 in Berlin

Grimm, Wilhelm
deutscher Sprach- und Literaturwissenschaftler |
*24.2.1786 in Hanau | †16.12.1859 in Berlin

beide waren ab 1830 Professoren in Göttingen | ab 1841 Mitglieder der Preußischen Akademie der Wissenschaften | gaben gemeinsam altdeutsche Texte heraus und arbeiteten am »Deutschen Wörterbuch«

....

Die Brüder Jacob und Wilhelm Grimm schufen in einer nahezu lebenslangen Haus- und Arbeitsgemeinschaft ein gewaltiges sprach- und literaturwissenschaftliches Werk, mit dem sie die Grundlagen der deutschen Philologie legten. Mit dem von ihnen initiierten *Deutschen Wörterbuch* setzen sie ein Mammutunternehmen in Gang, das erst 100 Jahre nach ihrem Tod abgeschlossen wurde. Bekanntheit erlangten sie aber v. a. als Märchensammler.

Jacob und Wilhelm Grimm wuchsen nach dem frühen Tod des Vaters in bescheidenen Verhältnissen auf. Sie studierten in Marburg Jura. Ihr Lehrer, der Rechtsgelehrte Friedrich Carl von Savigny (1779 bis 1861), regte sie zum Studium der altdeutschen Literatur an. Nach einer Laufbahn im Verwaltungs- und auswärtigen Dienst nahmen beide Stellen als Bibliothekare in Kassel an, um sich ganz ihren Forschungen widmen zu können.

1830 gingen sie nach Göttingen. 1837 protestierten sie zusammen mit fünf weiteren Professoren (die »Göttinger Sieben«) gegen die Aufhebung der Landesverfassung durch den neuen König von Hannover und wurden deshalb aus dem Staatsdienst entlassen. Nach einigen Jahren in Kassel erhielten die Brüder 1840 einen Ruf nach Berlin, wo sie bis 1848 (Jacob) bzw. 1852 (Wilhelm) lehrten, um sich die letzten Jahre ihres Lebens auf ihre wissenschaftliche Arbeit zu konzentrieren.

Gemeinsam publizierten sie althochdeutsche Texte wie das *Hildebrandslied* und das *Wessobrunner Gebet* (beide 1812) sowie *Deutsche Sagen* (2 Bde, 1816/18). Jacob verfasste die *Deutsche Grammatik* (1819–37).

Kinder- und Hausmärchen OA 1812/15 (2 Bde.; insgesamt 773 Seiten) | Form Märchen | Epoche Romantik

Mit der Sammlung der *Kinder- und Hausmärchen* machten die Brüder Grimm eine bis dahin eher gering geschätzte literarische Gattung salonfähig. Die vorwiegend aus mündlicher Überlieferung stammenden Texte verknüpfen Übernatürliches mit Alltäglichem und zeichnen ein Weltbild, in dem das Gute über das Böse triumphiert und soziale Schranken überwunden werden können.

Entstehung Die Sammlung von deutschen Volksliedern, die Achim von Arnim und Clemens Brentano unter dem Titel *Des Knaben Wunderhorn* ab 1805 veröffentlichten, schürte auch bei Jacob und Wilhelm Grimm die romantische Begeisterung für die »verlorenen Töne der Poesie« (Arnim). Sie reichten ihre ab 1807 systematisch gesammelten Volkslieder und -märchen an Brentano weiter, der die Herausgabe einer Märchensammlung plante. Als diese nicht zustande kam, planten die Brüder selbst eine Sammlung. Doch dieses Vorhaben kam ebenso wenig voran wie das Brentanos, sodass Arnim die Grimms ermunterte, wenigstens das Vorhandene zu publizieren. So erschien 1812 der erste Band der *Kinder- und Hausmärchen* mit 86 Texten, dem 1815 ein zweiter Band folgte. Neue Texte fanden bei künftigen Auflagen Berücksichtigung, indem sie entweder im ersten Band gegen (meist in den Anhang verwiesene) Märchen ausgetauscht oder im zweiten Band an die ursprünglich 70 Nummern angehängt wurden. So wuchs die Zahl der Texte auf insgesamt 210.

Inhalt Die *Kinder- und Hausmärchen* enthalten neben etwa 60 Märchen alle Typen der Volkserzählung: Scherz-, Lügen- und Gruselgeschichten, Schwänke und Legenden, Tiererzählungen, Natursagen und andere sogenannte einfache Formen. Den Anfang machten *Der Froschkönig oder der eiserne Heinrich* (Band 1) bzw. *Der Arme und der Reiche* (Band 2), eine Version der schon in Ovids *Metamorphosen* enthaltenen Sage von Philemon und Baucis.

Während die Grimms die Texte des ersten Bandes in sechs Jahren aus mündlichen und schriftlichen Quellen ihrer hessischen Heimat sammelten, stützten sie sich für den zweiten Band vor allem auf Erzählungen einer Bäuerin. Doch hielten sich die Brüder kaum an die von ihnen geforderte getreue Wiedergabe der Texte. Vor allem Wilhelm (der die Märchensammlung ab der zweiten Auflage allein betreute) zögerte nicht, sein Material auszumalen, um die Handlung präziser zu motivieren und größere Anschaulichkeit zu erzielen. Außerdem ersetzte er indirekte durch direkte Rede und feilte unermüdlich an der Sprache, bis der heute charakteristische grimmsche Märchenton entstand. Ein pädagogisches Anliegen hatte er dabei zunächst nicht, auch wenn er nach und nach anstößige Stellen tilgte. Die Grimms glaubten vielmehr, dass sich in der mündlichen Erzähltradition des einfachen Volks Reste »uralter, wenn auch umgestalteter und zerbröckelter Mythen« erhalten hätten, deren Urform es zu rekonstruieren gelte, damit »die Poesie selbst, die darin lebendig ist, wirke und erfreue«. Erst allmählich setzte sich der Gedanke durch, dass die *Kinder- und Hausmärchen* auch (wie es in der Vorrede zur zweiten Auflage 1819 heißt) »als ein Erziehungsbuch« dienen sollten.

Wirkung Schon zu Lebzeiten der Brüder Grimm erschienen sieben Ausgaben der *Kinder- und Hausmärchen*. Eine von Wilhelm zusammengestellte kleine Ausgabe mit 50 Texten brachte es auf neun Auflagen. Der große Erfolg regte Sammler im In- und Ausland an, es den Grimms gleichzutun. Zur größten Konkurrenz wurde das *Deutsche Märchenbuch* (1845) von Ludwig Bechstein (1801–60).

Austen, Jane

englische Schriftstellerin | *16.12.1775 in Steventon (Hampshire) |
†18.7.1817 in Winchester (Hampshire) | wuchs als Tochter eines
Geistlichen in der südenglischen Provinz auf | lebte ab 1800 in Bath |
1806 Übersiedlung nach Southampton, 1809 nach Chawton

Jane Austen wurde als siebtes von acht Kindern eines gut situierten Pfarrers in Steventon (Hampshire) geboren, führte ein unspektakuläres Leben und blieb, da sie nie heiratete, zeitlebens an ihre Familie gebunden. Bereits ab 1787 begann sie kleinere Werke zu schreiben. Um 1795 entstand der Briefroman *Elinor and Marianne,* den sie zwei Jahre später zu ihrem ersten großen Roman *Vernunft und Gefühl* (*Sense and Sensibility,* 1811) umarbeitete. Zwischen 1800 und 1805 lebte die Schriftstellerin in Bath, wo der im gleichen Kurort spielende Roman *Die Abtei von Northanger* (*Northanger Abbey,* 1818) entstand, den die Autorin als Satire auf den damals modernen Schauerroman konzipierte.

Nach dem Tod des Vaters (1805) siedelte die Mutter mit den beiden Töchtern Jane und Cassandra nach Southampton über und ließ sich schließlich in Chawton Cottage (Hampshire) nieder. Dort schrieb Austen die Romane *Mansfield Park* (1814), *Stolz und Vorurteil* sowie *Emma* (1816). Ihren letzten Roman *Sanditon* konnte sie nicht mehr vollenden. Einige der berühmtesten englischen Schriftsteller der Zeit (so z. B. Walter Scott) lobten die Romane, ohne zu wissen, wer sie verfasst hatte; denn die Autorin veröffentlichte alle Bücher anonym und verschwieg ihre literarische Betätigung sogar den nächsten Angehörigen.

Die Romane von Jane Austen zählen heute zu den beliebtesten Klassikern Großbritanniens. Ihre humorvollen, ironischen Gesellschaftsromane sind vom geistreichen Konversationsstil des gesellschaftlich gewandten und literarisch gebildeten Mittelstandes geprägt.

Stolz und Vorurteil   OT Pride and Prejudice | OA 1813 | 416 Seiten | Deutschsprachige Erstausgabe 1948 | Form Roman | Epoche Romantik

Stolz und Vorurteil bildet den Höhepunkt und Abschluss der ersten Schaffensphase von Jane Austen.

Entstehung   Austen begann den Roman 1796 unter dem Titel *First Impressions* zunächst in Briefform, ersetzte diese jedoch in der ersten Fassung 1797 bereits durch die epische Form mit Dialogpassagen und Kommentaren der allwissenden Erzählerin. Erst 1813 erschien *Stolz und Vorurteil* in einer nochmals überarbeiteten Fassung.

Inhalt   Mit Ironie und scharfer Beobachtungsgabe behandelt Austen ein heikles Sozialthema der damaligen Zeit: die von den Eltern arrangierte Ehe. Erzählt wird die Geschichte Elizabeths, der zweitältesten von fünf unverheirateten Töchtern der Familie Bennet, deren Mutter stets darauf bedacht ist, geeignete Heiratskandidaten für ihre Töchter heranzuziehen. Sie wählt den neu in die Nachbarschaft gezogenen reichen Junggesellen Mr. Bingley als möglichen Ehemann für die älteste Tochter Jane aus. Die erste, die einen Heiratsantrag erhält, ist jedoch Elizabeth: Sie lehnt den Antrag von Mr. Collins, einem Pfarrer, ab, woraufhin dieser Elizabeths Freundin Charlotte Lucas ehelicht. Auch Mr. Darcy, ein Freund Bingleys, macht Elizabeth einen Antrag, den sie ebenfalls ablehnt. Auf dem Landsitz der Darcys treffen Elizabeth und Darcy erneut zusammen und kommen sich erst nach vielen Verwicklungen näher.

Struktur   Stolz und Vorurteil bilden die Leitmotive des Romans: Die Weigerung Elizabeths, auf die Heiratsvorschläge der Eltern einzugehen, ist Ausdruck des persönlichen Stolzes der Hauptfigur und gleichzeitig Auflehnung gegen gesellschaftliche Zwänge der Zeit. Während Elizabeth sich von Darcy ständig in ihrem Stolz verletzt sieht, halten diesen seine Vorurteile gegenüber ihrer standesmäßig niedrigeren Familie lange Zeit davon ab, sich selbst und Elisabeth seine Zuneigung einzugestehen.

Wirkung *Stolz und Vorurteil,* als Bildungsroman angelegt, der die Entwicklung und Festigung der Charaktere darstellt, fand gleich nach Erscheinen 1813 große Resonanz beim Publikum. Einige Rezensenten bezweifelten, dass ein solcher Roman von einer Frau geschrieben sein könne (der Titel trug lediglich den Vermerk »von der Verfasserin von *Vernunft und Gefühl*«). Bis heute ist das Werk der beliebteste Roman der Autorin.

Stolz und Vorurteil wurde mehrfach verfilmt, u. a. 1940 von Robert Z. Leonard mit Greer Garson und Laurence Olivier in den Hauptrollen sowie 1995 als aufwendig produzierte TV-Serie der BBC mit Jennifer Ehle und Colin Firth. Zuletzt war die mit einem bis in die Nebenrollen hervorragend besetzte (u. a. mit Keira Knightley, Matthew Macfadyen, Judi Dench, Donald Sutherland) Adaption von Joe Wright aus dem Jahr 2005 beim Kinopublikum sehr erfolgreich.

Eichendorff, Joseph Freiherr von

deutscher Schriftsteller | *10.3.1788 auf Schloss Lubowitz (bei Ratibor; Oberschlesien) | †26.11.1857 in Neiße | ab 1805 Jurastudium | ab 1824 Schulrat in Danzig | ab 1831 Regierungsrat im Kultusministerium von Berlin

....

Joseph von Eichendorff, Sohn eines Offiziers aus dem oberschlesischen Landadel, wurde streng katholisch erzogen. Ab 1805/06 studierte er Jura in Halle (Saale), Heidelberg (1807/08) und Wien (1810 bis 1812). Während eines Aufenthalts in Berlin (1809/10) machte Eichendorff die Bekanntschaft einiger Dichter der Romantik wie Achim von Arnim und Clemens Brentano; später in Wien verkehrte er u. a. mit Friedrich und Dorothea Schlegel. Ab 1816 absolvierte er ein Referendariat in Breslau. 1824 wurde er für drei Jahre Schulrat in Danzig, ab 1831 Regierungsrat im Kultusministerium von Berlin. 1844 schied Eichendorff aus dem Staatsdienst aus.

Die frühe Lyrik von Eichendorff entstand unter dem Einfluss der Volksliedersammlung *Des Knaben Wunderhorn* (1806–08) von Arnim und Brentano. Seine frühe Schaffensphase wurde als Höhepunkt romantisch-volksliednaher Poesie gewertet. Volkstümliche Motivwahl zeichnet jedoch auch die spätere Lyrik des Dichters aus. Wie seine Gedichte sind auch Eichendorffs Romane und Erzählungen (u. a. *Das Marmorbild*, 1819, *Aus dem Leben eines Taugenichts* und *Das Schloss Dürande,* 1836) durch eine starke Naturnähe und -verbundenheit, Sehnsucht sowie eine weltoffene Lebensfreude gekennzeichnet. Daneben verfasste er auch Dramen, Versepen und literarhistorische Studien.

Eichendorff gilt als der bekannteste deutsche Romantiker und zugleich als ihr Vollender. Viele seiner Gedichte (erst 1837 in einem selbstständigen Sammelband erschienen), Wanderlieder und Erzählungen schildern die Landschaft seiner Heimat. Die Natur wird dabei zum Ausdruck seelischer Regungen und Stimmungen. Sein dichterisches Credo lautete: »Die Poesie liegt in einer fortwährend begeisterten Anschauung der Welt und der menschlichen Dinge.«

Aus dem Leben eines Taugenichts OA 1826 | 136 Seiten |
Form Novelle | Epoche Romantik

Mit dieser Novelle schuf Joseph von Eichendorff eine eigene romantische Gattungsform, den sogenannten Taugenichtsroman. Die Urfassung – zwei kurze Kapitel, die vermutlich schon in Breslau entstanden – trug den Titel *Der neue Troubadour. Ein Kapitel aus dem Leben eines armen Taugenichts.* Bereits 1822 oder 1823 vollendete Eichendorff das Werk, ließ es aber erst 1826 drucken, zusammen mit der Erzählung *Das Marmorbild* und einigen Gedichten.

Inhalt Ein junger Müllerssohn wird von seinem Vater als Taugenichts beschimpft und in die Welt geschickt, damit er lernt, für sich selbst zu sorgen. Mit seiner Geige im Gepäck und auf Gott vertrauend zieht er los. Nachdem ihn zwei vornehme Damen im Reisewagen zu ihrem Schloss mitgenommen haben, findet er eine Anstellung als Gärtnerbursche, anschließend als Zolleinnehmer. Er verliebt sich in eine der beiden Damen, glaubt aber, sie sei eine Gräfin und daher für ihn unerreichbar. Daher macht er sich erneut auf die Reise und schließt sich zwei abenteuerlich anmutenden Gestalten an, die sich als Maler entpuppen und mit dem Taugenichts nach Italien ziehen. Er erhält einen Brief, von dem er glaubt, dass seine angebetete »Gräfin« ihn geschickt habe. Um sie zu finden, eilt er nach Rom. Ein deutscher Maler erklärt ihm, die Gesuchte sei in der Stadt – eine Verwechslung. Enttäuscht tritt der Taugenichts die Heimreise an. Er gelangt wieder auf das Schloss, wo sich alle Umstände aufklären. Die beiden angeblichen Maler sind ein Graf und seine inkognito reisende Geliebte; die heimlich geliebte Dame ist keine Gräfin, sondern eine Waise, die in der Obhut eines Grafen großgezogen wurde. Am Schluss heiratet die Dame den Taugenichts.

Aufbau Die Handlung wird in zehn Kapiteln aus der Perspektive des Müllerssohns erzählt und gibt der lyrischen Grundstimmung der Novelle, verdeutlicht etwa in den Wanderliedern, genügend

Raum. Hinter dem Begriff Taugenichts verbirgt sich ein am Rande gesellschaftlich akzeptierter Vorstellungen lebender Romantiker. Er steht im Gegensatz zum Typ des bürgerlichen Philisters, der eine geruhsame und gesicherte Existenz als höchsten Wert ansieht. Im Text finden sich typische Motive eichendorffscher Romantik: Schlösser, Liebe, Musik, Malerei, Mondnächte, Gottvertrauen und am Ende eine heile, märchenhaft glückliche Welt.

Wirkung Die ersten Kritiken – erschienen im *Literaturblatt,* der Beilage zum *Morgenblatt für gebildete Stände* – waren vernichtend. Spätere Rezensionen stellten die Echtheit des Gemüts und die liebliche Darstellungsweise in den Vordergrund. Theodor Fontane und auch Thomas Mann sahen im Taugenichts den Urtyp des deutschen musischen Wesens.

Einige der in den Text eingestreuten Gedichte wurden vertont, so z. B. *Wem Gott will rechte Gunst erweisen* von Robert Schumann (1810–56) und Felix Mendelssohn Bartholdy (1809–47). Dieser Text wurde später beispielhaft für einen bewusst fehlgedeuteten Umgang mit Eichendorff: Er wurde von der Wandervogelbewegung vereinnahmt und von den Nationalsozialisten missinterpretiert.

Aus dem Leben eines Taugenichts wurde mehrfach für den Film adaptiert: 1973 von Celino Bleiweiß (in der Hauptrolle: Dean Reed) und 1978 von Bernhard Sinkel (mit Jacques Breuer als Taugenichts).

Andersen, Hans Christian

dänischer Schriftsteller | *2.4.1805 in Odense | †4.8.1875 in Kopenhagen | stammte aus ärmlichen Verhältnissen | lebte ab 1819 in Kopenhagen, wo er von Mäzenen unterstützt wurde | ab 1831 zahlreiche Auslandsreisen

....

Als Sohn eines armen Schuhmachers erhielt Andersen nur eine unregelmäßige Schulbildung. Er wurde jedoch, nachdem er im Alter von 14 Jahren allein nach Kopenhagen gegangen war, um Schauspieler zu werden, von Gönnern und Mäzenen, darunter König Friedrich IV., unterstützt. Sie ermöglichten ihm den Besuch einer Lateinschule und weitere Studien (1828 Abitur, 1829 Philosophikum). Ab 1831 unternahm Andersen zahlreiche Reisen durch Deutschland, Frankreich und Italien.

Weltruhm erlangte Hans Christian Andersen durch Märchen wie *Des Kaisers neue Kleider, Die Prinzessin auf der Erbse, Die kleine Seejungfrau, Die Schneekönigin* und *Das kleine Mädchen mit den Schwefelhölzern.* Sie gehören zu den meistübersetzten und meistgelesenen Werken der Weltliteratur.

Neben den *Märchen,* die er zunächst eher als Nebenprodukte ansah, verfasste Andersen Dramen, Lyrik, Reisebeschreibungen, Romane und Erzählungen sowie autobiografische Schriften, so die Selbstbiografie *Das Märchen meines Lebens ohne Dichtung.*

Märchen   OT Eventyr, fortalte for børn (Märchen, für Kinder erzählt) | OA 1835–48 | 238 Seiten | Deutschsprachige Erstausgabe 1835–48 | Form Kunstmärchen | Epoche Romantik

Den Stoff für seine 168 Märchen, die in mehr als 80 Sprachen übersetzt sind, entnahm Andersen dänischen, deutschen und griechischen Quellen, Volkssagen und Legenden. Anfangs veränderte er traditionelle Märchenmotive und kombinierte sie neu *(Das Feuerzeug, Der Schweinehirt, Die roten Schuhe).* Später schuf er auch neue, originale Märchen (*Die Schneekönigin, Das kleine Mädchen mit den Schwefelhölzern* oder *Das hässliche Entlein*).

Das Spezifische von Andersens Kunstmärchen ist neben der Vielschichtigkeit der Bildsprache auch die Spiegelung von Phänomenen der Gegenwart im Märchen, sodass sich häufig Wunderbares und Reales durchkreuzen. Die *Märchen* tragen moralisierende, humoristische und satirische Züge. Die v. a. für Kinder geschriebenen Märchen erschließen sich mit ihrem oftmals hintergründigen, ironisch-humorvollen Sinn erst den Erwachsenen.

Andersen entwickelte das romantische Kunstmärchen in der Nachfolge E. T. A. Hoffmanns weiter, wobei ihm eine entscheidende Neuerung auf sprachlicher Ebene gelang: Er wollte, dass der Leser »im Stil den Erzähler höre«. So unterscheiden sich seine Märchen stark von den traditionellen »geschriebenen« Märchen der Brüder Grimm und der Romantiker.

Inhalt Andersens umfassendster Versuch, seine Weltanschauung in einem Märchen zu manifestieren, ist *Die Schneekönigin*. Darin fertigt der Teufel einen Spiegel an, der nur das Lächerliche und Mangelhafte zeigt, das Schöne und Gute aber verkleinert oder gar nicht wiedergibt. Als der Spiegel zerspringt, dringen seine Scherben in die Körper vieler Menschen ein, die daraufhin ein Leben mit eisigem Herzen führen. Einer davon, der kleine Kay, kommt ins Reich der Schneekönigin, der Personifizierung rationalen Denkens, und wird erst von den heißen Tränen seiner liebenden Freundin Gerda wieder für das eigentliche Leben erwärmt. In diesem Märchen vereint Andersen verschiedenste Motivkreise wie hilfreiche Tiere, Verzauberung, Hexen und entwirft eine Parodie auf die Räuberromantik.

Neben Märchen mit philosophischem Hintergrund schuf Andersen auch sogenannte Dingmärchen (eine Schöpfung Andersens), in denen Gegenstände lebendig werden. Hierzu zählt z. B. der *Standhafte Zinnsoldat*, das erste Märchen dieser Gruppe, in dem sich Motive wie der romantische Liebestod, das Polykrates- und Jonas-Motiv in der »heroischen« Gestalt eines Zinnsoldaten vereinen.

Ein späteres Dingmärchen wie etwa *Die Stopfnadel* überzeugt v. a. durch die treffsichere Darstellung von Charakterzügen, die sich an spezifische Eigenschaften des jeweiligen Gegenstandes knüpfen. Härte, Kleinheit und Glanz der Stopfnadel bezeichnen in liebenswürdig-ironischer Weise das Wesen eines Fräuleins, das trotz aller Schicksalsschläge unbeugsam bleibt (Härte) und das sich selbst mehr schätzt als ihre Umgebung (Glanz).

Auch biografische Elemente finden sich in den Märchen, so in dem *Liebespaar,* das sich auf ein Wiedersehen mit Riborg Voigt bezieht, der Andersen *Zwei braune Augen,* eines seiner berühmtesten Gedichte, widmete.

In seinen *Historier,* die 1858–66 unter dem Titel *Neue Märchen und Geschichten* erschienen, wird Reales und Irreales verbunden, liegt das Märchenland nicht im unkontrollierten Bereich der Fantasie, sondern trägt sich das Wunderbare rings um uns zu. Auf die Wahrnehmung kommt es an, es bedarf der Augen eines Dichters oder eines Kindes, um dieses Märchenland zu erkennen.

Andersen verwandelt in seiner späteren Schaffensperiode historische Sagen in Märchen *(Der Bischof auf Børglum und sein Verwandter),* erzählt von alltäglichen Schicksalen *(Sie taugte nicht),* berichtet von neuen technischen Erfindungen *(Die große Seeschlange)* – und vermag trotz dieser realistischen Details durch die Akzentsetzung und Interpretation der Handlung einen märchenhaften Charakter zu erzeugen.

Wirkung Andersens Märchen und Erzählungen, die seinen Nachruhm begründeten, blieben in Dänemark lange Zeit unbeachtet. Erst in seiner späten Schaffenszeit wurde Andersen allgemeine Wertschätzung zuteil. Nach Hans Christian Andersen ist der renommierte Hans-Christian-Andersen-Preis für Kinder- und Jugendliteratur benannt.

Gogol, Nikolai
russischer Schriftsteller | *1.4.1809 in Welikije Sorotschinzy |
†4.3.1852 in Moskau | Sohn ukrainischer Gutsbesitzer |
ab 1828 in Sankt Petersburg | Freundschaft mit Puschkin

Nikolai Gogol bereicherte die Weltliteratur um einige der besten romantischen Novellen, klassische Komödien sowie den ersten bedeutenden russischen Prosaroman. Obwohl ganz der Romantik verhaftet, wurde der Autor, nachdem er ab 1835 neue, urbane Wirklichkeitsbereiche erschlossen hatte, zum Vorläufer der jungen Realisten in Russland wie etwa Fjodor Dostojewski.

Geboren in der ukrainischen Provinz, kam Gogol 1828 nach Sankt Petersburg, wo er sich als Beamter und Gymnasiallehrer versuchte und sich vergeblich um einen Lehrstuhl bemühte. Freundschaft schloss er hier mit Alexander Puschkin. 1831 debütierte er erfolgreich mit teils heiteren, teils dämonischen, stilisiert folkloristischen Erzählungen voller Leben und Poesie, die das ukrainische Bauernleben schilderten. Die Präsentation durch Erzähler aus dem Volk ist meisterhaft stilisiert. Die Sujets weisen einzelne Berührungen mit der deutschen Romantik auf. Künstlerisch komplex wird die Illusion einer mündlich vortragenden Erzählerstimme in den in Sankt Petersburg spielenden späten Novellen (vor allem in dem *Mantel*, 1843), in denen die Entlarvung gesellschaftlicher Missstände und menschlichen Fehlverhaltens hervortritt. Das Groteske und die Fantastik verweisen hier wie auch in den Komödien und dem Roman *Tote Seelen* (1842) auf den dämonologischen Kern der gogolschen Weltsicht. Mit seinen Werken »den Teufel zu bändigen«, das gelang Gogol in den letzten Lebensjahren allerdings immer weniger. Von Ängsten und Selbstvorwürfen geplagt, verließ er Russland mehrfach für längere Zeit, geriet aus dem psychischen Gleichgewicht und flüchtete sich, künstlerisch unproduktiv geworden, in politische, religiöse und moralische Ideen, die von den Zeitgenossen als reaktionär abgelehnt wurden.

Tote Seelen   OT Mjortwyje Duschi | OA 1842 |
Deutschsprachige Erstausgabe 1846 | Form Roman | Epoche Romantik

Der in Russland lebendigen Tradition des Schelmenromans verlieh Nikolai Gogol mit dem Roman *Tote Seelen* eine neue, tiefgründige Form. Seinen »Poem« untertitelten Roman konzipierte der von psychischen und religiösen Krisen erschütterte Autor als Epos der Reinigung der Seele.

Inhalt   Der ehemalige Petersburger Kollegienrat Tschitschikow führt sich in einer russischen Gouvernementsstadt in die Gesellschaft ein und macht bei Privatbesuchen fünf Gutsbesitzern den sonderbaren Vorschlag, ihnen »tote Seelen«, d. h. kürzlich verstorbene Leibeigene, abzukaufen, die bis zur nächsten Revision weiter in den Büchern geführt werden; nur in einem Fall bleibt er erfolglos. Auf einem Ball sorgt der Gutsbesitzer Nosdrjow für erste Irritationen mit der laut zugerufenen Frage, wie viele Tote er eingekauft habe. Weitere Gerüchte (u. a. über eine geplante Entführung der Tochter des Gouverneurs und über Tschitschikows Identität mit Napoleon) verbreiten sich schnell. Die alte Gutsbesitzerin Korobotschka, die einzige Frau unter den Geschäftspartnern Tschitschikows, bringt mit ihrer Befürchtung, die toten Seelen zu billig verkauft zu haben, den Skandal endgültig ins Rollen. Fluchtartig reist Tschitschikow ab. Erst am Ende des Romans erfährt der Leser den betrügerischen Hintergrund seiner Geschäfte: Tschitschikow wollte die gekauften Leibeigenen verpfänden und sich mit dem erschwindelten Kredit aus dem Staub machen.

Aufbau   Die eigenartige Platzierung der umfangreichen Biografie des Helden erst am Ende des Romans zeugt vom ursprünglichen Plan, in Anlehnung an die Stationen Hölle, Fegefeuer und Paradies in der *Göttlichen Komödie* (1321) von Dante Alighieri den Haupthelden in drei Bänden von der Sünde zu Reue und Vergebung zu führen. Gogol hat indes nur die Negativität, die Schlechtigkeit der Gegenwart darzustellen vermocht – der wenig überzeugende zweite Teil blieb Fragment, der dritte ist nie begonnen worden. Für den Autor stand – anders als für die Leserschaft im 19. und 20. Jahrhundert – nicht die Satire im Mittelpunkt, sondern ein religiöses Konzept. Die Welt wird vor allem als trivial begriffen: Alles ist gewöhnlich, mittelmäßig, platt und geistlos. Trivialität aber ist bei Gogol das Merkmal einer Welt, die gegen alles Transzendente abgeriegelt ist, aus der das religiöse Heil, das Wahre und Sinnhafte vertrieben sind.

Ebenso wie die Komik im Werk stets mit der Trivialität der gezeigten Welt zusammenhängt, dienen auch die Eigentümlichkeiten des grotesken Stils der Erniedrigung des nur scheinbar Geistigen, Bedeutenden, Erhabenen. So sind die Figuren im Roman wahrhaft »tote Seelen« in der ersten der beiden möglichen Bedeutungen des Titels; die andere Bedeutung, nach der die Verstorbenen »tote Seelen« sind, ließ schon den Zensor empört auf die Unsterblichkeit der Seele hinweisen. Das durch den Verkauf der »Seelen« erworbene Geld, dessentwegen sich der Held – nicht zufällig ein ehemaliger Zöllner (ein Hinweis auf das Neue Testament) – versündigt, wird zum Sinnbild des Übels in der Welt.

Wirkung An Gogols Verbindung von Satire und Groteske knüpfte in der frühen sowjetischen Literatur Michail Bulgakow an (*Tschitschikows Abenteuer*, 1922). Auch bei anderen Autoren erlebte das Genre eine Renaissance bis in die späte sowjetische Zeit, so bei Ilja Ehrenburg (*Das bewegte Leben des Lasik Roitschwantz*, 1928), Wladimir Woinowitsch (*Die denkwürdigen Abenteuer des Soldaten Iwan Tschonkin*, 1969) und Fasil Iskander (*Onkel Sandro aus dem Tschegem*, 1973). Die amerikanische Autorin Jhumpa Lahiri benannte den Protagonisten ihres Romans *Der Namensvetter* (2003), einen autoritätskritischen und den rechten Lebensweg suchenden Jungen, nach Gogol und schrieb somit zentrale Ideen des von Gogol geplanten Romanzyklus fort.

Balzac, Honoré de

französischer Schriftsteller | *20.5.1799 in Tours | †18.8.1850 in Paris | Jurastudium an der Sorbonne in Paris | 1825 Spekulationen als Druckereibesitzer und Verleger | 1829 Selbsterhebung in den Adelsstand

Der Sohn des Lazarettleiters von Tours besuchte ab 1807 die Schule des Oratorianerordens in Vendôme und begann 1816 in Paris ein Jurastudium, das er bald abbrach, um sein Glück als Besitzer einer kleinen Druckerei und Verleger zu versuchen. Durch den Bankrott seines Unternehmens verschuldete er sich bis ans Lebensende.

Seine schriftstellerische Tätigkeit begann Balzac mit Kolportageromanen, die er in den 1820er-Jahren unter Pseudonym herausbrachte. 1829 ließ er erstmals ein Buch unter seinem eigenen Namen erscheinen. Mit dem Roman *Der letzte Chouan,* der die Royalistenaufstände in der Bretagne von 1799/1800 zum Thema hat, begann die Erfolgsserie seiner großen Gesellschaftsromane, die er in manischer Fronarbeit und bald unter gesundheitlichen Problemen verfasste. Dabei verfolgte er strikt einen realistischen Erzählstil, der für die nächsten Schriftstellergenerationen weit bis ins 20. Jahrhundert hinein zum Vorbild wurde. Ein Jahr vor seinem Tod heiratete Balzac die polnische Gräfin Evelina Hanska, mit der er zuvor 18 Jahre lang einen intensiven Briefwechsel geführt hatte.

Honoré de Balzac gilt als Begründer des Realismus im französischen Roman. Kennzeichnend dafür sind die detaillierten Beschreibungen unterschiedlichster Charaktere und ihrer Milieus sowie die Darstellung der zahlreichen Grundformen menschlichen Verhaltens. In seinem 91 Romane und Erzählungen umfassenden Zyklus *Die menschliche Komödie* (1829–50), als Gegenstück zu Dante Alighieris *Göttlicher Komödie* (entstanden 1307–21) gedacht, schildert Balzac das gesamte Spektrum der Gesellschaft zur Zeit der Französischen Revolution, des napoleonischen Kaiserreichs und der Restauration (1789–1830). Die historischen und gesellschaftlichen Fakten fungieren dabei nicht nur als Rahmen für die einzelnen Schicksale, sondern auch als ihre notwendige Grundlage.

Verlorene Illusionen   OT Illusions perdues | OA 1837–44 | Deutschsprachige Erstausgabe 1845 | 428 Seiten | Form Roman | Epoche Realismus

Den Roman *Verlorene Illusionen* ordnete Balzac den »Szenen aus dem Provinzleben« innerhalb des Zyklus *Die menschliche Komödie* zu. Die Handlung des Romans ist in den Jahren 1821/22 angesiedelt, der Zeit der Restauration unter Ludwig XVIII. Die Macht des Geldes, das Streben nach Liebe, Ruhm und sozialem Aufstieg in Paris, der Metropole der Verheißung, sind die zentralen Themen.

Inhalt   Der ehrgeizige Dichter Lucien de Rubempré, der sich mit dem ehemaligen Adelstitel seiner Mutter schmückt, um in den vornehmen Kreisen verkehren zu können, kommt 1821 aus der südfranzösischen Provinzstadt Angoulême nach Paris, um sein Glück zu machen. Dort als Dichter wie auch in den von ihm besuchten Gesellschaftskreisen erfolglos, begegnet er dem Journalisten Lousteau, der ihn in die für Lucien faszinierende Intrigenwelt der Pariser Presse einführt. Es gelingt Lucien, ein einflussreicher Journalist zu werden und Zutritt zur gehobenen Pariser Gesellschaft zu erlangen. Er überschätzt jedoch bald seinen Erfolg, verschuldet sich bedenkenlos und wechselt die politischen Fronten. In der Hoffnung, sein Adelsprädikat legal zurückzugewinnen, wendet er sich von seinen fortschrittlich-liberalen Freunden ab und der Parteipresse der Royalisten zu. Seine Geliebte, die Schauspielerin Coralie, zerbricht an den Machenschaften ihrer Rivalinnen am Theater und stirbt.

Lucien, der sein schnell gewonnenes Vermögen verspielt hat, kehrt verarmt nach Angoulême zurück. Dort beschleunigt er durch seine Ungeschicklichkeit den finanziellen Ruin seines Schwagers David Séchard, eines Buchdruckers, und seiner Schwester Eva. David wird verhaftet und muss daraufhin die Rechte an einer Erfolg versprechenden Erfindung in der Papierherstellung verkaufen.

Als sich Lucien verzweifelt das Leben nehmen will, begegnet ihm der angebliche spanische Priester Carlos Herrera, der ihm das Geld für Davids Auslösung schenkt und ihn unter seiner Anleitung zur Rückkehr nach Paris bewegt. Luciens weiteren Werdegang an der Seite Carlos Herreras (alias Collin) schildert Balzac in *Glanz und Elend der Kurtisanen* (1838–47).

Wirkung   Honoré de Balzac hat mit *Verlorene Illusionen* einen Desillusionsroman geschrieben, der autobiografische Züge aufweist. In einer Widmung an Victor Hugo nennt ihn der Autor selbst »eine mutige Handlung und zugleich eine Geschichte voller Wahrheit«. Am Beispiel der Hauptfigur Lucien vermittelte Balzac den Lesern seines Romans die bittere Erkenntnis, dass es neuer, nicht mit Moralvorstellungen in Einklang stehender Mittel bedarf, um in einer veränderten Welt zu bestehen. Seine satirische Darstellung der Pariser Presselandschaft zur Zeit der Restauration, deren Vertreter ihre Macht über die öffentliche Meinung ohne jegliche Skrupel einsetzen, hat bis heute nichts an Faszination und Brisanz eingebüßt.

Glanz und Elend der Kurtisanen   OT Splendeurs et misères des courtisans | OA 1838–47 | Deutschsprachige Erstausgabe 1845 | 480 Seiten | Form Roman | Epoche Realismus

In *Glanz und Elend der Kurtisanen,* der Fortsetzung der *Verlorenen Illusionen,* zeigt Balzac die Konventionen der zeitgenössischen Gesellschaftsschichten am deutlichsten. Zugleich übt er scharfe Kritik am aufstrebenden Bürgertum. Rund 13 Jahre arbeitete Balzac an dem Roman, den er den »Pariser Szenen« innerhalb des Zyklus *Die menschliche Komödie* zuordnete. Die ersten Notizen reichen bis ins Jahr 1835 zurück, die geplante Fortführung blieb jedoch unvollendet.

Inhalt   Der nach Paris zurückgekehrte Lucien de Rubempré gewinnt das Vertrauen der Gesellschaft, verkehrt in den höheren Kreisen und beabsichtigt, Clothilde von Grandlieu zu heiraten. In diesem Fall könnte er einen Posten als Botschafter bekleiden und den

Titel eines Marquis tragen. Anstifter dieses Glücks ist Jacques Collin alias Carlos Herrera, angeblich ein spanischer Abbé, tatsächlich jedoch ein Krimineller, der sich auch der Namen Vautrin und Trompe-la-Mort bedient. Mit ihm hatte Lucien einst einen Bund geschlossen, in dem er für die Erfüllung all seiner Träume seine Seele verpfändete.

Der Baron von Nucingen, ein vermögender Bankier aus Paris, verliebt sich in die Kurtisane Esther, die jedoch ein Verhältnis mit Lucien unterhält. Collin nutzt diese Konstellationen, um Nucingen zu erpressen, da Lucien für seine Heirat mit Clothilde Geld benötigt. Die Geheimpolizei entdeckt das Komplott der Verschwörer und Lucien verübt Selbstmord. Die Kurtisane, die von Nucingen ein Palais geschenkt bekam, zerbricht daran, wieder ihr früheres Leben führen zu müssen, und vergiftet sich. Als Collin vom Tod Luciens erfährt, stellt er sich in den Dienst der Justiz, um den Kampf gegen die korrupte Gesellschaft voranzutreiben. Er überführt den Chef der Sicherheitspolizei eines Verbrechens und wird dessen Nachfolger.

Wirkung *Glanz und Elend der Kurtisanen* porträtiert eingehend den moralischen Verfall der Gesellschaft und verdeutlicht Balzacs Welt- und Menschenbild: Mit seiner detaillierten Schilderung unterschiedlicher gesellschaftlicher Schichten von der Pariser Unterwelt bis zur Hochfinanz gelingt Balzac eine soziologische Studie über kleine und große Kriminelle sowie die Methoden von Polizei und Justiz.

Theodor W. Adorno (1903–69) erkannte das Prinzip, dass sich bei Balzac oftmals die Bürger als die eigentlichen Verbrecher herausstellen, während die Verfemten humaner gesinnt sind, »fähig zur großen Passion und zur Selbstaufopferung«.

Mit seiner Vielzahl an Gestalten, Verwicklungen, Intrigen und zeitgeschichtlich bedeutsamen Einzelheiten erfüllt der Roman zusammen mit den *Verlorenen Illusionen* wie kein anderes Werk den Plan Balzacs, die »menschliche Komödie«, d. h. das breite Spektrum der Gesellschaft, abzubilden. Beide Romane werden zu den bedeutendsten des französischen Realismus gezählt.

Brontë, Charlotte

englische Schriftstellerin | * 21. 4. 1816 in Thornton (Yorkshire) |
† 31. 3. 1855 in Haworth (Yorkshire) | Kindheit im väterlichen Pfarrhaus |
Schulbesuche in England und Belgien | Anstellungen als Erzieherin
und Gouvernante

Nach einer eher freudlosen Kindheit in der abgeschiedenen Moorlandschaft Yorkshires kam Charlotte, die älteste der drei Pfarrerstöchter Brontë, 1831 an die Lehranstalt Roe Head, zunächst als Schülerin; ab 1835 arbeitete sie dort als Erzieherin. Es folgten mehrere Anstellungen als Gouvernante, die sie jedoch stets nach kurzer Zeit wieder abbrach. Nachdem der 1842 gefasste Plan, unter Charlottes Leitung in Haworth eine Lehranstalt zu gründen, gescheitert war, konzentrierten sich die Schwestern Charlotte, Anne und Emily Brontë auf ihre literarischen Aktivitäten: 1846 veröffentlichten sie – erfolglos – eine Auswahl ihrer Gedichte unter den Pseudonymen Currer (Charlotte), Ellis (Emily) und Acton (Anne) Bell. 1847 folgte erneut unter Pseudonym Charlottes gefeierter Roman *Jane Eyre.* Anders als ihre früh verstorbenen Schwestern Emily und Anne fand Charlotte Brontë Anschluss an die literarischen Zirkel Londons, u. a. an den von ihr bewunderten William M. Thackeray (ihm hatte sie *Jane Eyre* gewidmet) und an ihre spätere Biografin Elizabeth Gaskell (1810–65). 1854 stimmte die 38-Jährige der Vernunftheirat mit Reverend A. B. Nicholls zu. Sie starb während ihrer ersten Schwangerschaft an einer Lungenentzündung. Posthum erschien 1857 ihr Erstlingsroman *The Professor.* Im gleichen Jahr kam ihre Biografie *The life of Charlotte Brontë* von Gaskell heraus, die bis heute eine wichtige Quelle der Brontë-Forschung ist.

Zu Lebzeiten war Charlotte Brontë die erfolgreichste der drei Schwestern. In ihrem schmalen Œuvre verband sie psychologische Beobachtung mit scharfer Analyse sozialer Missstände in der viktorianischen Gesellschaft. In ihren vier Romanen griff sie wiederholt das englische Erziehungssystem an. Nachdem ihr Roman *Shirley* in der *Edinburgh Review* als Frauenroman besprochen worden war, schrieb sie im Januar 1850: »Ich hätte lieber Kritiker, die mich als Autor beurteilen, nicht als Frau!«

Jane Eyre   OT Jane Eyre | OA 1847 | 457 Seiten | Deutschsprachige Erstausgabe 1854 | Form Roman | Epoche Viktorianische Ära

Jane Eyre. Eine Autobiografie ist der archetypische Frauenroman des 19. Jahrhunderts, ein Musterbeispiel disziplinierter Erzählkunst. Mit dramaturgischen Elementen der Gothic Novel (Schauerroman) und des Sensationsromans schuf Charlotte Brontë eines der bis dahin differenziertesten Frauenporträts der englischen Literatur.

Entstehung   Nachdem die Veröffentlichung ihres Romanerstlings *The Professor* (1845/46, posthum 1857) abgelehnt worden war, erschien 1847 *Jane Eyre* unter dem männlichen Pseudonym Currer Bell. Erst im Zuge der Veröffentlichung ihres nächsten Romans *Shirley* (1849) wurde die wahre Identität der Verfasserin aufgedeckt. Dennoch behielt Brontë ihren Künstlernamen bei.

Inhalt   Die Vollwaise Jane Eyre wächst im Haus ihrer Verwandten auf. Von allen verachtet und ungeliebt, wird sie in die berüchtigte Erziehungsanstalt Lowood gesteckt, wo sie später selbst als Erzieherin tätig ist. Als Erwachsene nimmt sie eine Stellung als Gouvernante auf dem Herrensitz Thornfield des egozentrischen Mr. Rochester an, der sich von der äußerlich unscheinbaren, aber intelligenten jungen Frau sofort angezogen fühlt. Jane willigt in die Heirat ein. Am Traualtar erfährt sie Rochesters grausiges Geheimnis: Er hält seit Jahren seine gesetzlich angetraute, wahnsinnig gewordene Frau im Haus gefangen. Schockiert reist Jane ab, mittellos und gesundheitlich angegriffen. Ihre Odyssee führt sie ins Haus eines jungen Geistlichen, der in ihr eine ideale Gefährtin für seine Missionstätigkeit in Indien sieht und ihr einen Antrag macht. Erst jetzt erkennt Jane – durch eine unverhoffte Erbschaft finanziell unabhängig – ihre Liebe zu Rochester. Sie kehrt nach Thornfield zurück, wo sie das Schloss in Ruinen und den Geliebten nach einem Unfall erblindet und hilflos vorfindet. Sie pflegt ihn gesund, beide finden endlich Ruhe und Geborgenheit.

Aufbau Von der feministischen Literaturkritik wird *Jane Eyre* häufig als rationalistischer Gegenentwurf zu *Die Sturmhöhe,* dem Hauptwerk Emily Brontës, interpretiert. Die dort radikal eingeforderte schrankenlose Hingabe und romantische Obsession tritt bei Charlotte Brontë zugunsten eines rationalistischen Lebensentwurfs zurück, der sich in der vom Verstand und von scharfer Beobachtungsgabe geleiteten, äußerlich unscheinbaren Titelheldin artikuliert.

Wirkung *Jane Eyre* markierte Charlotte Brontës Durchbruch und trug ihr wegen der freimütigen Ansichten ihrer Heldin zeitlebens den Ruf einer moralischen Umstürzlerin ein.

Der Roman wurde mehrfach verfilmt, u. a. 1944 durch Robert Stevenson. Diese kaum werkgetreue Hollywoodadaptation mit Joan Fontaine und Orson Welles in den Hauptrollen reduzierte die Handlung auf die romantischen Aspekte. Werkgetreuere Umsetzungen gelangen Franco Zeffirelli 1995 in seiner mit zahlreichen Stars (u. a. Charlotte Gainsbourg, William Hurt und Anna Paquin) besetzten Neuverfilmung sowie Susanna White 2006 in einer aufwendigen TV-Produktion der BBC (in den Hauptrollen: Ruth Wilson und Toby Stephens).

Brontë, Emily

englische Schriftstellerin | *30.7.1818 in Thornton (Yorkshire) |
†19.12.1848 in Haworth (Yorkshire) | Tochter eines Geistlichen |
ab 1837 Lehrerin und Gouvernante | 1842 Rückkehr nach Haworth

Emily Brontë schuf mit ihrem einzigen Roman *Die Sturmhöhe* das bekannteste Werk der drei Brontë-Schwestern. Es gilt als eines der kühnsten Bücher der viktorianischen Epoche.

Emily wuchs mit ihren Geschwistern Charlotte, Anne und Branwell in Haworth auf, wo ihr Vater als Pfarrer tätig war. Der frühe Tod der Mutter und zweier älterer Schwestern, die finanziell schwierige Situation der Familie, ihr Mangel an sozialen Kontakten und die karge Landschaft der Yorkshire-Moore hatten einen Zustand der Begrenzung und Isolation geschaffen, dem die vier Kinder mit Fantasie und Kreativität begegneten. Sie begannen Gedichte und Geschichten über zwei geheimnisvolle Reiche *(Angria und Gondal)* zu verfassen. Die Gedichte der Schwestern *(Poems)* erschienen 1846 unter den Pseudonymen Currer (Charlotte), Ellis (Emily) und Acton (Anne) Bell in London. Emily, die ab 1837 als Gouvernante gearbeitet hatte, kehrte 1842 nach Haworth zurück. 1845 begann sie mit ihrer Arbeit an der *Sturmhöhe*. 1847 wurde der Roman in einem Band mit Anne Brontës Erstlingswerk *Agnes Grey* veröffentlicht.

Die Sturmhöhe   OT Wuthering Heights | OA 1847 | 764 Seiten | Deutschsprachige Erstausgabe 1851 | Form Roman | Epoche Viktorianische Zeit

Emily Brontës Roman zählt zu den literarischen Skandalerfolgen der viktorianischen Epoche. Die Romanhandlung entwickelt sich fern der gesellschaftlichen und religiösen Normen der Zeit in der ländlichen Abgeschiedenheit Yorkshires. Sie ist geprägt von mystischer und naturnaher Weltwahrnehmung. Brontës Darstellung der rauen, von Stürmen geprägten Landschaft spiegelt persönliche Naturerlebnisse und die Beschäftigung der Autorin mit romantischer Dichtung. Die bedrohliche Atmosphäre und die nuancierte Schilderung psychischer Ausnahmezustände führte zu Vergleichen mit den Schauerromanen von Lord Byron und Percy Shelley.

Inhalt Der Roman erzählt die Geschichte zweier Familien über zwei Generationen auf den ländlichen Besitztümern Wuthering Heights und Thrushcross Grange. Das Findelkind Heathcliff und Catherine, die Tochter seines Ziehvaters Mr. Earnshaw, verbindet eine tiefe Seelenverwandtschaft. Doch Catherine heiratet den Gentleman Edgar Linton. Nachdem Heathcliff unter mysteriösen Umständen reich geworden ist, nimmt er Rache an Linton und Catherines Bruder Hindley, der ihn in seiner Jugend zum Außenseiter degradiert hat. Nach Catherines frühem Tod wird Heathcliff in Träumen von ihrem Geist heimgesucht. Erst in seinem eigenen Tod findet er in der Vereinigung mit der Geliebten Frieden. Nun können sich mit der Heirat von Edgars und Catherines Tochter Cathy und Hindleys Sohn Hareton die positiven Charakterzüge der Lintons und Earnshaws vereinigen.

Aufbau Die Romanhandlung umspannt einen Zeitraum von 32 Jahren (1771–1803) und wird aus der Perspektive zweier Nebenfiguren in achronologischen Rückblenden wiedergegeben. Die verschachtelte Erzählstruktur und mitunter fragwürdige Zuverlässigkeit der Erzähler intensivieren die Rätselhaftigkeit der Ereignisse.

Wirkung Als der Roman 1847 unter dem Pseudonym Ellis Bell erschien, reagierte die Öffentlichkeit empört. Die Düsterkeit der Handlung, die kraftvolle Sprache und die dämonische Leidenschaft widersprachen der Moralkonvention der Viktorianischen Zeit. Gegen Ende des 19. Jahrhunderts erhielt der Roman größere Anerkennung. Er wurde u. a. 1939 von William Wyler, 1992 von Peter Kosminsky verfilmt.

Hugo, Victor
französischer Schriftsteller | *26.2.1802 in Besançon |
†22.5.1885 in Paris | literarischer Autodidakt | 1851 Exil |
1870 Rückkehr nach Paris

Victor Hugo gilt als Nationaldichter der Franzosen und war bereits zu Lebzeiten eine Legende. Sein Begräbnis im Pantheon geriet zum nationalen Ereignis. Als dominierender Repräsentant der französischen Hochromantik schuf er ein Gesamtwerk, das Einfluss auf vielfältige literarischen Strömungen des 19. Jahrhunderts nahm.

Hugo, Sohn eines Generals, verfasste bereits während seiner Schulzeit erste Gedichte. Mit 17 Jahren gründete er die Zeitschrift *Conservateur littéraire.* 1819 erhielt er in Toulouse erste Auszeichnungen für seine Lyrik. Seine frühen Werke lassen bereits aufklärerisch-revolutionäre Tendenzen erkennen. In seinem Vorwort zu seinem Drama *Cromwell* (entstanden 1827, UA 1956) brach Hugo mit den klassizistischen Formen der Literatur und definierte das romantische Drama. In dieser Gattung erkannte er das Genre des modernen Zeitalters. Die von ihm gegründete Zeitschrift *La Muse française* wurde zum Organ der französischen Romantiker.

Die von der Julirevolution 1830 ausgehenden politischen Veränderungen ließen Hugo die historische Bedeutung der Volksmassen erkennen, die von da an sein Werk bestimmte, so z.B. erstmalig im *Glöckner von Notre-Dame* (1831). 1851 rief Hugo zum Widerstand gegen den Staatsstreich Napoleons III. (1808–73) auf. Daraufhin musste er ins Exil nach Belgien, anschließend auf die Kanalinseln Jersey und Guernsey. In dieser Zeit entwickelte und formulierte er erstmalig in dem Essay *William Shakespeare* (1864) seine Konzeption einer dem demokratischen Zeitalter angemessenen Literatur und nannte sie »Volksliteratur«. 1870, im Jahr der Proklamation der Republik, kehrte Hugo nach Paris zurück und wurde sechs Jahre später zum Senator gewählt. Seine schriftstellerische Tätigkeit beendet er 1878, auf öffentlichkeitswirksame Aktionen und Auftritte verzichtete er jedoch nicht.

Die Elenden   OT Les misérables | OA 1862 | Deutschsprachige Erstausgabe 1862 (2 Bde.; insgesamt 1958 Seiten) | Form Roman | Epoche Romantik

In dem Roman *Die Elenden* verflicht Victor vielfältige literarische, politisch-ideologische und philosophische Tendenzen seiner Zeit. Wegen seines Eintretens für humanitäre Ideale ist der Roman der bedeutendste des Schriftstellers und der meistgelesene der französischen Literatur.

Entstehung   Hugo arbeitete insgesamt 17 Jahre an dem Roman. Das Werk entstand vor dem historischen Hintergrund der Restauration, der Julirevolution (1830) sowie der Pariser Arbeiteraufstände 1832–34.

Inhalt   Jean Valjean, der wegen einer Bagatelle 20 Jahre im Gefängnis gesessen hat, wird nach seiner Freilassung von Bischof Myriel aufgenommen und versucht seinen neuen Platz in der Zivilgesellschaft zu finden. Er gelangt zu Wohlstand und Anerkennung, widmet sich insbesondere auch den Anliegen der Armen und Schwachen. Sein Streben wird mit dem Erhalt des Bürgermeisteramtes von Montreuil-sur-Mer belohnt. Eine besondere Beziehung verbindet Valjean mit Cosette, der Tochter der verstorbenen Prostituierten Fantine, für die er wie ein Vater sorgt.

Doch die positive Wendung seines Lebens findet ein plötzliches Ende: Valjean muss ins Gefängnis zurück, als seine wahre Identität aufgedeckt wird. Ihm gelingt die Flucht. Wiederum baut er sich – abermals unter falschem Namen – eine neue Existenz in Paris auf. In diesem neuen Umfeld zieht er den Argwohn des Polizisten Javert auf sich, der Valjean heimlich beobachten lässt. Cosette, die sich als Ziehtochter weiterhin bei Valjean aufhält, verliebt sich einige Zeit später in den jungen Advokaten Marius Pontmercy. Valjean versucht die Beziehung zu unterbinden in der Angst, die ihm liebste Person zu verlieren. Er erwägt die Flucht nach England. Als die Aufstände

Paris heimsuchen, rettet er Marius und Javert aus den umkämpften Barrikaden. Valjean berichtet Marius von seiner Vergangenheit, worauf dieser seine Geliebte aus den Händen Valjeans befreien möchte. Nach einer eingehenden Selbstbefragung gelingt es Valjean, sich von Cosette zu lösen. Er gestattet die Heirat. Auf dem Sterbebett bekräftigt er, dass nur eines in der Welt zähle: »einander zu lieben«.

Aufbau Im Mittelpunkt stehen vier Menschen, die Hugo als aufrichtige, durchhaltestarke Charaktere zeichnet: Bischof Myriel, Fantine, Cosette und Valjean. Um sie herum platziert er die Welt der »Elenden«, eine Welt der Armut, des Verbrechens, der Aufstände und Bedrohungen. Die Pariser Gesellschaft stellt Hugo als in historisch komplexer Lage befindlich dar: ihre Mitglieder können ihr Glück nur von einer tief greifenden, progressiven Änderung sozialer Strukturen erwarten. Daneben hat Hugo ausführliche Beschreibungen eingefügt, deren Gegenstand u. a. die Schlacht von Waterloo (1815) oder das Kanalsystem von Paris sind.

Wirkung Aufgrund der Vielfalt an Motiven, die an Abenteuer- oder Schauergeschichten erinnern, des Reichtums an Figuren und des Plädoyers für humanitäre Werte avancierte das Buch beim Publikum schnell zu einem der meistgelesenen Werke französischer Literatur. Die eigentliche Handlung, so wurde kritisch geäußert, verliere sich beinahe in der erzählerischen Breite des Romans.

Hugo selbst hat an einer Dramatisierung des Stoffs gearbeitet, die jedoch erst 1899 zur Uraufführung kam.

Heine, Heinrich eigentlich Harry Heine

deutscher Schriftsteller und Publizist | *13.12.1797 in Düsseldorf | †17.2.1856 in Paris | ab 1819 Jurastudium in Bonn und Berlin | Reisen nach England (1826) und Italien (1828) | lebte ab 1831 in Paris

Der Sohn eines jüdischen Tuchhändlers besuchte ab 1810 das Düsseldorfer Lyzeum, später eine Handelsschule. Ab 1816 absolvierte er eine Lehre im Bankhaus seines Onkels Samuel Heine in Hamburg. Mit dessen Unterstützung gründet er 1818 ein Manufakturwarengeschäft für englische Tuchwaren, das jedoch schon ein Jahr später Konkurs anmelden muss.

Heine begann ein Jurastudium in Bonn, wo er auch philosophische und philologische Vorlesungen von August Wilhelm Schlegel und Ernst Moritz Arndt besuchte. Von der Fortsetzung seines Studiums in Göttingen wurde er wegen eines Duellvergehens für ein Semester ausgeschlossen. Er immatrikulierte sich 1821 in Berlin, wo er u. a. in Rahel Varnhagen von Enses Salon verkehrte und mit den literarischen Zirkeln der Stadt in Kontakt kam. In seiner Berliner Zeit debütierte Heine auch als Autor: 1822 erschienen seine ersten Gedichte, 1823 die Dramen *William Ratcliff* und *Almansor.* Im Jahr 1824 unternahm er eine Fußwanderung durch den Harz und besuchte Goethe in Weimar. Der Reisebericht *Die Harzreise,* 1826 veröffentlicht und durch die preußische Zensur stark entstellt, wurde Heines erster großer Publikumserfolg.

1825 beendete Heine sein Jurastudium mit Promotion und übersiedelte nach Hamburg. Im selben Jahr trat er zum evangelischen Glauben über und wurde in Heiligenstadt auf den Namen Christian Johann Heinrich getauft.

Nach verschiedenen Reisen, u. a. nach England und Italien, siedelte er 1831 nach Paris über, wo er als Korrespondent für verschiedene deutsche Zeitungen und Zeitschriften tätig war. Hier arbeitete er auch an den *Deutsch-Französischen Jahrbüchern* von Karl Marx mit. Ein Rückenmarksleiden mit fortschreitender Lähmung fesselte ihn ab 1848 ans Bett, von ihm selbst als »Matratzengruft« ironisiert.

Sein thematisch vielfältiges Werk umfasst neben Lyrik auch erzählerische Prosa sowie Schriften zu Literatur, Philosophie und Politik, die oftmals durch einen pointierten, unterhaltsamen, mitunter auch polemischen Stil gekennzeichnet sind.

Seine lyrischen Werke, vor allem die volksliedhaften Gedichte mit romantischen Zügen, machten Heinrich Heine bereits zu Lebzeiten populär. Heftig kritisierte der Streiter für Demokratie die politischen und gesellschaftlichen Zustände in Deutschland, besonders in seinem Versepos *Deutschland. Ein Wintermärchen* (1844). Wegen seiner politischen Überzeugung, seiner literarischen Arbeit und seiner jüdischen Abstammung war Heine zu Lebzeiten, aber auch noch lange danach umstritten, seine Werke wurden vom Deutschen Bund und in der Zeit des Nationalsozialismus verboten.

Buch der Lieder   OA 1827 | 372 Seiten | Form Gedichtsammlung | Epoche Nachklassik

Das lyrische Werk Heines umfasst vier Gedichtsammlungen. Seine frühesten v. a. volksliedhaften Gedichte sind im *Buch der Lieder* zusammengefasst. Diese Sammlung, erschienen bei Hoffmann und Campe, begründete wesentlich den Ruhm des Lyrikers Heinrich Heine.

Inhalt   Zentrales Thema der Gedichte ist die Liebe, die in unzähligen Variationen, aber immer als unglückliche beschrieben wird: nicht erwidert oder aussichtslos. Die Gestalt der Geliebten stellt sich in den unterschiedlichsten Typen dar, erscheint mal als verlockende Kindfrau, mal als unnahbare Göttin, mal als »Dame, schön und hold«, mal als »banges, bekümmertes Weib«. Die Interpretation, dass der Autor durch unglückliche Liebe zu seiner Cousine inspiriert wurde, hat Heine stets bestritten.

Aufbau Die Sammlung besteht aus fünf Zyklen, die teilweise vorab in Zeitschriften erschienen waren: *Junge Leiden, Lyrisches Intermezzo, Die Heimkehr, Aus der Harzreise, Die Nordsee.* Insgesamt enthält das *Buch der Lieder* 237 Gedichte.

Die konventionellen *Jungen Leiden* umfassen die Gattungen Lieder, Romanzen und Sonette. Sprachlich zwischen mittelalterlicher Minnelyrik und Barockmetaphern schwankend, klingt aber auch hier schon kritische Distanz und Ironie an. Diese verstärken sich im *Lyrischen Intermezzo* und in der *Heimkehr,* die geprägt sind vom liedhaften Gedicht. Heine greift hier nicht nur in seiner Metrik auf das Volkslied zurück, sondern zitiert wörtlich Zeilen und Strophen. Der Widerspruch zwischen Sentimentalität und Ironie wird hier besonders deutlich. Die *Nordsee*-Zyklen zeichnen sich durch die freien Rhythmen und ihren großen Umfang aus.

Die Gedichte pointieren besonders die Kluft zwischen Volkslied und der Komplexität moderner Verhältnisse, das lyrische Ich ist häufig »ganz und gar durchdrungen von einem geistigeren Element, von der Ironie«. Auch wenn viele Gedichte frei von Zwiespältigkeit und Gebrochenheit sind, überwiegt doch im Ganzen das Widerspiel von Poesie und prosaischer Realität, die poetische Illusion wird durch geistreiche Pointen und Reflexionen aufgelöst.

Wirkung Das *Buch der Lieder* markiert mit seinem ironisch-satirischen und realistischen Stil das Ende der klassisch-romantischen Epoche in der Lyrik.

Zehn Jahre nach der Erstausgabe erschien die zweite Auflage, zahlreiche weitere folgten – allein 13 zu Heines Lebzeiten. Der Erfolg beruhte vor allem auf den Volksliedern mit ihren romantischen Anklängen; die alles durchdringende Ironie wurde häufig nicht wahrgenommen. Viele deutsche Komponisten wie z. B. Johannes Brahms, Franz Liszt, Franz Schubert, Robert Schumann und Richard Wagner schufen v. a. aus den Volksliedern berühmte Vertonungen. So entstanden allein von Heines wohl bekanntestem Gedicht, der *Loreley,* im 19. Jahrhundert über 40 Liedfassungen.

Deutschland. Ein Wintermärchen   OA 1844 (143 S.) |
Form Versepos | Epoche Vormärz

Das satirische Versepos *Deutschland. Ein Wintermärchen* gehört zu den bedeutendsten politischen Dichtungen deutscher Sprache. Wegen der scharfzüngigen Kritik an den politischen und gesellschaftlichen Zuständen in den deutschen Ländern wurde es neben der *Harzreise* und dem *Buch der Lieder* eines der populärsten Werke von Heine.

Entstehung   Der zeitkritische Reisebericht entstand in den ersten Monaten des Jahres 1844. Der im Pariser Exil lebende Heine verarbeitete in den Reisebildern seine Eindrücke vom letzten Besuch in Deutschland Ende 1843. Aus Zensurgründen erschien es in einem Band mit den *Neuen Gedichten* (1844) und wurde vor der Veröffentlichung in Auseinandersetzung mit Heines Verleger Julius Campe vom Autor mehrfach überarbeitet.

Inhalt   Heine beschreibt Deutschland im »Winter« aus der Sichtweise des im fortschrittlichen revolutionären Frankreich (also im »Sommer«) lebenden Demokraten. Die Reisestationen sind Anlass für die Kritik an Nationalismus, konservativem Katholizismus, Obrigkeitshörigkeit, Provinzialismus und romantischer Verklärung des Mittelalters. Diesem antidemokratischen rückwärtsgewandten Deutschland setzt Heine seine von den Frühsozialisten beeinflusste Vision entgegen: Er erteilt dem religiös begründeten Abfinden mit den desolaten Zuständen im Diesseits eine Absage und fordert stattdessen das »Himmelreich auf Erden« für jeden. Im letzten Kapitel klingt Hoffnung auf Veränderung an, wenn er als Adressaten das »neue Geschlecht … mit freien Gedanken, mit freier Lust« ausmacht. Ihm sagt er die Revolution voraus, die diese »Idylle« beenden wird.

Aufbau   In 27 Kapiteln und über 500 Strophen reihen sich Träume, Dialoge, Gedankenspielereien, Zukunftsentwürfe aneinander. Der unverbindliche Parlandoton geht unvermittelt in Ironie, Spott und ätzende Anklage über, Wehmütig-Hymnisches steht in den Volksliedstrophen neben Alltagssprache.

Wirkung Bereits im Erscheinungsjahr in einigen deutschen Staaten verboten, wurde das Werk von Oppositionellen teilweise stürmisch gefeiert. Verschiedene Neuauflagen folgten ebenso wie Adaptionen, u. a. 1973 durch den Lyriker und Liedersänger Wolf Biermann. Heute gehört das Versepos zum allgemeinen Bildungsgut und gilt als meisterliches politisches Gedicht. 2006 nannte der Regisseur Sönke Wortmann seinen Dokumentarfilm über die deutsche Fußball-Nationalmannschaft in Anlehnung an den Titel *Deutschland. Ein Sommermärchen.*

Büchner, Georg

deutscher Schriftsteller | *17.10.1813 in Goddelau bei Darmstadt | †19.2.1837 in Zürich | Studium der Medizin | 1835 Flucht nach Straßburg | früher Tod mit 23 Jahren

Das Werk von Georg Büchner ist geprägt von sozialpolitischer Gesellschaftskritik und individualpsychologischer Beobachtung. Als Vertreter des Jungen Deutschland und des Vormärz nahm er Elemente des Naturalismus und des Expressionismus vorweg. Seine Erzählweise deutet voraus auf die Moderne.

Büchner wuchs als Sohn eines Arztes in Darmstadt auf und erlangte durch Elternhaus und Schule eine umfassende geistes- und naturwissenschaftliche Bildung. Auf Wunsch des Vaters nahm er 1831 in Straßburg ein Medizinstudium auf, das er – durch die Landesgesetze genötigt – nach zwei Jahren in Gießen fortsetzen musste. Bedrückt von der kleinstädtischen Enge, berichten seine Briefe von Melancholie und Krankheit, aber auch von der intensiven Beschäftigung mit Philosophie und der Geschichte der Französischen Revolution. Er engagierte sich gegen die reaktionären Verhältnisse im Großherzogtum Hessen und gründete 1834 die »Gießener Gesellschaft der Menschenrechte«. Nach der Verbreitung seiner sozialrevolutionären Flugschrift *Der hessische Landbote* floh Büchner 1835 vor einer drohenden Verhaftung nach Straßburg. Im darauffolgenden Jahr siedelte er nach Zürich um und war an der dortigen Universität als Privatdozent für Anatomie tätig. Mit nur 23 Jahren starb Büchner an einer Gehirnentzündung.

Wichtiger Bestandteil seines Werks sind die Dramen *Dantons Tod* (1835), *Leonce und Lena* (1838) und *Woyzek* (1878). Während *Dantons Tod* die Französische Revolution u.a. mit dem Protagonisten Robespierre zum Hintergrund hat, thematisiert Büchner in dem Drama *Woyzek* den historisch realen Mord eines Leipziger Bürgers an seiner Geliebten im Jahr 1821. Wie in der Erzählung *Lenz* nutzte der Autor somit historische Stoffe und Situationen als Brennglas für sein künstlerisches und intellektuelles Schaffen.

Lenz   OA 1839 | 48 Seiten | Form Erzählung | Epoche Vormärz

Die Erzählung schildert einen Lebensabschnitt des psychisch erkrankten Sturm-und-Drang-Dichters Jakob Michael Reinhold Lenz (1751–92). Mit einer innovativen Erzähltechnik ermöglicht Georg Büchner dem Leser ein Miterleben des Wahns, der entgegen damaliger Einschätzungen nicht als selbst verschuldet erscheint, sondern als nachvollziehbare Reaktion auf die umgebende Welt. Aus der Sicht des psychisch Kranken konnte Büchner auch den Zweifel an Gott formulieren, ohne sich angreifbar zu machen. Wichtiger Bestandteil der Erzählung sind die von Lenz formulierten kunsttheoretischen Betrachtungen, die in ihrer antiidealistischen Ausrichtung auch das poetologische Konzept von Büchner kennzeichnen.

Entstehung   Hauptquelle der Erzählung ist der Bericht des Pfarrers Oberlin über Lenz, der sich 1778 mit deutlichen Anzeichen einer Psychose bei dem Geistlichen aufgehalten hatte. Den beobachtenden Blick Oberlins verwandelt Büchner zugunsten der Einblicknahme in die Wahrnehmungswelt des Kranken. Des Weiteren bezieht Büchner sich auf Johann Wolfgang von Goethes Bemerkungen über Lenz in *Dichtung und Wahrheit* (1811–33), wobei er Goethes distanzierter Darstellung ein mitfühlendes Psychogramm entgegenstellt. Die 1835 entstandene Erzählung wurde 1839 aus dem Nachlass veröffentlicht.

Inhalt   Die Schilderung von Lenz' Weg ins Steintal ist geprägt von seiner stark subjektiven Naturwahrnehmung. Lenz erscheint die Natur fremd und bedrohlich, sein Empfinden ist gekennzeichnet von dem Gefühl der Entfremdung und Isolation. Der Dichter fühlt sich vom Wahnsinn verfolgt und erreicht mit Erleichterung das Haus Oberlins, in dessen wohltuender Atmosphäre er sich zunächst beruhigt. Schon bald kommt es aber erneut zu einem psychotischen Schub. Oberlin nimmt den Dichter in den folgenden Tagen mit auf seine seelsorgerischen Besuche bei der Landbevölkerung. Lenz fühlt sich zu den einfachen Leuten hingezogen und in Momenten der pantheistischen Naturwahrnehmung sieht er sich im Einklang mit der Welt und mit Gott. Als der Dichter Christian Kaufmann einen Besuch im Steintal macht, hält Lenz ein Plädoyer für eine Kunst, die geprägt ist von unverklärter Wirklichkeitsdarstellung und sympathetischer Auseinandersetzung mit dem einfachen Menschen und seinem Leid.

Wenig später verreist Oberlin. Der Zustand von Lenz verschlechtert sich wieder und er wird von religiösen Zweifeln geplagt. Als er vergeblich versucht, ein totes Kind zum Leben zu erwecken, fällt er in tiefe Verzweiflung. Hier offenbart sich die maßgebliche Ursache seiner Krankheit: Büchner zeigt einen Menschen, der krank geworden ist am Leiden der Welt und an der eigenen Unfähigkeit, dieses Leiden zu mildern. Das Nichteingreifen Gottes führt Lenz zum Atheismus. Der Zustand des Dichters verschlechtert sich rapide und nach einem Selbstmordversuch lässt Oberlin ihn nach Straßburg bringen. Lenz reagiert resigniert und apathisch.

Struktur Weite Passagen der Erzählung sind von einer personalen Erzählhaltung, einer Schilderung aus der Sicht des Protagonisten, geprägt. Büchner ermöglicht mit dieser Erzählform, die sich erst um 1900 etablierte, eine besondere Nähe zur Hauptfigur. Den gestörten Geisteszustand Lenz' bildet der Autor auf sprachlicher Ebene mit zahlreichen Wortauslassungen und Satzabbrüchen mimetisch ab.

Wirkung Die Würdigung Büchners setzte erst mit den Naturalisten ein und auch *Lenz* fand erst um 1900 Resonanz. Mittlerweile gilt der Text als Beginn der modernen deutschen Prosa. Nachdem er lange als Fragment betrachtet wurde, wird seine Bruchstückhaftigkeit heute auch als Erzählstrategie verstanden.

Droste-Hülshoff, Annette von

deutsche Schriftstellerin | *10.1.1797 in Schloss Hülshoff bei Münster | †24.5.1848 in Meersburg (Bodensee) | entstammte einem alten westfälischen katholischen Adelsgeschlecht | 1838 Veröffentlichung der ersten Lyriksammlung | ab 1841 Aufenthalt vorwiegend auf Schloss Meersburg

Annette von Droste-Hülshoff, die von ihrer westfälischen Heimatlandschaft und einer tiefen Religiosität geprägt war, gilt bis heute als eine der bedeutendsten deutschen Lyrikerinnen. Sie entstammte einem alten westfälischen katholischen Adelsgeschlecht, erhielt eine hervorragende Schulbildung und wurde gezielt literarisch gefördert. Früh begann sie zu komponieren und zu schreiben. Mit scharfer Beobachtungsgabe und einem Blick für das Detail, das scheinbar Belanglose, schuf sie Gedichte von eigenwilliger, herber Schönheit, in denen sie düstere Visionen, subtiles Grauen und die mythisch-dämonischen Kräfte der Natur schildert. Zu ihren Werken zählen neben Natur- und Landschaftsdichtungen auch Verserzählungen, Bekenntnisse und geistliche Lieder sowie Romanfragmente und dramatische Versuche.

Ab 1820 entstand der religiöse Gedichtzyklus *Das Geistliche Jahr* (erst posthum 1851 erschienen). Bis zu ihrem 40. Lebensjahr hatte Droste-Hülshoff keine Veröffentlichungen ihrer Werke vorgenommen. Ihre erste Lyriksammlung, *Gedichte,* erschien 1838, fand jedoch in der literarischen Öffentlichkeit keine positive Resonanz. Erst die überarbeitete und erweiterte Fassung, die 1844 erschien und fast alle Gedichte und Balladen enthielt, die zwischen 1838 und 1843 entstanden waren, brachte ihr den Beifall der Kritik.

In den Jahren 1841–42 lebte sie vorwiegend am Bodensee auf Schloss Meersburg. Hier entstanden die meisten ihrer Naturgedichte und zahlreiche Balladen, die die Grundlage ihres zweiten Gedichtbandes bildeten. 1843 erwarb Droste-Hülshoff ein Haus bei Meersburg und wohnte dort, unterbrochen nur von einem kurzen Besuch in Westfalen 1845/46, bis zu ihrem Tod.

Die Judenbuche   OA 1842 (in [Cottasches] Morgenblatt für gebildete Leser, Nr. 96–111) | Form Novelle | Epoche Biedermeier

Annette von Droste-Hülshoff schuf mit ihrem *Sittengemälde aus dem gebirgichten Westfalen* eine der bekanntesten deutschen Novellen. Die klare, fast karge Sprache und die genau durchkomponierte Struktur kontrastieren inhaltlich mit einem ständigen Spiel mit Schein und Sein, das den Leser in die Unsicherheit der Figuren hineinzieht.

Entstehung   Der Stoff geht auf eine wahre Begebenheit zurück, die der Dichterin seit ihrer Kindheit bekannt war. Im Gutsbezirk ihres Großvaters erschlug 1783 der Knecht Johann Georg H. Winkelhagen den Juden Soestmann-Behrens, floh vor der Verhaftung aus seiner Heimat und geriet in algerische Sklaverei. Erst 1805 kehrte er zurück und erhängte sich bald darauf am Ort des Verbrechens. Neben der mündlichen Überlieferung diente Droste-Hülshoff vor allem die schriftliche Fassung dieses Vorfalls als Quelle, die ihr Onkel August von Haxthausen 1818 als *Geschichte eines Algierer-Sklaven* veröffentlicht hatte.

Inhalt   Friedrich Mergel wächst in der Mitte des 18. Jahrhunderts als Sohn des chronischen Trinkers Hermann Mergel und dessen zweiter Frau Margaret in einem abgeschiedenen Ort in Westfalen auf, in dem Gesetzesübertretungen an der Tagesordnung sind. Nach dem ungeklärten Tod des Vaters im Brederholz verfällt der zu aggressivem Stolz veranlagte Junge seinem diabolischen Onkel Simon Semmler, dem die Rolle eines Verführers zum Bösen zukommt. Mehr und mehr unterliegt Friedrich der im Dorf und in der Familie gegenwärtigen Ursünde des Hochmuts, die als Leitmotiv die Novelle durchzieht. Mit 18 Jahren wird er mitschuldig am Tod des Försters Brandis, den er wissentlich einer gefährlichen Bande von Holzfrevlern in die Arme treibt.

Vier Jahre später erschlägt er den Juden Aaron, von dem er sich öffentlich gedemütigt fühlt, im Brederholz unter einer Buche. Er flieht gemeinsam mit seinem ständigen Begleiter Johannes Niemand aus dem Dorf und kann daher nicht für seine Tat belangt werden. Als 28 Jahre später ein verkrüppelter Mann aus türkischer Gefangenschaft ins Dorf zurückkehrt, glaubt man in ihm Johannes Niemand zu erkennen. Einige Monate später findet man ihn erhängt an der sogenannten Judenbuche und identifiziert ihn durch eine Narbe als Friedrich Mergel. Das Doppelgängermotiv wird damit auf die Spitze getrieben, die beiden Figuren Friedrich und Johannes entpuppen sich als zwei Facetten ein und derselben Person. In Friedrichs Selbstmord erfüllt sich der hebräische Spruch, den die Juden nach dem Mord an Aaron an der Buche anbringen ließen: »Wenn du dich diesem Orte nahest, so wird es dir ergehen, wie du mir getan hast.« Unaufhaltsam hat der Baum den Täter zu sich herangezogen, bis er sich schließlich wie Judas – dieses ist der deutlichste von zahlreichen biblischen Bezügen – am Baum erhängt hat.

Wirkung Von den Zeitgenossen zunächst wenig beachtet, verdankt *Die Judenbuche* ihre Popularität vor allem der Aufnahme in den *Deutschen Novellenschatz* (1876) von Paul Heyse (1830–1914). Heute ist sie in viele Sprachen übersetzt und Gegenstand zahlreicher literaturwissenschaftlicher Forschungen.

Melville, Herman

amerikanischer Schriftsteller | *1.8.1819 in New York | †28.9.1891 in New York | ab 1841 Aufenthalt in der Südsee | 1844 Rückkehr in die USA | ab 1866 Zollinspektor

Aus verarmter Familie stammend, fuhr Melville schon früh zur See. Auf einem Walfänger gelangte er 1841 in die Südsee, wo er kurze Zeit unter Eingeborenen lebte. 1844 kehrte er in die USA zurück, 1863 in seine Heimatstadt New York, wo er 1866–85, zunehmend vereinsamt, als Zollinspektor arbeitete.

Herman Melville zählt wegen seiner die Romantik überwindenden Formen- und Ideenvielfalt zu den bedeutendsten amerikanischen Schriftstellern des 19. Jahrhunderts. Mit seinen Seefahrerromanen *Taipi* (1846), *Omu* (1847), *Redburns erste Reise* (1849) und *Weißjacke* (1850) hatte er großen Erfolg, an den er mit seinen anspruchsvollen Werken jedoch nicht anknüpfen konnte – weder mit dem Fragment gebliebenen fantastischen Roman *Mardi* (1849) noch mit den experimentellen, Gattungsgrenzen überschreitenden Texten *Pierre* (1852) und *Ein sehr vertrauenswürdiger Herr* (1857). Melville verfasste auch bedeutende Kurzgeschichten (*Piazza-Erzählungen*, 1856, darin: *Bartleby, der Schreiber*). Seine Hauptwerke sind der Roman *Moby Dick oder Der weiße Wal* (1851) und die in seinem Todesjahr entstandene tragische Erzählung *Billy Budd* (1924).

 **Moby Dick oder Der weiße Wal**   OT Moby-Dick | OA 1851 | 634 Seiten | Deutschsprachige Erstausgabe 1927 | Form Roman | Epoche Symbolismus

Moby Dick gilt als das bedeutendste Prosawerk des amerikanischen Symbolismus. Der monumentale Roman verbindet eine Abenteuergeschichte mit Walkunde und philosophischen Reflexionen.

Inhalt Ismael, dessen Vorgeschichte und Lebenssituation im Dunkeln bleiben, beschließt wieder einmal zur See zu fahren, um »den Trübsinn zu verjagen«. Er begibt sich zunächst nach New Bedford (Massachusetts), dem Zentrum des amerikanischen Walfangs. Dort muss er in der Herberge das Bett mit dem Polynesier Quiqueg teilen, der jedoch rasch zu einem engen Freund wird. Bald fahren die beiden weiter nach dem älteren Walfängerhafen Nantucket, wo sie auf der »Pequod« anheuern.

Erst als sie bereits einige Tage unterwegs sind, bekommen sie ihren Kapitän zu Gesicht: Ahab. Seitdem er im Kampf mit dem weißen Wal Moby Dick ein Bein verloren hat, ist er voller Hass und kennt nur ein Ziel: Rache an dem Tier zu nehmen. Es gelingt ihm, seine Mannschaft einschließlich des zunächst skeptischen Maats Starbuck dafür zu begeistern.

Monatelang kreuzt die »Pequod« die See, fängt Wale und füllt ihre Öllager, begegnet anderen Schiffen und entkommt glücklich sowohl Unwettern als auch Piraten. Im Pazifik trifft sie schließlich auf Moby Dick. Die Jagd auf ihn dauert drei Tage. Obwohl der weiße Wal ein Boot nach dem anderen zerstört und sogar die »Pequod« zum Sinken bringt, gibt Ahab in seiner an Wahnsinn grenzende Rachsucht nicht auf, bis er von seinem eigenen Harpunenseil in die Tiefe gerissen wird. Nur Ismael überlebt die Katastrophe – an den Sarg geklammert, den Quiqueg für sich gezimmert hatte.

Aufbau Der in 135 Kapitel und einen Epilog gegliederte Roman handelt nicht in erster Linie von der Jagd auf Moby Dick – die Schilderung dieses Ereignisses nimmt nur die letzten drei Kapitel ein. Im Vordergrund stehen das archetypische Motiv der »quest«, der Suche, und zwei Figuren, die unterschiedliche Arten der Suche verkörpern: der Icherzähler Ismael und Ahab.

Die »quest« lässt sich unterschiedlich interpretieren, etwa mythologisch als Rebellion gegen die göttliche Ordnung, als Hybris im christlichen Sinn, psychologisch als Erkundungsfahrt ins Unbewusste oder philosophisch als Suche nach dem Wesen der Dinge.

Ein dichtes Netz entsprechender Anspielungen und Zitate überzieht den Roman, der dadurch einen enzyklopädischen Zug erhält.

Enzyklopädisch mutet auch Ismaels Art der Suche an; er verkörpert ein Expertentum, das nichts versteht. Seinen Bericht über die Fahrt der »Pequod« unterbricht er immer wieder mit verarbeitungstechnischen, naturwissenschaftlichen, historiografischen und mythologischen Ausführungen über den Wal. Er beherrscht das Material jedoch nicht wirklich, sondern imitiert nur die Sprachen der verschiedenen Wissensgebiete. Melville erweist sich in diesen Kapiteln als Parodist vom Rang eines Laurence Sterne oder Jean Paul.

Ahabs Art der Suche hingegen ist die Aktion; er will handeln, »die Maske [des Sichtbaren] zerschlagen«, und stürzt sich so ins Verderben. Melville setzt die verschiedensten Mittel ein, um der Figur titanische Dimension zu verleihen: Es finden sich Anspielungen auf Prometheus und Faust, bühnenhafte Szenen, Monologe im Stil von Shakespeare und eine heroisch-pathetische Sprache.

Beide Suchenden scheitern, doch Ismael gelangt schließlich zu der Einsicht: »… ich kenne ihn [den Wal] nicht und werde ihn niemals kennen.« Er kapituliert vor dem »nie zu fassenden Trugbild des Lebens«, das er in der Geschichte von Moby Dick gespiegelt sieht.

Wirkung Zu Lebzeiten Melvilles stieß *Moby Dick* auf geteilte Zustimmung. Nicht alle Leser verstanden sogleich die komplexe Struktur des Werks, manche betrachteten es als formlos, einige erklärten den Autor schlicht für verrückt. Heute jedoch wird *Moby Dick* in einem Atemzug mit den großen Romanen der Weltliteratur genannt. Seine Popularität verdankt er zahlreichen Kinderbuchadaptionen sowie der Verfilmung von 1956 unter der Regie von John Huston und mit Gregory Peck in der Rolle des Ahab. Danach wurde der Roman mehrfach für Leinwand (u. a. 1998 von Franc Roddam; in der Hauptrolle: Patrick Stewart), Bühne (u. a. 2004 von Raoul Gehringer für die Kinderoper *Moby Dick*) oder Hörspiel (z. B. 2002 von Klaus Buhlert für den Bayerischen Rundfunk) adaptiert.

Beecher Stowe, Harriett

amerikanische Schriftstellerin | *14. 6.1811 in Litchfield (Connecticut) | †1. 7.1896 in Hartford (Connecticut) | Lehrerin an einer Mädchenschule in Boston | 1832 Übersiedlung nach Cincinnati (Ohio) | ab 1864 Wohnsitz in Hartford

....

Harriet Beecher Stowe, die sich in ihren Werken für die Aufhebung der Sklaverei in den Südstaaten und für die Rechte der Frauen engagierte, gehört zu den berühmtesten Schriftstellerinnen der amerikanischen Literaturgeschichte.

Beecher Stowe wuchs als Tochter des angesehenen Theologen Lyman Beecher in einem gut situierten, politisch aktiven Haushalt auf. Sie wurde nach kalvinistischen Wertvorstellungen erzogen. Zunächst war sie Schülerin, später Lehrerin in der von ihrer älteren Schwester in Boston gegründeten Mädchenschule. 1832 siedelte sie mit ihrer Familie nach Cincinnati (Ohio) über, wo ihr Vater als Präsident des theologischen Lane-Seminars beschäftigt war. 1836 heiratete sie Calvin E. Stowe, der als Professor der Theologie tätig war. Während sie sich zunehmend kritisch gegenüber einem strengen Kalvinismus zeigte, blieb ihr Handeln und Schreiben von Pflichtgefühl und puritanischen Moralvorstellungen geprägt.

In Cincinnati begegnete Beecher Stowe erstmals entflohenen Sklaven, da im angrenzenden Staat Kentucky die Haltung von Sklaven gestattet war. Bis dahin hatte sie als Autorin insbesondere Erzählungen und Zeitschriftenartikel verfasst, häufig im thematischen Bezug zu ihrer Heimat Neuengland. 1850 begann sie die Arbeit an dem Roman *Onkel Toms Hütte* (1852), der ein weltweiter Erfolg werden sollte. Weiter veröffentlichte sie Lyrik zu meist religiösen Themen, Kinderbücher und Sachtexte zu theologischen Fragen und der Rolle der Frau.

1850–53 lebte Beecher Stowe mit ihrer Familie in Brunswick (Maine), später in Andover (Massachusetts) und ab 1864 in Hartford (Connecticut), in Nachbarschaft zu Mark Twain. Ihre letzten Lebensjahre verbrachte sie in geistiger Umnachtung.

Onkel Toms Hütte   OT Uncle Tom's Cabin, or, Life among the Lowly | OA 1852 | 524 Seiten | Deutschsprachige Erstausgabe 1852 | Form Roman | Epoche Amerikanische Renaissance

Mit ihrem 1852 erschienenen Roman *Onkel Toms Hütte* schuf Harriet Beecher Stowe das erfolgreichste amerikanische Erzählwerk des 19. Jahrhunderts. Obwohl kontrovers diskutiert, gilt der als zeitgenössische Polemik gegen das Unrechtssystem der Sklaverei angelegte Roman noch heute als ein Klassiker der sozialkritischen Weltliteratur.

Inhalt   Schauplatz des Romans ist zunächst die in Kentucky gelegene Plantage Arthur Shelbys. Dieser ist durch leichtsinnige Spekulationsgeschäfte in finanzielle Not geraten und erklärt sich daher bereit, seinen Sklaven Tom und den kleinen Sohn seiner Hausdienerin Elisa Harris an den skrupellosen Sklavenhändler Dan Haley zu verkaufen. Als Shelby seiner Frau Emily von dem Verkauf erzählt, wird Elisa zufällig Zeugin ihrer Unterredung. Von Panik ergriffen beschließt sie, mit ihrem Sohn Harry in die Nordstaaten zu fliehen. Auch ihr Mann Georg, der als Sklave auf einer benachbarten Farm arbeitet, hat sich inzwischen zur Flucht in Richtung Kanada entschlossen.

Mit der Unterstützung zweier Helfer gelingt es Elisa und Harry, ihrem Verfolger Haley zu entkommen. Bis zu ihrer sicheren Unterbringung in einer Quäkersiedlung, in der später auch Georg wohlbehalten eintrifft, finden Elisa und Harry im Haus des Senators John Bird und seiner Frau Mary Unterschlupf.

In einem parallelen Handlungsstrang wird die Geschichte Onkel Toms erzählt. Tom, der Arthur Shelby schon seit dessen Kindheit als ergebener Diener zur Seite steht, erfährt, dass dieser ihn an Haley verkauft hat. Er soll in den Süden überführt werden, wo ihm als Sklave, wie er weiß, schwerste körperliche Misshandlungen drohen. Dennoch entscheidet er sich aus Sorge um die Folgen, die Shelby zu tragen hätte, gegen eine Flucht.

Während seines Transports über den Mississippi lernt er Eva

(Evangeline) kennen, die Tochter des wohlhabenden Augustin St. Clare aus New Orleans. Als sie bei einem Unfall über Bord geht, stürzt sich Tom beherzt in den Fluss und rettet sie vor dem Ertrinken. Augustin St. Clare gibt daraufhin den Bitten seiner kleinen Tochter nach und kauft Tom dem stets auf Profit bedachten Haley ab. Gemeinsam mit Augustin, Eva und ihrer Tante Ophelia trifft Tom in New Orleans ein, wo er mit der Betreuung Evas beauftragt wird. Etwa zwei Jahre später erkrankt das Mädchen schwer und stirbt. Von ihrem Tod zutiefst erschüttert, entschließt sich St. Clare zur Freilassung seiner Sklaven. Doch bevor er seinen Plan in die Tat umsetzen kann, wird er bei der Schlichtung eines Streits erstochen. Seine Frau Marie verkauft daraufhin den Familienbesitz und die Sklaven. Tom gelangt in die Hände des grobschlächtigen und tyrannischen Plantagenbesitzers Simon Legree. Unter dessen Sklaven befindet sich auch Cassy, die Legree seit Jahren als Liebesdienerin unterworfen ist. Als Tom sich nach der geglückten Flucht Cassys und ihrer Freundin Emmeline weigert, das Versteck der beiden preiszugeben, schlägt ihn Legree blindwütig nieder. Tom erliegt seinen Verletzungen an demselben Tag, an dem Arthur Shelbys Sohn George auf Legrees Plantage erscheint, um ihn freizukaufen.

Wirkung Der Roman *Onkel Toms Hütte* wurde unmittelbar nach seinem Erscheinen zu einem internationalen Bestseller und machte Beecher Stowe zu einer der umstrittensten Autorinnen des 19. Jahrhunderts. Beecher Stowes Verwendung weißer Stereotype der Schwarzen beeinflusste deren literarische Darstellung der kommenden hundert Jahre. Ungeachtet des Engagements der Autorin für die Abschaffung der Sklaverei wurde ihr Roman wiederholt als rührselig und tendenziell rassistisch bewertet. Die Kritik gründet sich auf die pauschale Charakterisierung des »Negers« als kindlich, harmlos und einfältig. Auch die idealisierte Duldsamkeit Toms, der zweimal die Gelegenheit zur Flucht verstreichen lässt und sich stets gottergeben in sein vermeintliches Schicksal fügt, wird kritisch betrachtet.

Keller, Gottfried

schweizerischer Schriftsteller | *19.7.1819 in Zürich | †15.7.1890 in Zürich | Stipendien für Studienaufenthalte in Heidelberg und Berlin | ab 1861 Staatsschreiber des Kantons Zürich | Freundschaft mit Theodor Storm und Paul Heyse

....

Gottfried Keller, Sohn eines Drechslermeisters, verlebte eine vom frühen Tod des Vaters überschattete Kindheit und Jugend. Frühe Versuche als Maler scheiterten (1840–42). Eher beiläufig begann Keller politische Gedichte sowie Tageslyrik in der Nachfolge von Ferdinand Freiligrath (1810–76) und Georg Herwegh (1817–75) zu verfassen. Durch Rezensionen und Aufsätze auf sein Talent aufmerksam geworden, verlieh ihm die Züricher Regierung 1848 ein Stipendium für einen Studienaufenthalt in Heidelberg. Ein zweites Stipendium des Kantons Zürich ermöglichte ihm 1850 den Wechsel nach Berlin. Hier entstand sein erstes Hauptwerk, der autobiografische Roman *Der grüne Heinrich*.

Ab 1855 zurück in Zürich, folgte eine Phase der Unproduktivität und Depression. Diese endete erst 1861, als Keller überraschend zum ersten Staatsschreiber des Kantons Zürich gewählt wurde. Durch das Amt war er zum ersten Mal in seinem Leben materiell abgesichert. Im nächsten Jahrzehnt vollendete er mehrere seit der Berliner Zeit brachliegende Projekte, darunter die *Sieben Legenden* (1872), die *Leute von Seldwyla* und die *Züricher Novellen* (1878).

In seiner Heimat als Schweizer Patriot und Liederdichter gefeiert und hochdekoriert, wurde Keller erst in den 1870er-Jahren mit der Veröffentlichung der *Sieben Legenden* auch international bekannt. 1875 legte er sein Amt als Staatsschreiber nieder, um sich ganz der Schriftstellerei zu widmen. Sein letztes Werk war der Roman *Martin Salander* (1886). Abgesehen von wenigen Freundschaften, u. a. zu Paul Heyse (1830–1914) und Theodor Storm (1817–88), vereinsamte Keller im Alter zunehmend. Seine psychologisch nuancierten Romane und Erzählungen zählen heute zu den Meisterwerken der bürgerlich-realistischen Literatur im deutschsprachigen Raum.

Der grüne Heinrich   OA 1854/55 (erste Fassung; 1694 Seiten) |
Form Roman | Epoche Realismus

Die Erstfassung des *Grünen Heinrichs* zählt zu den bedeutendsten Bildungs- und Entwicklungsromanen des 19. Jahrhunderts. Mit für die Entstehungszeit ungewöhnlicher psychoanalytischer Klarsicht verarbeitete Gottfried Keller im Gewand des Künstlerromans autobiografische Erfahrungen.

Entstehung   Die Genese des Romans zog sich vom Vormärz über die Revolution von 1848/49 und die anschließende Phase der Restauration hin. Schon 1842 hatte Keller erste Pläne zu diesem Roman gefasst. 1846/47 begann er in Zürich mit der Niederschrift, doch erst nach seiner Übersiedelung nach Berlin (1850) fand er einen Verleger für den *Grünen Heinrich*. Unter Produktionsdruck vollendete er zwischen Juli 1851 und Oktober 1853 die ersten drei Bände. Der vierte Band erschien erst 1855.

Inhalt   Heinrich Lee, seit frühester Jugend Halbwaise, wird in einer fiktiven Schweizer Stadt – gemeint ist Kellers Geburtsstadt Zürich – von der Mutter großgezogen. All ihre Ersparnisse verwendet Frau Lee auf die Ausbildung ihres schon früh der Kunst zugeneigten Sohns. Heinrich zieht in die Residenzstadt München, um Landschaftsmaler zu werden. Allmählich erkennt er sein mangelndes Talent. Das berufliche Scheitern geht einher mit einer Reihe unglücklich verlaufender Liebesgeschichten, die ihn zunehmend isolieren. Gerade als sein Leben eine gute Wendung zu nehmen scheint – Heinrich begegnet einem reichen Grafen, der sein Gönner wird, und verliebt sich in dessen Mündel Dortchen –, ist es einmal mehr sein Zaudern, das einen glücklichen Ausgang verhindert. Nachdem die Mutter kurz zuvor aus Gram über sein Ausbleiben und ihren wirtschaftlichen Ruin gestorben ist, erkennt der grüne Heinrich – die Farbe Grün ist Symbol für Jugend und Hoffnung, aber auch für die bei aller Einsicht geistige und emotionale Unreife des Protagonisten – die Vergeudung seines Lebens. Auch er stirbt an gebrochenem Herzen.

Aufbau Der Roman ist in vier Bücher gegliedert. Die erste Hälfte umfasst die »Jugendgeschichte«, die Keller als »Vorspiel des ganzen Lebens« anlegte, und ist aus der Perspektive Heinrichs erzählt. Mit dem vierten Kapitel des dritten Bands wechselt der Erzähler in die dritte Person. Mehrmals ändert sich der Grundton: Lange, wortreiche Reflexionen zu Philosophie, Kunst, Ethik und Politik stehen unvermittelt neben von der Handlung scheinbar losgelösten Einschüben. Einige Passagen sind in epischer Breite angelegt, während Schlüsselereignisse wie der Tod Heinrichs und seiner Mutter mit äußerster Knappheit geschildert werden und dadurch umso intensiver wirken.

Wirkung Ungeachtet günstiger Beurteilungen war dem Roman *Der grüne Heinrich* kein Erfolg beschieden. Zwischen 1878 und 1880 arbeitete Keller an einer Neufassung, die dem Roman eine einheitliche autobiografische Form gab. Die wechselnde Perspektive wurde durch einen durchgängigen Icherzähler ersetzt. Die langen Reflexionen und Exkurse strich Keller ebenso wie die Polemiken gegen Kirche und Staat. Auch inhaltlich bestehen Abweichungen. Der von den politischen und persönlichen Verhältnissen diktierte resignative Grundton des »Ur«-Heinrich wich in der Zweitfassung einem versöhnlicheren Weltbild, das dem arrivierten sozialen Status des inzwischen berühmten Autors ebenso Rechnung trug wie dem veränderten Publikumsgeschmack. Heute gilt die erste Fassung allgemein als die literarisch überlegene und als Vorläufer des modernen psychologischen Romans.

Thomas Koerfer verfilmte den Roman 1991 (Drehbuch: u. a. Peter Müller) mit Thibault de Montalembert und Assumpta Serna in den Hauptrollen.

Dickens, Charles

englischer Schriftsteller | *7.2.1812 in Landport bei Portsea | †9.6.1870 in Gadshill | ab 1831 Reporter und Parlamentsberichterstatter | 1836/37 literarischer Durchbruch | ab 1846 Herausgeber der »Daily News«

Der Sohn eines Angestellten im Marinebesoldungsamt sorgte bereits im Alter von zwölf Jahren selbst für seinen Unterhalt. Nachdem sein Vater wegen eines Fehlbetrages von 40 £ in Schuldhaft gekommen war, musste Dickens seinen Unterricht an einer höheren Schule abbrechen und in einer Fabrik arbeiten. So lernte er bereits früh das schwere Leben der Arbeiter im Hafenviertel Londons und die demütigenden Verhältnisse in Haftanstalten kennen. Als sein Vater einige Zeit später aus dem Gefängnis entlassen wurde, konnte Dickens seinen Schulbesuch an einer Mittelschule fortsetzen. 1826 versuchte er sich als Rechtsanwaltsgehilfe, wandte sich aber bald dem Journalistenberuf zu und war als Reporter des *Morning Chronicle* tätig. In Zeitungsfeuilletons erschienen seine ersten scharf beobachteten und witzigen Schilderungen des Londoner Lebens, die 1836 in dem Buch *Skizzen von Boz* zusammengefasst wurden. Erste Berühmtheit erlangte Dickens mit seinem Roman *Die Pickwickier* (1836/37). Mit seinem zweiten, ebenfalls sehr erfolgreichen Roman *Oliver Twist* (1837/38) festigte er seine schriftstellerische Reputation. 1841/42 unternahm er seine erste Amerikareise, der 1867 eine zweite folgte. Wieder in England, wurde er Herausgeber der großen liberalen Zeitung *Daily News*. Weitere Romane entstanden in kurzer Folge. In seiner mittleren Schaffensperiode verwandte Dickens mehr Zeit auf die Ausarbeitung seiner Romane und fand in seinem Spätwerk zur Meisterschaft. Der vitale, sozialpolitisch hoch engagierte Dickens, zu dessen großem Freundeskreis u. a. Wilkie Collins zählte, war einer der angesehensten Schriftsteller seiner Zeit.

Charles Dickens gilt als Begründer des sozialen Romans und Meister des Humors. Er schuf unvergessliche Figuren voller Skurrilität, war aber zugleich ein scharfer Beobachter und Kritiker der gesellschaftlichen Verhältnisse.

Große Erwartungen OT Great Expectations | OA 1861 | Deutschsprachige Erstausgabe 1862 | 530 Seiten | Form Roman | Epoche Viktorianisches Zeitalter

In diesem Kindheits- und Jugendroman, in dem er seine eigenen bedrückenden Kindheitserlebnisse verarbeitete, thematisiert Charles Dickens das erbärmliche Leben der Menschen im England des 19. Jahrhunderts in außergewöhnlich verdichteter Atmosphäre. Er zeichnet ein lebendiges Gesellschaftsgemälde der Viktorianischen Zeit, in dem sich Charakteristika seiner Werke wie scharfe Beobachtungsgabe, psychologisches Feingefühl und Sozialkritik vereinen. Dickens kritisiert in diesem Spätwerk das Gentlemanideal der von Materialismus und Moralheuchelei geprägten viktorianischen Gesellschaft. Die geradezu surrealistisch anmutende Erzähltechnik kündigt eine Hinwendung zur Moderne an.

Inhalt Der kleine Junge Pip, eine Vollwaise, wächst im öden, nebligen Marschland auf, wo ihn seine ältere Schwester und deren Mann, der biedere Dorfschmied Joe Gargery, in bescheidenen Verhältnissen aufziehen. Eines Tages begegnet Pip auf dem Friedhof dem entflohenen Sträfling Abel Magwitch, dem er hilft, sich von seinen Ketten zu befreien. Wenig später lernt Pip eine ihm unbekannte Welt kennen, als er der exzentrischen Miss Havisham und ihrer vornehmen Pflegetochter Estella vorgestellt wird. Nachdem Miss Havisham am Hochzeitstag von ihrem Bräutigam verlassen wurde, hat sie der Männerwelt Rache geschworen und Estella zu einem lieblosen Wesen erzogen, das an ihrer Stelle Vergeltung am männlichen Geschlecht üben soll. Pip verliebt sich nichts ahnend in Estella und träumt davon, selbst ein Gentleman zu sein.

Im zweiten Drittel des Romans lebt Pip in London. Ein ihm unbekannter Wohltäter finanziert eine vornehme Erziehung und stellt ihm ein großes Vermögen in Aussicht. Pip wendet sich von seinen schlichten Verwandten ab und führt das Leben eines Snobs. Im letzten Drittel des Romans lernt Pip seinen Gönner kennen – jenen

Sträfling Magwitch, dem er einst geholfen hat. Vormals nach Australien deportiert, wo er zu Reichtum gelangte, ist er illegal nach England zurückgekehrt. In der Folge wird nicht nur das Geheimnis um seine Identität gelüftet; es werden auch mehrere in der Vorgeschichte geschilderte Verbrechen aufgeklärt sowie komplizierte Beziehungen zwischen einigen Haupt- und Nebenfiguren erhellt. So erfährt Pip, dass Estella, die mittlerweile einen brutalen Nichtsnutz geheiratet hat, Magwitchs Tochter ist. Pip versucht Magwitch bei der Flucht außer Landes zu helfen, was aber misslingt. Magwitch, der zum Tod verurteilt wird, stirbt in Gegenwart Pips an den Folgen seines Fluchtversuchs. Sein Vermögen wird von der Krone eingezogen, und damit enden die »großen Erwartungen« Pips, der sein Geld fortan im Ausland verdient. Als er nach Jahren in Joe Gargerys Schmiede zurückkehrt, begegnet er wieder seiner einstigen Jugendliebe Estella, die inzwischen verwitwet ist. Beide aufgrund ihrer Erfahrungen charakterlich gereift, finden schließlich doch noch zueinander.

Wirkung *Große Erwartungen* ist mit einer Vielzahl skurriler Nebengestalten bevölkert und erzählt wie auch die anderen großen Romane Charles Dickens' eine hochkomplexe Geschichte. Doch im Unterschied zu seinen früheren Werken ist der Roman in seinem Handlungsablauf sehr geradlinig konzipiert. Er kann daher als reifstes Werk des Autors angesehen werden. Mit großem Verständnis erfasste Dickens darin die kindliche Psyche. Stilistisch betrachtet, steht der Roman mit seinen differenzierten Stimmungs- und Assoziationsebenen an der Schwelle der Literatur vom 19. zum 20. Jahrhundert.

Beim Publikum insbesondere wegen seines positiven Endes, das Dickens dem Roman entgegen seiner ursprünglichen Intention gegeben hatte, von Beginn an erfolgreich, erlangte *Große Erwartungen* erst im 20. Jahrhundert seine heutige Popularität. Der Roman wurde vielfach für Theater, Hörspiel und Film adaptiert. Besonders erfolgreich waren die Verfilmungen von David Lean (1946), Kevin Connor (1989; in den Hauptrollen: Ethan Hawke, Gwyneth Paltrow) sowie Alfonso Cuarón (1998; mit Jean Simmons, John Rhys-Davies).

Dostojewski, Fjodor

russischer Schriftsteller | *11.11.1821 in Moskau | †9.2.1881 in Sankt Petersburg | 1849 als Mitglied eines revolutionären Geheimbundes verhaftet | 1850 Verbannung nach Sibirien | 1859 Rückkehr als überzeugter Christ und radikaler Gegner des atheistischen Sozialismus

....

Fjodor Michailowitsch Dostojewski war der Sohn eines Moskauer Arztes, der einer verarmten Adelsfamilie entstammte. Schon früh litt er an epileptischen Anfällen. 1883–43 studierte er an der Militäringenieurschule in Sankt Petersburg. Ab 1844 betätigte er sich als freier Schriftsteller. Nach ersten literarischen Erfolgen (*Arme Leute*, 1846) wurde er im März 1849 als Mitglied eines revolutionären Geheimbundes verhaftet. Erst auf dem Hinrichtungsplatz milderte Zar Nikolaus I. die verhängte Todesstrafe zu vier Jahren Zwangsarbeit und Verbannung nach Sibirien ab.

An die dortige Leidenszeit (verarbeitet in den *Aufzeichnungen aus einem Totenhaus*, 1860–62) schlossen sich mehrere Jahre Militärdienst an. Diese Erfahrungen wandelten den Schriftsteller vom Atheisten zum gläubigen Christen und Konservativen. Als solcher verfasste er, nach seiner Rückkehr 1859, seine großen Romane zum Teil unter elenden Bedingungen. Hierzu zählen *Schuld und Sühne* (1866), *Der Idiot* (1868), *Die Dämonen* (1871–72) und *Die Brüder Karamasow* (1879–80). Dostojewski war zeitlebens von schwacher Gesundheit, dem Glücksspiel verfallen und musste wiederholt vor seinen Gläubigern ins Ausland fliehen; so hielt er sich zwischen 1867 und 1871 in Baden-Baden, Genf und Florenz auf.

Dostojewski gilt als einer der bedeutendsten Romanautoren der Weltliteratur. Thomas Mann empfahl, seine Texte, die die Abgründe des menschlichen Wesens mit psychologischer Raffinesse ausleuchten, nur »mit Maßen« zu konsumieren. Friedrich Nietzsche hielt Dostojewski für den einzigen Psychologen, von dem er etwas lernen konnte.

📖 **Der Idiot**   OT Idiot | OA 1868/69 | Deutschsprachige Erstausgabe 1889 (3 Bde.; insgesamt 948 S.) | Form Roman | Epoche Realismus

Dieser Roman stellt Fjodor Dostojewskis ersten großen Versuch dar, einen vollkommen guten Charakter, »einen im positiven Sinne schönen Menschen« künstlerisch glaubhaft zu machen. Sein Schaffen gewinnt damit eine religiös-utopische Note. Der christusähnliche Fürst Myschkin wird mit der rauen Realität der russischen Gegenwart konfrontiert, scheitert aber schließlich – und mit ihm scheitert Dostojewskis kühnes Experiment. Jahre später, in den *Brüdern Karamasow,* wird er es wieder aufnehmen.

Entstehung   Während der Arbeit an dem *Idioten* befand sich der Verfasser auf der Flucht vor seinen Gläubigern im Ausland: in Deutschland, in der Schweiz und in Italien. Die Entwürfe belegen, wie Dostojewski – fieberhaft gegen seine Schulden anschreibend – die Konzeption immer wieder änderte und sich nach und nach dazu durchrang, seinen problematisch gewordenen Idealhelden zu opfern.

Inhalt   Lew Myschkin, der letzte Spross eines verarmten Fürstengeschlechts, der nicht nur wegen seiner schweren Epilepsie, sondern auch wegen seines demütigen und kindlich-naiven Wesens als »Idiot« bezeichnet wird, kehrt von einem Schweizer Sanatoriumsaufenthalt nach Russland zurück, wo er auf seine Mitmenschen eine unerhörte Anziehungskraft ausübt. Insbesondere lieben ihn zwei schöne Frauen: die junge Generalstochter Aglaja und die lasterhafte, zynische, aber tief unglückliche Nastasja Filippowna. Letztere wird zugleich von dem dämonischen und brutalen Kaufmann Rogoschin begehrt, der als eine Art Kontrastfigur zu Myschkin all die Eigenschaften aufweist, die jenem fehlen. Der Fürst entscheidet sich schließlich für »die große Sünderin« Nastasja, vor allem aus Mitleid und weil er sie vor Rogoschin schützen möchte. Die stolze Aglaja kann diese Kränkung nicht verwinden; sie wirft sich einem dahergelaufenen Anarchisten an den Hals, folgt diesem ins Ausland und stürzt damit ihre Familie ins Unglück. Nastasja Filippowna flieht kurz vor der Trauung mit Myschkin zu Rogoschin, der sie noch in derselben Nacht vor pathologischer Eifersucht ersticht. In einer gespenstischen Szene halten der Fürst und Rogoschin Totenwache am Bett der Ermordeten. Als man sie am nächsten Morgen findet, ist Myschkins Bewusstsein praktisch erloschen. Er wird ins Sanatorium zurückgebracht, wo er den Rest seines Lebens vor sich hindämmert.

Das moralische Grundproblem des Romans besteht darin, dass der Held all seiner Güte zum Trotz Chaos und Verderben über seine Umwelt bringt. Myschkin erweist sich nämlich als durchaus nicht vollkommen. Er ist zu sehr Heiliger und zu wenig Mensch und kann daher Aglaja bzw. Nastasja kein vollwertiger Partner sein; so entscheidet sich der Fürst zwischen ihnen nicht aus Liebe, sondern aus Mitleid. Die von Gewissensbissen geplagte Nastasja findet bei ihm, dem das in Dostojewskis gesamten Schaffen so zentrale Thema »Schuld« völlig fremd ist, keine Hilfe und ist gezwungen, sich ihre Strafe selbst, im Messer Rogoschins, zu suchen.

Dostojewski kam im Laufe seiner Arbeit an diesem Roman immer mehr zu der Überzeugung, dass ein »im positiven Sinne schöner Mensch« kein einseitig naiver Charakter sein könne. Freilich hat er Myschkin noch eine andere, eine nationalistische Utopie in den Mund gelegt, die ihn selbst zu jener Zeit stark beschäftigte, und zwar eine radikale Kritik am Westen und am Katholizismus sowie die Prophezeiung einer Erlösung der Welt durch das russische Volk.

Wirkung Wie alle großen Romane von Dostojewski wurde *Der Idiot,* dessen Katastrophenhandlung Walter Benjamin mit »einem ungeheuren Kratereinsturz« verglich, vielfach übersetzt, dramatisiert und verfilmt. Fürst Myschkin gehört mit *Don Quijote* von Miguel de Cervantes Saavedra und *Mr. Pickwick* von Charles Dickens zu den großen tragikomischen Idealisten der Weltliteratur.

Tolstoi, Lew

russischer Schriftsteller | * 9.9.1828 in Jasnaja Poljana (Gouvernement Tula) | † 20.11.1910 in Astapowo (Gouvernement Tambow) | ab 1844 Studium der Orientalistik und Rechtswissenschaft | ab 1851 freiwilliger Militärdienst | ab 1862 ständiger Wohnsitz in Jasnaja Poljana

....

Als Nachkomme einer wohlhabenden Adelsfamilie geboren, wuchs Lew Nikolajewitsch Tolstoi nach dem Tod seiner Eltern bei einer Tante in Kasan auf. 1844–47 studierte er an der Universität von Kasan Orientalistik und Rechtswissenschaft. Nach Abbruch des Studiums kehrte er als Gutsverwalter nach Jasnaja Poljana zurück, wo er, beeinflusst von den Ideen Jean-Jacques Rousseaus, das System der Leibeigenschaft zu reformieren suchte. Seine Pläne scheiterten jedoch am Misstrauen der Bauern, sodass er sich 1851 freiwillig zum Militärdienst meldete. Bis 1856 nahm er an Kämpfen im Kaukasus und während des Krimkriegs teil. Zwischen 1856 und 1862 unternahm Tolstoi zwei längere Reisen durch Westeuropa.

1862 ließ er sich nach seiner Heirat endgültig in Jasnaja Poljana nieder und widmete sich verstärkt pädagogischen Studien. Ab Ende der 1870er-Jahre wurde sein literarisches Schaffen zunehmend von ethisch-religiösen Schriften verdrängt. Im November 1910 versuchte Tolstoi, seiner zerrütteten Ehe durch heimliche Flucht zu entkommen. Noch im selben Monat starb er auf der Bahnstation von Astapowo an einer Lungenentzündung.

Im Lauf seiner literarischen Entwicklung vervollkommnete Tolstoi seine Technik einer das Oberflächliche entlarvenden und das Unterbewusstsein erhellenden Analyse. Mit den beiden groß angelegten Romanen *Krieg und Frieden* und *Anna Karenina* sowie zahlreichen Erzählungen, Dramen und Abhandlungen zählt Tolstoi zu den berühmtesten Schriftstellern der Weltliteratur. Im Zentrum seiner dem Realismus verpflichteten Werke steht das Thema der Nichtigkeit des Daseins.

Krieg und Frieden   OT Vojna i mir | OA 1868/69 | Deutschsprachige Erstausgabe 1885 (4 Bände; insgesamt 1408 Seiten) | Form Roman | Epoche Realismus

Mit seinem zwischen 1863 und 1869 entstandenen Roman *Krieg und Frieden* schuf Lew N. Tolstoi ein Werk, das in epischer Breite auf unübertroffen kunstvolle Weise einen Familien-, Historien- und Bildungsroman in sich vereint.

Historischer Hintergrund
Die Romanhandlung vollzieht sich vor dem Hintergrund der militärischen Auseinandersetzungen Russlands mit Frankreich; sie setzt 1805 ein, als sich Russland mit England, Österreich und Schweden gegen Napoleon I. verbündete. Nach der für Napoleon siegreichen Schlacht von Austerlitz und weiteren militärischen Niederlagen Russlands wurde 1807 der Friede von Tilsit geschlossen. Als jedoch Zar Alexander I. trotz der 1806 verhängten Kontinentalsperre britische Schiffe in seinen Häfen zuließ, begann Napoleon mit dem Aufbau der Grande Armée, mit der er 1812 in Russland einmarschierte. Nach der Schlacht von Borodino gelang ihm die Besetzung Moskaus, doch der große Brand von Moskau, der einbrechende Winter, Nahrungsmangel und die Angriffe russischer Einheiten zwangen ihn schließlich zum Rückzug.

Inhalt
Der mit insgesamt rund 250 Figuren bevölkerte Roman schildert die Geschichte dreier Familien über drei Generationen hinweg.

Der ein wenig plumpe, aber gutmütige und idealistische Pierre Besuchow, illegitimer Sohn eines wohlhabenden Grafen, ist mit Andrei Bolkonski befreundet, einem ebenso zweiflerischen wie scharfsinnigen Denker. Aus der Schlacht von Austerlitz zurückgekehrt, verliebt sich Andrei in Natascha, die bezaubernde Tochter des verarmten Grafen Rostow. Nachdem diese eine Affäre mit dem ruchlosen Lebemann Anatol Kuragin begonnen hat, nimmt Andrei an der Schlacht von Borodino teil, wird schwer verletzt und stirbt.

Pierre indes heiratet Anatols Schwester Helene, die in seiner Abwesenheit bei der Abtreibung eines unehelichen Kindes stirbt. Er wird Zeuge der Schlacht von Borodino, erlebt in Moskau den Einzug der napoleonischen Armee und beschließt, Napoleon zu töten. Sein Plan missglückt, und er kommt in ein Kriegsgefangenenlager, wo er den Soldaten Platon Karatajew kennenlernt. In dessen bäuerlicher Weisheit findet er eine Antwort auf seine Fragen nach dem Lebenssinn, so wie er in Natascha später seine ideale Ehefrau erkennt.

Nataschas Bruder Nikolai gibt, um seine Familie vor dem finanziellen Ruin zu retten, die Verbindung zu seiner Cousine Sonja auf und heiratet Andreis Schwester Marja, die nach dem Tod des Bruders über ein beträchtliches Vermögen verfügt. Obschon ihre Ehe weniger bewegt und erfüllt erscheint als die zwischen Pierre und Natascha, finden auch Nikolai und Marja zu einem zufriedenen Dasein.

Aufbau Indem Tolstoi ständig zwischen der Darstellung familiärer Szenen, menschlicher Emotionen und Konflikte sowie der Schilderung von Schlachten und Lagebesprechungen wechselt, zeichnet er ein umfassendes Porträt des aristokratischen Lebens in einer der glanzvollsten Epochen in der russischen Geschichte. Geschichtsphilosophische Exkurse und Beschreibungen historischer Persönlichkeiten bringen das ethische Anliegen des Autors ebenso zum Ausdruck wie die Sinnsuche der beiden Protagonisten Pierre und Andrei, deren Charaktere zwei Seiten in Tolstois eigenem Wesen spiegeln.

Wirkung Die geschickte Verknüpfung der zahlreichen Handlungsstränge und die sprachliche Intensität, mit der Tolstoi seine Figuren zum Leben erweckte, ließen sein Werk zu einem Meilenstein der russischen Literaturgeschichte und einem Klassiker der Weltliteratur werden. Der Autor sprach dem Werk stolz den Rang der *Ilias* von Homer zu. Es wurde mehrfach verfilmt, u. a. 1956 von King Vidor mit Audrey Hepburn, Henry Fonda und Mel Ferrer in den Hauptrollen, 1968 von Sergei Bondartschuk und 2007 in einer aufwendigen europäischen Koproduktion unter der Regie von Robert Dornhelm.

Mark Twain eigentlich Samuel Langhorne Clemens
amerikanischer Schriftsteller | *30.11.1835 in Florida (Missouri) |
†21.4.1910 in Redding (Connecticut) | ab 1857 Lotse auf dem Mississippi | 1861 Silbersucher in Nevada | ab 1891 für einige Jahre in Europa

Der Sohn eines Rechtsanwaltes und Händlers wuchs ab 1839 in Hannibal, einer Kleinstadt im Bundesstaat Missouri, auf. Als sein Vater 1847 starb, war Mark Twain gezwungen, im Alter von zwölf Jahren die Schule abzubrechen und eine Lehre als Schriftsetzer zu beginnen. Mit 17 Jahren ging er nach New York, dann nach Philadelphia, wo er die ersten Reiseskizzen verfasste. 1857–60 war er Lotse auf dem Mississippi. Er nahm am Sezessionskrieg auf der Seite der Konföderierten teil und arbeitete 1861 als Silbersucher in Nevada. 1867 unternahm er eine Reise nach Europa und Palästina. Ab 1871 lebte er in Hartford (Connecticut), verbrachte aber auch einige Jahre in Europa (1891–95, 1903/04). Wenig Erfolg war seinem Verlag beschieden, der 1894 in Konkurs ging; seine Schulden musste Mark Twain durch Vortragsreisen in der ganzen Welt abtragen.

Schon in seinen frühen reisejournalistischen Schriften entwickelte Mark Twain die für ihn charakteristische antiromantische Satire, die von der Alten Welt bis zum fernen Westen der USA der Gesellschaft einen Spiegel vorhielt. Er ging von der Tradition der humorvollen mündlichen Schilderungen des Grenzermilieus in den Rocky Mountains aus, bezog sich aber auch auf die englische und französische Literatur des 18. Jahrhunderts. Seinen Ruhm als Schriftsteller begründete die *Jumping-Frog-Story* (1865). Unsterbliche Meisterwerke der amerikanischen Jugendliteratur schuf er mit *Tom Sawyers Abenteuern* und *Huckleberry Finns Abenteuern*. In seinen stark sozialkritischen Spätwerken, etwa dem *Mann, der Hadleyburg korrumpierte* (1900), wich sein kluger Humor einem bitteren Pessimismus, dem sein Weltruhm nicht Abhilfe leisten konnte.

Mark Twain zählt zu den herausragenden Autoren der amerikanischen Erzählliteratur und gilt als Hauptvertreter der realistischen Richtung.

Tom Sawyers Abenteuer   OT The Adventures of Tom Sawyer | OA 1876 | 274 Seiten | Deutschsprachige Erstausgabe 1876 | Form Roman | Epoche Moderne

Mit *Tom Sawyers Abenteuern* schuf Mark Twain einen realistischen Bildungs- und Initiationsroman, der sogleich großen Erfolg zeitigte und mit *Huckleberry Finns Abenteuern* zu den bekanntesten Jugendbüchern zählt.

Inhalt   Die Geschichte des ausgelassenen und stets zu Streichen aufgelegten Titelhelden Tom Sawyer wird von einem ironisch kommentierenden Erzähler berichtet. In locker aneinandergefügten Episoden erlebt Tom spannende Abenteuer, eine Verwicklung in einen Mord, eine Schatzsuche und die Verirrung im Höhlenlabyrinth – Ereignisse, die die Konflikte des Kindes mit den Regeln der Erwachsenenwelt widerspiegeln und das eigene elementare Freiheitsbedürfnis aufzeigen. So widersetzt sich Tom den Erziehungsversuchen der Schule und seiner Tante Polly, bei der er als Waisenjunge mit seinem Halbbruder Sid, einem vorbildlichen Musterknaben, aufwächst. Nach einem Piratenspiel auf einer einsamen Insel, wohin sich Tom mit einigen Jungen zurückgezogen hatte, hält man ihn für ertrunken; erst bei seiner eigenen Beerdigung feiert er eine fulminante »Wiederauferstehung«. Gemeinsam mit Huck, dem Sohn eines Trinkers, selbst ein Außenseiter der Gesellschaft, wird er auf dem Friedhof Zeuge eines Mordes und kann den Täter Injun Joe (Indianer-Joe) überführen, gerade als der Falsche, Muff Potter, gehängt werden soll. Joe kann entkommen. Seine zweite »Wiederauferstehung« erlebt Tom, nachdem er sich mit seiner Freundin Becky Thatcher in einer Höhle verirrt, sie sich jedoch nach drei Tagen retten können. Auch Joe verirrt sich in besagter Höhle und wird dort später verhungert aufgefunden. Tom und Huck hatten Joe und einen Komplizen in einem »verwunschenen Haus« belauscht und erfahren, dass in der Höhle ein Schatz versteckt liegt. Diesen bergen die beiden und sind fortan wohlhabend; ihre Existenz ist gesichert. Doch nur Tom gliedert sich in die Gemeinschaft ein und passt sich den Normen seiner Herkunftsschicht an, Huck dagegen bleibt ein Außenseiter.

Wirkung Der sich durch großen humoristischen Einfallsreichtum und eine an der Vortragskunst geschulte heimische Sprache auszeichnende Roman Mark Twains wurde nicht zuletzt durch die differenziert ausgestaltete Sprache der Jungen zum Klassiker der amerikanischen Jugendliteratur, der in einer großen Anzahl von englischen und fremdsprachigen Ausgaben herausgegeben wurde. *Tom Sawyers Abenteuer* wurden mehrfach verfilmt, u. a. 1938 von Norman Taurog (1938) und 1973 von Don Taylor (*Tom Sawyer;* in den Hauptrollen: Johnny Whitaker, Jodie Foster und Jeff East). Besonders populär wurde die 1979 produzierte deutsch-kanadische Fernsehserie *Die Abenteuer von Tom Sawyer und Huckleberry Finn (*in den Hauptrollen: Sam Snyders, Ian Tracey und Brigitte Horney).

Storm, Theodor

deutscher Schriftsteller | *14. 9. 1817 in Husum | † 4. 7. 1888 in Hademarschen | ab 1843 Rechtsanwalt in Husum | ab 1856 Kreisrichter in Heiligenstadt | ab 1874 Amtsrichter in Husum

Theodor Storm war neben Theodor Fontane der bedeutendste Vertreter des poetischen Realismus. Mit seinen 58 Novellen ist er einer der populärsten deutschsprachigen Erzähler.

Storm stammte aus einer alteingesessenen Husumer Patrizierfamilie. Der Sohn eines Advokaten studierte Jura in Kiel und Berlin und ließ sich 1843 als Rechtsanwalt in Husum nieder. 1853 musste er seine Heimatstadt aufgrund seiner Auflehnung gegen die Annektierung Holsteins durch Dänemark verlassen. Er arbeitete als Assessor in Potsdam, wo er mit Fontane, Joseph von Eichendorff und Paul Heyse (1830–1914) verkehrte. Ab 1856 war er als Richter in Heiligenstadt tätig. 1864 nach Husum zurückgekehrt, hatte er bis zu seiner Pensionierung 1880 zunächst das Amt des Landvogts, dann des Amtsrichters inne.

In seinem literarischen Werk zeigte sich Storm stets der holsteinischen Heimat verbunden. Seine frühe Lyrik verarbeitet romantische Einflüsse und ist realistisch-impressionistisch getönt. Die »lyrische Novelle« *Immensee* zeigt noch die Mischung von romantischer Stimmungskunst und einer biedermeierlichen Beschränkung auf den kleinen Raum. In späteren Novellen entwickelte Storm die Novelle zu einer strafferen Form (*Aquis submersus,* 1876; *Der Schimmelreiter,* 1888). Typisch für sein Werk ist die Spannung zwischen rationalen und irrationalen Elementen, zwischen Realität und Mythischem. Obwohl häufig das Thema der verlorenen Liebe eine Rolle spielt, hielt Storm an den Werten Liebe, Familie und Heim fest. Diese Haltung erklärt die Rückwärtsgewandtheit vieler Werke sowie das häufig verwendete erzählerische Mittel des Erinnerungsrahmens. Dennoch lag Storm eine idyllische Verklärung fern. Vielmehr ging es ihm um die »tiefsten Probleme des Menschenlebens«.

Der Schimmelreiter   OA 1888 | 222 Seiten | Form Novelle | Epoche Moderne

Der Schimmelreiter von Theodor Storm ist zugleich Gespenstersage und die Tragödie eines Genies. Der Widerstreit zwischen Aberglaube und Rationalität, zwischen Tradition und Fortschritt ist das Thema dieser Novelle.

Inhalt   Hauke Haien ist ein begabter Autodidakt. Schon als Kind keimt in ihm der Gedanke, eines Tages einen neuartigen, flacheren Deich zu bauen, der dem Meer besser trotzen kann als die alten steilen Deiche. Seine intellektuelle Überlegenheit hat indes eine Schattenseite: Hauke bleibt Außenseiter und wird von seinen Mitmenschen gemieden. Er wird Kleinknecht des Deichgrafen und übernimmt das Amt schließlich selbst, als er Elke, die Tochter des verstorbenen Vorgängers heiratet. Nun endlich kann er sich seinen Lebenstraum erfüllen: den Neubau des Deichs nach seinen Vorstellungen. Mit dem ehrgeizigen Projekt wächst bei den Dörflern der Aberglaube. Nachts sehen sie auf einer Hallig einen gespenstischen Schimmel. Als Hauke eines Tages ein weißes Pferd erwirbt, verschwindet das nächtliche Phantom mit einem Mal. Von nun an sehen die Dörfler in Ross und Reiter die Verkörperung des Dämonischen. Als der Deich fertiggestellt wird, glaubt sich Hauke in seinem Werk verewigt. Doch er muss feststellen, dass der Rest des verbliebenen alten Deichs von Mäusen unterhöhlt ist. Er erkennt die Gefahr, handelt aber nicht, da er sich scheut, die missgünstige Dorfgemeinschaft erneut zur Arbeit heranzuziehen. In einer stürmischen Nacht bricht der Deich genau an dieser Stelle. Alle Versuche, die Katastrophe zu verhindern, scheitern. Als Hauke mit ansehen muss, wie seine Frau und sein Kind in den Fluten untergehen, stürzt auch er sich samt Schimmel ins tosende Wasser und damit in den Tod. Was von ihm bleibt, ist der Deich (Hauke-Haien-Kog) – Wahrzeichen seines Genies und des Fortschritts – sowie sein Fortleben als gespenstischer Schimmelreiter im volkstümlichen Aberglauben.

Der Schimmelreiter ist Storms komplexeste Novelle. Er wendet hier nicht die übliche einfache Rahmenerzählung an, sondern verschachtelt sie gleich mehrmals. So treten insgesamt drei Erzähler auf: Der erste Erzähler ist der Autor selbst, der seine Quelle, eine Zeitschrift – die *Leipziger* oder aber *Pappes Hamburger Lesefrüchte* – benennt, in der er als Kind die Geschichte vom Schimmelreiter gelesen hatte. Der zweite Erzähler ist der Urheber eben jenes Berichts; er war während eines Unwetters auf einem nordfriesischen Deich einem unheimlichen, bleichen, sich geräuschlos bewegenden Reiter begegnet und hatte danach Einheimische dazu befragt. Von einem alten Schulmeister, dem dritten Erzähler, hatte er die Geschichte des Schimmelreiters erfahren. Während dieser für den Lehrer nicht mehr als eine abergläubische Sage ist, sind die Dorfbewohner nach wie vor von seiner gespenstischen Existenz überzeugt. Durch die gestaffelte Rahmentechnik bleibt die Wahrheit indifferent. Der Augenzeuge will das Gehörte erst überschlafen, der Autor schaltet sich gar nicht mehr ein.

Wirkung *Der Schimmelreiter* wurde Storms berühmtestes Werk. Die fast schon romanhaft entfaltete Entwicklungsgeschichte des Hauke Haien gilt mit ihren perspektivischen Brechungen, der knappen Sprache und dem Gegensatz zwischen der Naturgewalt des Meeres und der Naturbeherrschung durch den Deich als Höhepunkt seiner Prosa. Die Novelle wurde 1934, 1978 und 1984 verfilmt.

Wilde, Oscar   eigentlich Oscar Fingal O'Flahertie Wills Wilde
irischer Schriftsteller | *16.10.1854 in Dublin | †30.11.1900 in Paris |
ab 1879 dandyhaftes Leben in London | 1895 Inhaftierung wegen
Homosexualität | 1897 Übersiedlung nach Frankreich

Der Sohn eines Arztes und einer Dichterin studierte in Dublin und Oxford und wurde, unter anderen beeinflusst vom Kunstkritiker Walter Pater (1839–94) und den französischen Symbolisten, zum Vorreiter der ästhetizistischen Bewegung in England. Wilde vertrat die Ansicht, die Kunst existiere um ihrer selbst willen, und verarbeitete diesen Standpunkt in seinem Werk. Ab 1879 führte er ein dandyhaftes Leben in London, sodass er nicht nur aufgrund seiner schriftstellerischen Tätigkeit die öffentliche Aufmerksamkeit auf sich zog. Aus der 1884 mit Constance Lloyd geschlossenen Ehe gingen zwei Söhne hervor. Das Jahr 1895 wurde zu einer tragischen Wende in Wildes Leben, als ihn der Vater seines langjährigen Freundes Lord Alfred (»Bosie«) Douglas wegen Homosexualität anklagte. Wilde wurde zu zwei Jahren Einzelhaft verurteilt und war damit gesellschaftlich, finanziell und menschlich ruiniert. Nach der Entlassung aus dem Gefängnis in Reading ging Wilde 1897 nach Frankreich.

Wilde gehört zu den unter Zeitgenossen umstrittensten Dichterpersönlichkeiten der frühen Moderne. Sein satirisches, scharfzüngiges und eloquentes literarisches Werk sowie sein vermeintlich unmoralischer Lebenswandel polarisierten die Gesellschaft. Populär wurde er besonders durch seine geistreichen Gesellschaftskomödien, u.a. *Bunbury oder Die Bedeutung ernst zu sein* (UA 1892) und *Lady Windermeres Fächer* (UA 1892). Seine Tragödie *Salome* (1891, UA 1896) wurde zum Libretto für Richard Strauss' Oper (1905). Neben satirisch-ironischen Erzählungen wie dem *Gespenst von Canterville* (1887) und *Lord Arthur Saviles Verbrechen* (1887) schrieb Wilde Lyrik und zahlreiche Kunstmärchen. Sein Gefängniserlebnis verarbeitete er 1897 in der *Ballade vom Zuchthaus zu Reading* (1898) und einem als *De Profundis* (1905) bekannt gewordenen Brief an seinen Freund Bosie.

Das Bildnis des Dorian Gray   OT The Picture of Dorian Gray | OA 1890 | Deutschsprachige Erstausgabe 1901 (203 Seiten) | Form Roman | Epoche Moderne

In seinem einzigen Roman, dem *Bildnis des Dorian Gray,* treibt Oscar Wilde das Thema des ästhetischen Hedonismus auf die Spitze und distanziert sich zugleich davon, sodass der Roman auch ein Zeugnis seines künstlerischen Selbstverständnisses in der späteren Schaffensphase darstellt. Der reine Ästhetizismus der von Wilde mitinitiierten Literatur der Dekadenz wird hier infrage gestellt und letztlich verneint – das Schicksal Dorian Grays ist die Geschichte eines unaufhaltsamen menschlichen Niedergangs.

Inhalt   Der Maler Basil Hallward malt das lebensechte Porträt des außergewöhnlich schönen Jünglings Dorian Gray, den er leidenschaftlich anbetet. Voller Eifersucht muss er mit ansehen, wie sein Freund, der zynische Lord Henry Wotton, ihm Dorian entfremdet. Von Lord Henry verführt, gibt sich Dorian skrupellos den sinnlichen Genüssen und Versuchungen des Lebens hin. Von seiner Verlobten, der Schauspielerin Sibyl Vane, trennt er sich nach einer missglückten Theatervorstellung, da sie seine künstlerischen Erwartungen enttäuscht hat. Daraufhin nimmt sie sich das Leben. Am Morgen danach zeigt das Porträt Dorians einen ersten »Anflug von Grausamkeit um den Mund«, und ihm wird klar, dass sein narzisstischer Wunsch in Erfüllung gegangen ist, statt seiner möge das Bild altern.

Dorian erweist sich als verhängnisvoll für alle, die sich mit ihm abgeben, und sein völlig ruinierter Ruf macht ihn gesellschaftlich unmöglich. Doch seine äußere Erscheinung bleibt stets jung und schön, während das in einem Dachzimmer verborgene Porträt zunehmend die Spuren seines zutiefst unmoralischen Lebenswandels zeigt. In einer plötzlichen Aufwallung des Hasses ersticht er eines Abends Basil Hallward, den Schöpfer des verräterischen Porträts. Immer stärker sehnt sich Dorian nach der Reinheit seiner Jugend zurück; er will ein neues Leben beginnen und mit dem Bild den Beweis seiner Laster zerstören. Als er jedoch mit einem Messer die Leinwand durchsticht, tötet er sich selbst. Seine Diener finden »an der Wand ein herrliches Porträt ihres Herrn, wie sie ihn zuletzt gesehen hatten, in dem ganzen Zauber seiner unvergleichlichen Jugend und Schönheit. Auf dem Boden lag ein toter Mann mit einem Messer im Herzen. Er war welk, runzlig und abscheuerregend von Angesicht. Erst als sie die Ringe untersuchten, erkannten sie, wer es war.«

Aufbau Von den im Zentrum des Romans stehenden Figuren weist jede auch Elemente ihres Schöpfers auf. Gleichwohl wird keine idealisiert: weder der Künstler Basil noch der Dandy Lord Henry noch der hemmungslose Ästhet Dorian, deren Lebensentwürfe allesamt scheitern. In der tödlichen Auflösung des Doppelgängermotivs verdeutlicht Wilde gleichnishaft die Vorrangstellung der seelischen Unversehrtheit gegenüber der rein körperlichen Schönheit, der Wirklichkeit gegenüber dem künstlerischen Schein.

Wirkung Mit dem *Bildnis des Dorian Gray* brachte Wilde durch seine symbolisch-allegorisch überhöhte Schreibweise und die Konzentration auf wenige Gestalten die Entwicklung des nachviktorianischen Romans in England voran und beeinflusste zahlreiche Autoren des 20. Jahrhunderts. Impressionistische Stimmungsbilder wechseln mit geistreichen Dialogen, die zum Erfolg des Romans beigetragen haben. Immer wieder wurden die autobiografischen Bezüge diskutiert, immer wieder wurde Wilde mit seinen Figuren gleichgesetzt, angestoßen durch seine eigene Äußerung: »Basil Hallward, das bin ich, wie ich zu sein glaube; Lord Henry, wie die Welt mich sieht; Dorian, wie ich gern wäre – zu anderen Zeiten, vielleicht.«

Der Roman liegt zahlreichen Bearbeitungen für Theater (u. a. *Le portrait surnaturel de Dorian Gray* von Jean Cocteau; Paris 1978), Ballett (u. a. *Dorian Gray* von Max Lang und Wazlav Orlikowsky; Basel 1966), Oper und Musical zugrunde. Mehrere Verfilmungen (u. a. USA 2009; Regie: Oliver Parker; in den Hauptrollen: Ben Barnes und Colin Firth) verdeutlichen die anhaltende Popularität des Romans.

Lagerlöf, Selma

schwedische Schriftstellerin | * 20.11.1858 in Mårbacka | †16.3.1940 in Mårbacka | ab 1885 Tätigkeit als Volksschullehrerin | 1909 Nobelpreis für Literatur | Mitglied der Schwedischen Akademie

Die auf einem Herrensitz in Värmland geborene Selma Lagerlöf erkrankte mit drei Jahren schwer, war zeitweise gelähmt und blieb für ihr ganzes Leben gehbehindert. Sie suchte Zuflucht in der Literatur und schrieb bereits mit zwölf Jahren ein langes Gedicht, das alle Elemente ihres Erfolgsromans *Nils Holgersson* enthielt. Nach dem Konkurs ihres Vaters, bei dem der Familiensitz Mårbacka verloren ging, besuchte sie das Höhere Lehrerinnenseminar in Stockholm (1882 bis 1885). Nach Abschluss ihrer Ausbildung war sie 1885–95 als Volksschullehrerin in Landskrona tätig.

Ihr großes Ziel, Mårbacka zurückzukaufen, konnte sie von ihrem Gehalt als Lehrerin jedoch nicht finanzieren, weshalb sie ihre schriftstellerischen Versuche wieder aufnahm. 1889 reichte Lagerlöf einige Erzählungen, die auf der Sagenwelt ihrer Heimat Värmland fußten, bei einem Wettbewerb ein und wurde mit dem ersten Preis ausgezeichnet. Daraufhin fasste sie ihre preisgekrönten Erzählungen zu einem Roman zusammen und veröffentlichte sie 1891 unter dem Titel *Gösta Berling*. Mit diesem Erzählwerk wurde sie als begabte neue Stimme in der schwedischen und dann der europäischen Literatur bekannt. 1909 wurde Lagerlöf als erste Frau mit dem Literaturnobelpreis ausgezeichnet; im selben Jahr konnte sie Mårbacka zurückkaufen und sich zusammen mit ihrer Mutter dort niederlassen. 1914 wurde sie außerdem, abermals als erste Frau, in die Schwedische Akademie gewählt.

Selma Lagerlöf verband als erste Schriftstellerin den Ende des 19. Jahrhunderts dominierenden skandinavischen Realismus mit psychologischen Darstellungen ihrer Romanfiguren und deren Konflikte, womit sie zu einem der Vorbilder der nächsten Autorengeneration wurde. Zugleich inspirierte ihre Wahl ländlicher Schauplätze eine neue Welle von »Heimatromanen« in ganz Europa.

Gösta Berling   OT Gösta Berlings Saga | OA 1891 | 583 Seiten | Deutschsprachige Erstausgabe 1897 | Form Roman | Epoche Moderne

Der Roman gehört zur lyrisch-romantischen Prosadichtung, die das Werk Lagerlöfs in den 1890er-Jahren prägt. Er zeigt die Beeinflussung der Autorin durch Thomas Carlyle (1795–1881), ihre tiefe Religiosität sowie ihr Bestreben, angesichts der Armut der Landbevölkerung christliche und sozialkritische Elemente zu verbinden.

Inhalt   Der wegen Trunkenheit seines Amtes enthobene Pfarrer Gösta Berling hält sich unter dem Schutz der Majorin Margareta Celsing auf dem in Värmland gelegenen Gut Ekeby auf. Die harte Majorin war einst von ihren Eltern zur Ehe mit dem ihr verhassten Major Samzelius gezwungen worden, doch ihr wohlhabender Geliebter vererbte ihr Ekeby. Dort nimmt die Majorin heimatlose Männer aus besten Kreisen auf, die auf verschiedene Weise am Leben gescheitert sind. Nachdem der Major seine Gattin von Ekeby verjagt hat, sind die Kavaliere sich dort ein Jahr lang selbst überlassen. Gösta erlebt leidenschaftliche Liebesgeschichten, begegnet dann aber der schönen Elisabeth Dohna, in der sich das Schicksal der Majorin zu wiederholen droht: Auch sie wurde von ihren Eltern mit einem ungeliebten Mann verheiratet. Der todkranken Majorin gelingt die Rückkehr nach Ekeby, das die Kavaliere inzwischen fast ruiniert haben. Gösta dagegen bereut sein ausschweifendes Leben und versucht durch harte Arbeit Buße zu tun. Seinen Lohn findet der geläuterte Sünder endlich in der Ehe mit der geliebten Gräfin Dohna.

Wirkung   *Gösta Berling* avancierte frühzeitig zu einem großen Erfolg. Die Mischung aus einer schicksalhaften Liebesgeschichte in den besten Kreisen und kuriosen Episoden aus dem Leben der Kavaliere traf den Geschmack der Zeit und löste innerhalb der schwedischen Literatur die romantische Renaissance der Jahrhundertwende aus. Der Roman wurde mehrfach für Theater, Oper und Film adaptiert.

Nils Holgersson   OT Nils Holgerssons underbara resa genom Sverige | OA 1906 | Deutschsprachige Erstausgabe 1907 | 322 Seiten | Form Kinderroman | Epoche Moderne

Nils Holgersson fügt sich in die um die Jahrhundertwende gängige und beliebte Heimatliteratur ein, bricht jedoch auch mit dem Genre, da er das Landleben nicht nur als Idylle erscheinen lässt.

Inhalt   Der Kätner-Sohn Nils Holgersson wird in einen Däumling verwandelt, nachdem er einen Wichtel beleidigt hat. Gemeinsam mit einem Ganter, der sich in eine Wildgans verliebt hat, schließt er sich den gen Norden ziehenden Wildgänsen an. Bei jedem Halt, den sie auf ihrer Reise einlegen, erfährt Nils von Sagen und historischen Ereignissen, die sich mit dem Ort verbinden. Er freundet sich mit vielen Tieren an und gewinnt die Achtung der Leitgans Akka von Kebnekajse. Deren Abgesandte spüren den jähzornigen Wichtel auf, der Nils verzaubert hat. Der verkündet, dass Nils nur dann seine ursprüngliche Gestalt zurückerhalten werde, wenn er seinen Eltern den Ganter zum Schlachten zuführt. Nils entscheidet sich nach langem innerem Kampf, dem Ganter zu helfen. Nun stellt sich heraus, dass die alte Akka ihn auf die Probe stellen wollte: Als sich Nils zu seinem Freund bekennt, verliert der Zauber die Macht.

Lagerlöf nimmt wiederholt Bezug auf die Probleme der armen Landbevölkerung. Die Samen, zunehmend ihres Siedlungsraums beraubt, erscheinen als traditionsbewusstes Kulturvolk. Die Industrialisierung in den Erzgebieten Mittel- und Nordschwedens mit ihren schädlichen Folgen für die Umwelt wird kritisch dargestellt.

Wirkung   Der Roman wurde zu einem Welterfolg; er ist in mehr als 20 Sprachen übersetzt und mehrfach verfilmt worden. Seit Erlöschen des Urheberrechts kommen stets neue Geschichten auf den Markt, die mit dem Original nur noch Namen und Requisiten gemein haben. Zugleich erscheint der Lagerlöf-Text in immer neuen Auflagen.

Fontane, Theodor
deutscher Schriftsteller | *30.12.1819 in Neuruppin | †20.9.1898
in Berlin | zunächst Apotheker | ab 1849 freier Schriftsteller |
1855–59 Korrespondent in London

Theodor Fontane verfasste im letzten Drittel des 19. Jahrhunderts zahlreiche kritische Gesellschaftsromane, die ihn zum bedeutendsten Romancier des Realismus machten. Er war ein genau beobachtender Chronist seiner Zeit, dessen Werke Milieu und Menschen meisterhaft schildern.

Fontane stammte aus einer Hugenottenfamilie; sein Vater war Apotheker. Er absolvierte ebenfalls eine Apothekerausbildung und arbeitete bis 1849 in diesem Beruf. Danach war er als Journalist und Publizist für die preußische Presse tätig, u. a. als permanenter Korrespondent in England 1855–59. 1860–70 arbeitete er als Redakteur in Berlin für die *Kreuzzeitung*. Als Kriegsberichterstatter war er für kurze Zeit in französischer Kriegsgefangenschaft. Als Theaterkritiker für die *Vossische Zeitung* war er 1870–89 tätig.

In literarischen Kreisen machte er sich zunächst einen Namen als Balladendichter und Reiseschriftsteller (*Wanderungen durch die Mark Brandenburg*, 1862–82). Erst im Alter von fast 60 Jahren begann er, seine großen epischen Werke zu schreiben. 1878 trat er mit seinem ersten Zeitroman *Vor dem Sturm* hervor, in dem er die Jahre der Befreiungskriege gegen Napoleon einer kritischen Betrachtung unterzog. In weiteren 16 Romanen (darunter *Irrungen, Wirrungen*, 1888; *Frau Jenny Treibel*, 1893; *Effi Briest*, 1895; *Der Stechlin*, 1899), die häufig in Berlin spielen und weibliche Hauptfiguren haben sowie die sozialen und historischen Verhältnisse in Preußen reflektieren, schildert Fontane zumeist den Niedergang des preußischen Landadels, Standes- und Ehekonflikte sowie die oft grausame Macht der Konvention, die ihre Opfer fordert. Nicht selten entstehen die tragischen Konflikte aus dem Widerstreit zwischen Standeshierarchie, zeitgenössischen Moralvorstellungen und einem persönlichen Glücksanspruch des Einzelnen im Leben.

Effi Briest   OA 1895 | 520 Seiten | Form Ehe- und Zeitroman | Epoche Moderne

In seinem populärsten Roman, der reich an symbolhaften Vorwärts- und Rückwärtsverweisen sowie Entsprechungen ist, verknüpft Theodor Fontane das Thema der unschuldig-schuldigen Ehebrecherin mit einer Kritik am »Gesellschaftsgötzen«.

Entstehung   Der Roman geht auf einen authentischen Fall zurück. 1886 hatte sich der preußische Offizier Armand von Ardenne mit dem Amtsrichter Emil Hartwich duelliert, den er des Ehebruchs mit seiner Frau Elisabeth von Ardenne bezichtigte. Der Fall hatte in den 1880er-Jahren großes Aufsehen in der Öffentlichkeit erregt und wurde in der Presse vielfach erörtert. Fontane verarbeitete diesen Stoff 1890–94.

Inhalt   Die 17-jährige Effi verlobt sich auf Zureden ihrer Mutter mit deren ehemaligem Verehrer, dem 21 Jahre älteren Landrat Geert von Instetten. Effi ist aus gesellschaftlichem Ehrgeiz bereit, den Mann zu heiraten, obwohl sie sich vor ihm fürchtet.

Nach der Hochzeitsreise trifft das Paar im hinterpommerschen Seebad Kessin, Instettens Wohnsitz, ein. Von Anfang an fühlt sich Effi in dem düsteren Haus nicht wohl, zumal sie häufig allein ist. Ihre Ängstlichkeit schürt Instetten noch, indem er ihr eine unheimliche Geschichte von einem Chinesen erzählt, der einst in dem Haus gelebt hat. Erst später wird Effi klar, dass diese Spukerzählung auch dazu diente, sie einzuschüchtern und dadurch zu domestizieren. In ihrem Ehealltag vermisst Effi kleine Aufmerksamkeiten und Zärtlichkeit. Lediglich die Besuche des Apothekers Gieshübler bringen etwas Freude in ihren tristen Alltag.

Nach der Geburt ihrer Tochter Annie verbringt Effi eine längere Zeit in ihrem Elternhaus, wo sie auflebt. Zurück in Kessin, lernt sie den gut aussehenden, leichtsinnigen Major Crampas kennen. Der ehemalige Kamerad Instettens kommt zu Besuch, macht der jungen

Frau den Hof, klärt sie über den »Erzieher« Instetten auf und stürzt sie damit in Verwirrung.

Crampas gelingt es, Effi zu verführen. Von nun an trifft sie sich heimlich mit ihrem Geliebten, wobei die Lügen sie mehr belasten als der Ehebruch selbst. Sie liebt Crampas nicht, ist aber zu schwach, die Affäre zu beenden. Als Instetten nach Berlin versetzt wird, glaubt Effi sich gerettet. Sie scheint Crampas vergessen zu haben, und Instetten macht Karriere. Doch während seine Frau in einem Kurort weilt, entdeckt Instetten zufällig die Liebesbriefe, die Effi von Crampas erhielt. Wegen seines vermeintlichen Ehrverlustes fordert Instetten den Liebhaber zum Duell und erschießt ihn. Effi wird geschieden; die gemeinsame Tochter bleibt bei Instetten. Allein mit ihrer treuen Dienerin bewohnt Effi eine kleine Wohnung in Berlin, wo sie gesellschaftlich isoliert ist, da der Moralkodex auch ihren Eltern verbietet, der Tochter wieder ihr Haus zu öffnen. Ein von Effi erzwungener Besuch ihrer Tochter Annie wird zum emotionalen Fiasko. Effi wird schwermütig und erkrankt so sehr, dass der Hausarzt ihre Eltern auffordert, sie nach Hause zu holen. Effi stirbt nach kurzer Zeit, hat sich jedoch vorher mit ihrem Schicksal ausgesöhnt.

Wirkung Fontane selbst war nicht damit einverstanden, dass die meisten Leser und Kritiker nur mit Effi sympathisierten und Instetten nicht auch als Opfer der starren Konventionen begriffen. Thomas Mann wertete *Effi Briest* als den besten deutschen Roman seit den *Wahlverwandtschaften* von Goethe. Die nachhaltige Wirkung des Romans lässt sich auch an den fünf Verfilmungen ablesen: 1939 unter dem Titel *Der Schritt vom Wege* unter der Regie von Gustaf Gründgens mit Marianne Hoppe als Effi, 1956 die nur leicht an Fontane angelehnte sentimentale Version *Rosen im Herbst* – mit Ruth Leuwerik in der Titelrolle, 1969 die DDR-Version mit Angelica Domröse als Effi, 1974 das ehrgeizigste Projekt, Fontanes Texte in Bilder umzusetzen, *Fontane – Effi Briest* unter der Regie von Rainer Werner Fassbinder mit Hanna Schygulla in der Titelrolle sowie 2009 Hermine Huntgeburths Verfilmung mit Julia Jentsch als Effi.

Mann, Thomas
deutscher Schriftsteller | * 6. 6. 1875 in Lübeck | † 12. 8. 1955 in Kilchberg bei Zürich | ab 1893 in München | erhielt 1929 Nobelpreis für Literatur | ab 1933 in der Schweiz, ab 1939 in den USA, ab 1952 wieder in der Schweiz

....

Thomas Manns Romane (*Buddenbrooks,* 1901; *Der Zauberberg,* 1924; *Joseph und seine Brüder,* 1933–43; *Der Erwählte,* 1951) sowie Novellen (*Der kleine Herr Friedemann,* 1901; *Der Tod in Venedig,* 1912) zählen zu den bedeutendsten Werken der deutschen Literatur. Sie umkreisen thematisch die Polarität von Bürger und Künstler, Geist und Sinn, Leben und Tod. Typisch ist die ironische Distanz des Erzählers zu seinen Figuren sowie die meisterhafte Verwendung von Leitmotiven und Allegorien.

1875 als Sohn einer Patrizier- und Kaufmannsfamilie in Lübeck geboren, lebte Thomas Mann nach dem Tod seines Vaters ab 1893 in München. Er war zunächst Redakteur der Zeitschrift *Simplicissimus,* dann freier Schriftsteller. 1905 heiratete er die Münchner Professorentochter Katia Pringsheim. Zusammen mit seinem Bruder Heinrich Mann verbrachte er 1895–97 zwei Jahre in Italien. 1929 erhielt er den Literaturnobelpreis für seinen Erstlingsroman *Buddenbrooks.* 1933 kehrte er von einer Vortragsreise nicht wieder nach Deutschland zurück und ließ sich in der Schweiz nieder. 1939 ging er in die USA, zunächst als Gastprofessor nach Princeton (New Jersey), anschließend nach Pacific Palisades (Kalifornien).

Manns ab den frühen 1920er-Jahren vollzogene Wandlung seiner politischen Haltung von einem ästhetisch begründeten nationalkonservativen Standpunkt zum Vertreter der Weimarer Republik artikulierte sich im Exil in der klar formulierten Ablehnung des nationalsozialistischen Deutschland, die er in Reden, Vorträgen und regelmäßigen Radioansprachen zum Ausdruck brachte. 1944 erhielt er die amerikanische Staatsbürgerschaft. Nach mehreren Reisen nach Europa, u. a. auch ins Nachkriegsdeutschland, übersiedelte er 1952 nach Kilchberg in die Schweiz.

Buddenbrooks   OA 1901 | 1105 Seiten | Form Roman | Epoche Moderne

Thomas Manns Erstlingsroman, für den er 1929 den Nobelpreis für Literatur erhielt, behandelt den Gegensatz von Bürger und Künstler vor dem Hintergrund der Lübecker Gesellschaft des 19. Jahrhunderts. Thomas Mann beschreibt die Charaktere der Figuren psychologisch genau und begegnet ihren Schwächen und Eigenheiten mit der typisch mannschen Ironie.

Inhalt   Der Untertitel *Verfall einer Familie* nennt den wesentlichen Handlungsverlauf der vier Generationen umfassenden Geschichte der Lübecker Patrizierfamilie Buddenbrook. Der ethisch fundierte Kapitalismus der Buddenbrooks muss im Verlauf des Romans der neureichen, ökonomisch überlegenen Konkurrenz der Familie Hagenström weichen. Untergang und Scheitern der Buddenbrooks liegen jedoch weniger in ökonomischen Sachverhalten begründet als vielmehr in einem Prozess der Degeneration, der im Verlust von Vitalität, einer Verfeinerung der Nerven, zunehmender Reflexivität und wachsender künstlerischer Neigung seinen Ausdruck findet.

Die männlichen Protagonisten, die zwischen 1835 und 1877 auftreten, verlieren sukzessive an Lebenskraft und erleiden entsprechend einen jeweils früheren Tod. Während der lebensfrohe Johann Buddenbrook senior, dem alles Irrationale völlig fremd ist, 70-jährig verstirbt, deutet die pietistische Frömmigkeit seines Sohnes Jean bereits eine dekadente Verfallslinie an. Die Hauptfigur des Romans, Thomas Buddenbrook, ist, der präsentierten bürgerlich-puritanischen Haltung zum Trotz, ein Ästhet und damit für die Geschäfte verloren. Er stirbt noch vor seinem 50. Geburtstag. Der übersensible, kränkelnde Hanno ist der Musik als Traum- und Rauscherlebnis von Kindesbeinen an verfallen und stirbt 16-jährig an Typhus.

Der Roman lebt außerdem von einer Reihe anschaulich geschilderter, bekannt gewordener Charakterfiguren, die Thomas Mann in teils karikaturhafter Zuspitzung zeichnete.

Wirkung Der Roman wurde mit der Anfang 1903 erschienenen zweiten Auflage ein großer Erfolg, der sich mit dem Nobelpreis noch einmal erheblich steigerte. *Die Buddenbrooks* gelten als Thomas Manns »meistgelesenes und meistgeliebtes Buch« (Peter de Mendelssohn). Thomas Mann selbst bekannte im Alter, dass ihm beim Schreiben des Romans nicht bewusst war, dass er nicht nur den Niedergang eines Bürgerhauses beschrieben, sondern darüber hinaus »von mehr Auflösung und Endzeit, einer weit größeren kulturell-sozialgeschichtlichen Zäsur gekündet hatte«.

Viermal wurden *Die Buddenbrooks* verfilmt: 1923 von Gerhard Lamprecht, 1959 von Alfred Weidenmann mit Liselotte Pulver, Hansjörg Felmy und Nadja Tiller, 1979 (für das Fernsehen) von Franz Peter Wirth mit Martin Benrath und Ruth Leuwerik sowie 2008 von Heinrich Breloer mit Armin Mueller-Stahl, Iris Berben, Jessica Schwarz und August Diehl.

Der Zauberberg OA 1924 | 1207 Seiten | Form Roman | Epoche Moderne

Der Zauberberg ist einerseits ein Zeitroman, der den Zustand Europas vor dem Ersten Weltkrieg reflektiert. Andererseits zeigt er auch Elemente eines Bildungsromans, der den jungen Hans Castorp in Auseinandersetzung mit verschiedenen geistigen Ansichten einen eigenen humanistischen Standpunkt suchen lässt.

Entstehung *Der Zauberberg* war ursprünglich als eine Erzählung konzipiert, die ein parodistisches Gegenstück zum *Tod in Venedig* werden sollte. Der Inhalt geht auf einen Aufenthalt Thomas Manns in Davos 1912 zurück. Innerhalb von zehn Jahren entstand stattdessen ein umfassender philosophischer Roman.

Inhalt Der 24-jährige Hamburger Patriziersohn Hans Castorp besucht seinen lungenkranken Vetter im Sanatorium Berghof im schweizerischen Davos. Statt der geplanten drei Wochen dauert sein Aufenthalt märchenhafte sieben Jahre. In der zeitentrückten, von Krankheit, Eros und Tod geprägten Berg- und Sanatoriumswelt zeigt sich der »einfache junge Mensch« leicht empfänglich für sinnliche Eindrücke und zeittypische weltanschauliche Positionen. Beeindruckt ist Hans Castorp v. a. von der verführerischen Russin Clawdia Chauchat, dem »Zivilisationsliteraten« Settembrini, dem fanatischen Jesuitenschüler Naphta sowie der »großen Persönlichkeit« des Mynheer Peeperkorn. Der Aufenthalt findet sein abruptes Ende mit Ausbruch des Ersten Weltkrieges, in dem sich die Spur Hans Castorps verliert.

Der Zauberberg hat sieben Kapitel, die allerdings nicht jedes eines der sieben Jahre behandeln, sondern die Dehnung und Raffung von Zeitempfinden widerspiegeln, indem beispielsweise die ersten drei Kapitel nur den ersten Tagen und Wochen gewidmet sind. Zentral sind u. a. das Kapitel »Walpurgisnacht« mit der Liebesbegegnung zwischen Hans und Clawdia Chauchat sowie das Kapitel »Schnee« mit einem Traumerlebnis Hans Castorps, das eine geistig-menschliche Aufwärtsentwicklung des Protagonisten andeutet, die in der humanistisch-positiven Einsicht »Der Mensch soll um der Liebe und Güte willen dem Tode keine Herrschaft einräumen über seine Gedanken« gipfelt. Da es sich hier aber um einen Traum handelt, gilt auch hierfür die Relativität sämtlicher geistiger Inhalte und Standpunkte gegenüber einer Faktizität des Willens zur Macht, die zeitgeschichtlich im Krieg zum Ausdruck kommt.

Wirkung *Der Zauberberg* gehört zu den am intensivsten rezipierten Romanwerken der Literaturgeschichte. Bewundert wurde u. a. die Fülle an Verweisen, Entsprechungen und Allegorien aus Philosophie, Theologie, Medizin und Psychoanalyse. Der Roman gilt als groß angelegtes geistiges Panorama der Vorkriegszeit und damit des Endes einer bürgerlichen Kultur. Verfilmt wurde er 1968 (TV) und 1981 (TV und Kino, Regie: Hans W. Geißendörfer).

Proust, Marcel
französischer Schriftsteller | *10. 7. 1871 in Auteuil bei Paris |
†18. 11. 1922 in Paris | 1919 Gewinner des Prix Goncourt |
1920 Ernennung zum Ritter der Ehrenlegion

Proust entstammte einem reichen Elternhaus; der Vater war ein renommierter Medizinprofessor. Ab seiner Kindheit litt Proust an Asthma, das ihn zeitlebens beeinträchtigen, seine Lebensweise bestimmen und schließlich auch Ursache seines langsamen Sterbens werden sollte. Finanziell unabhängig und ab der Gymnasialzeit mit zahlreichen Intellektuellen sowie Angehörigen der Oberschicht befreundet, widmete er sich der Literatur in Artikeln für Zeitungen und als regelmäßiger Gast bedeutender Salons.

Nach dem Tod der Eltern 1903/05 zog sich Proust aus gesundheitlichen Gründen allmählich, in seinen letzten Jahren weitgehend in seine Pariser Wohnung zurück und widmete sich seinem Hauptwerk, der *Suche nach der verlorenen Zeit,* an dem er ab 1909 kontinuierlich arbeitete. Für den zweiten Band, *Im Schatten junger Mädchenblüte,* erhielt er 1919 den französischen Literaturpreis Prix Goncourt; 1920 wurde er zum Ritter der Ehrenlegion ernannt.

Auf der Suche nach der verlorenen Zeit
OT A la recherche du temps perdu | OA 1913–27 | Deutschsprachige Erstausgabe 1926–30 (erste Gesamtausgabe 1953–57; 7 Bände | insgesamt 4675 Seiten | Form Romanzyklus | Epoche Moderne

Der Romanzyklus über das Erleben von Zeit und Erinnerung, mit einer Fülle lebendiger Charaktere, mit dem Zauber des Paris der Belle Époque, ist eines der eindrucksvollsten Bücher der Weltliteratur.

Entstehung Berühmt ist die von Zeitnot und vielzähligen Änderungen geprägte Entstehung. Proust ergänzte, erweiterte und verwarf große Abschnitte seines Texts sogar noch in den Korrekturabzügen. Vor allem die späteren Teile sind nicht bis zur selben Endgültigkeit durchgesehen und autorisiert wie die drei ersten, jedoch stand der Schluss von vornherein fest.

Inhalt Hauptthemen sind Zeit, Liebe, Gesellschaft und Kunst. Das subjektive Wesen der Zeit manifestiert sich in der nicht erzwingbaren, durch Sinneseindrücke ausgelösten »unwillkürlichen Erinnerung«. Liebe basiert primär auf dem willkürlichen Bedürfnis des Einzelnen und richtet sich auf einen beliebigen Gegenstand. Verlangen wird indirekt, durch Eifersucht, erzeugt; daher sind alle Beziehungen auf Dauer unglücklich. Erotik ist oft durch Homosexualität verkörpert.

Ein riesiges Personeninventar, das sich aus Großbürgertum und Hochadel, aber ebenso der Welt der Domestiken zusammensetzt, wird in einem sich verändernden Paris über mehrere tausend Seiten vorgestellt. Die impressionistische Kunst der Jahrhundertwende wird vor allem für das Theater, die Musik, Malerei und Literatur durch die in den Salons mehr oder minder respektierten Künstler repräsentiert.

Aufbau Der Roman wird in der Ichform erzählt. Das erleichtert die Innensicht, impliziert aber das Risiko einer Verwechslung des Autors mit dem subtil konstruierten Erzähler. Trotz Ansätzen einer Gliederung durch Teile, Kapitel oder Überschriften wird die Megastruktur nur von den sieben Bänden bestimmt, die z. T. posthum erschienen:

Der 1. Band, *In Swanns Welt* (1913), umfasst drei Teile, deren erster mit dem Erwachen des Erzählers und den Erinnerungen an sein Leben beginnt, zu seinen Aufenthalten als Kind in dem Dorf Combray überleitet, das durch die »unwillkürliche Erinnerung« schließlich ganz gegenwärtig wird, worauf der in der dritten Person erzählte Binnenroman *Eine Liebe von Swann* das Drama um Swann und Odette schildert. Der 2. Band, *Im Schatten junger Mädchenblüte* (1919), zeigt den Erzähler bis zu einem Zerwürfnis in Gilberte Swann verliebt, sodann bei einem Ferienaufenthalt mit der Großmutter in dem Küstenort Balbec, wo er eine »kleine Schar« reizender Mädchen kennenlernt. *Die Welt der Guermantes* (1920/21) führt den Erzähler in das mondäne Milieu des Hochadels ein. Er erlebt den Tod der Großmutter sowie Swanns Sterben als Rückzug aus der Gesellschaft. *Sodom und Gomorra* (1921/22) ist die Welt der Homosexualität: Der Erzähler beobachtet sie beim Baron Charlus und argwöhnt sie bei seiner Geliebten Albertine, mit der er in Balbec lebt. *Die Gefangene* (1923) zeigt die vom Erzähler gefangen gehaltene Albertine, der schließlich die Flucht gelingt. *Die Entflohene* (1926) ist Albertine, die vor einer möglichen Rückkehr zum Erzähler stirbt. Er reist und wird von seiner Jugendfreundin Gilberte eingeladen.

Der letzte Band, *Die wiedergefundene Zeit* (1927), zeigt den Erzähler in Tansonville und im Paris während des Ersten Weltkriegs. Der Kreis schließt sich: Nach einem langen Sanatoriumsaufenthalt nimmt der gealterte Erzähler an einer Matinee bei der Prinzessin von Guermantes teil, bei der er bestürzt feststellt, wie sehr die Zeit alle Bekannten verändert hat. Durch seine unwillkürlichen Erinnerungen gewinnt er zunehmend die Überzeugung, sein Talent zum Schreiben nunmehr ganz dem Festhalten dieser Erkenntnis zu widmen, und beginnt mit der *Suche nach der verlorenen Zeit.*

Wirkung Proust erlebte noch die Verleihung des Prix Goncourt; doch erst nach seinem Tod wurde seine weltliterarische Position erkannt, auch wenn das Werk noch vielfach kritisiert wurde. Der Roman wurde in alle Weltsprachen übertragen.

Lange galt das Werk als unverfilmbar; inzwischen wird – von diversen Anläufen abgesehen und nach Volker Schlöndorffs Teiladaption *Eine Liebe von Swann* (1983) – der Film *Le temps retrouvé* von Raúl Ruiz (1999) der besonderen Struktur des Buches auch visuell gerecht. Überdies erscheint seit 1998 eine mehrteilige Comicversion von Stéphane Heuet.

Joyce, James
irischer Schriftsteller | *2.2.1882 in Rathgar (Dublin) | †13.1.1941 in Zürich | Studium an University College in Dublin | 1904 Übersiedlung nach Triest | Lebensstationen in Rom, Paris und Zürich

....

Nach dem Besuch zweier angesehener Jesuitenschulen studierte Joyce am University College in Dublin. Danach wandte er sich von der katholischen Kirche ab. Das 1902 begonnene Medizinstudium in Paris brach er bald ab, um eine literarische Karriere anzustreben. 1904 lernte er seine spätere Frau Nora Barnacle, mutmaßliches Vorbild für die Figur der Molly Bloom in *Ulysses*, kennen. Das Gesamtwerk von Joyce ist geprägt vom zeitlebens schwierigen Verhältnis des Autors zu Irland und seiner Heimatstadt Dublin. Deshalb siedelte er noch 1904 mit Nora nach Triest über, wo beide (mit Unterbrechungen) bis 1915 lebten. Weitere Stationen des selbst gewählten Exils waren Rom, Paris und Zürich.

Dublin spielt in dem 1914 erschienenen Kurzgeschichtenband *Dubliner* die Hauptrolle. Der 1916 veröffentlichte Roman *Ein Porträt des Künstlers als junger Mann* zeigt in seiner Problematisierung von Bewusstseins- und Wahrnehmungsformen bereits alle Merkmale des neuen Erzählens, die 1922 mit der Veröffentlichung des *Ulysses* zur revolutionären Vervollkommnung fanden. 1939 erschien mit *Finnegans Wake* ein schwieriges Opus, an dem Joyce 17 Jahre lang gearbeitet hatte und in dem die Grenzen und Möglichkeiten von Sprache bis zur äußersten Konsequenz ausgetestet werden.

James Joyce zählt zu den wichtigsten Schriftstellern der literarischen Moderne und steht neben Virginia Woolf exemplarisch für eine neue, experimentelle Romankunst, die die inhaltlichen und formalen Möglichkeiten insbesondere der Abbildung von Wirklichkeit im traditionellen Gesellschaftsroman radikal infrage stellt.

Ulysses   OT Ulysses | OA 1922 (732 Seiten; 1918 Vorabdruck) | Deutschsprachige Erstausgabe 1927 | Form Roman | Epoche Moderne

Der Roman *Ulysses* zählt aufgrund seiner neuartigen Erzähltechnik, seines vielschichtigen Aufbaus und seiner exemplarischen Zeitbehandlung zu den bedeutendsten Werken der Literatur des 20. Jahrhunderts. *Ulysses* ist das moderne Gegenstück zu Homers *Odyssee,* ein parodistisch gesehener Katalog homerischer Figuren, bei denen das Heroische kleinbürgerlich wird. Der Roman handelt u. a. von Irland, von der Bibel, vom Mittelalter, von der Auseinandersetzung mit den Weltreligionen und von der Geschichte der englischen Sprache.

Entstehung   Joyce plante *Ulysses* ursprünglich als weitere »short story« der Sammlung *Dubliner,* doch zwischen 1914 und 1921 wuchs die Geschichte auf 800 Seiten an. 1918 erschien sie erstmals in *The Little Review.*

Inhalt   Die Handlung begleitet die Figur des Dubliner Juden Leopold Bloom – ein moderner Ahasverus und Odysseus – einen Tag lang, von acht Uhr morgens bis weit nach Mitternacht, auf seiner Wanderung durch Dublin.

Aufbau   Die 18 Stunden des 16. Juni 1904, des Tages der Handlung, sind in 18 Kapitel untergliedert, denen Joyce ursprünglich die homerischen Überschriften der *Odyssee* zugeordnet hatte. Obwohl er diese kurz vor dem Druck herausnehmen ließ, ordneten Kritiker den Episoden ihre mythischen Vorbilder wieder zu.

Jedes der 18 Kapitel ist in einem charakteristischen, die Künstlichkeit der literarischen Vermittlung betonenden Stil verfasst, sodass Formen wie Essay, Drama, Reportage, Farce, Elegie, Gerichtsrede und andere zu einem Ganzen vermischt werden: Das siebte Kapitel ist ein Beispiel journalistischer Schreibweise, indem die für diese typische Rhetorik zum Einsatz kommt; das Sirenenkapitel gleicht einer kanonischen Fuge; im 14. Kapitel wird das Wachstum des Kindes im Leib der Mutter am Beispiel der englischen Sprachentwicklung vom Altsächsischen bis zur Variante des amerikanischen Englisch versinnbildlicht. Die Penelopeepisode, das letzte Kapitel, mit dem berühmten inneren Monolog der Molly Bloom, fügt 40 000 Wörter zu einem einzigen Satz zusammen. Der Rest ist eine unüberschaubare Fülle von Bewusstseinsinhalten, Assoziationen, Anspielungen, intertextuellen Bezügen und »Sprachfeldern«, deren Erschließung durch den Leser zwar mühevoll, aber lohnenswert ist.

Zeit *Ulysses* steht exemplarisch für die Zeitbehandlung im modernen Roman. Das Ineinanderfließen von Zeit wird bei Joyce auf zwei Ebenen dargestellt: im Spannungsverhältnis zwischen der objektiv messbaren und der subjektiv erlebten Zeit sowie als Zeit des Textverlaufs. Damit bricht *Ulysses* mit der Illusion von kohärent darstellbarer Zeit im realistischen Roman. Die Zeit wird im inneren Monolog »individualisiert« und zum wichtigsten Strukturelement des Werks. Den Leser stellt dies vor die Aufgabe, die Geschehnisse, Figuren und ihre Motivation ohne die erläuternden und ordnenden Kommentare eines Erzählers in einen Zusammenhang stellen zu müssen.

Wirkung Kaum ein anderes Buch hat so viel Aufsehen erregt wie *Ulysses,* dessen Veröffentlichung bereits Skandale und Gerichtsverhandlungen vorausgingen. Bereits vor der Publikation des Werks im Jahr 1922 durch Sylvia Beach vom Verlag Shakespeare & Co. wurde es als »obszön«, »anstößig« und »widerlich« bewertet. Der äußerst präzise Text brachte Joyce häufig den Vorwurf pornografischer Abbildung ein. Doch es gab auch positive Kritiken: So äußerte der Schriftsteller Arnold Bennett (1867–1931) nach der Lektüre: »Ich habe nichts gelesen, das es übertrifft, und bezweifle, je etwas gelesen zu haben, das ihm gleichkäme.« Der 16. Juni 1904 ist als »Bloomsday« in die Literaturgeschichte eingegangen und wird jährlich von Joyce-Anhängern nicht nur in Dublin zelebriert.

Babel, Isaak

russischer Schriftsteller | *13.7.1894 in Odessa | †17.3.1941 (?)
in Haft | Handelsschule in Kiew | ab 1915 in Sankt Petersburg |
1929 von der offiziellen russischen Kritik verboten | 1941 Ermordung |
1957 Rehabilitierung

....

Präzise Kürze und einprägsame Bildwahl zeichnen Isaak Babels avantgardistische Erzählungen aus. Sie sind den düsteren Kapiteln der Geschichte wie Krieg, Revolution und dem Leben der osteuropäischen Juden gewidmet und hinterfragen die Rolle der Kunst.

Babel stammte aus einer jüdischen Kaufmannsfamilie in Odessa. Jüdische Tradition und europäische Bildung setzten ihn dem Konflikt aus, seine Identität zwischen Isolation und Assimilation an das kulturelle Umfeld zu bestimmen, das die Juden mit Vernichtung bedrohte. Nach dem Besuch der Handelsschule in Kiew zog er 1915 nach St. Petersburg. Hier lernte er Maxim Gorki kennen, der ihn in seiner literarischen Arbeit unterstützte. 1916 debütierte Babel mit zwei Erzählungen. Die Zeit als Berichterstatter im polnisch-sowjetischen Krieg 1920 bildete die Basis für den Erzählzyklus über die Reiterarmee des legendären roten Generals Budjonny.

An seinen Geburtsort Odessa zurückgekehrt, reagierte Babel in der Stalinzeit auf die vom Zentralkomitee der KPdSU beschlossene Verpflichtung zum sozialistischen Realismus mit Schweigen. Die offizielle Kritik verhängte ab 1929 über ihn ein Publikationsverbot. Während einer Reise durch die Ukraine 1930 erlebte er die tragischen Folgen stalinistischer Kollektivierungsmaßnahmen und Enteignungen für die Bevölkerung. Er zog sich weiter aus dem öffentlichen Leben zurück und publizierte ab 1935 nicht mehr. Im Mai 1939 wurde er verhaftet, im Januar 1940 verurteilt, bevor er im Zuge stalinistischen Terrors (»Säuberungen«) getötet wurde. Nach Stalins Tod wurde Babel 1957 rehabilitiert. Seine Werke wurden – nach strenger Zensur – dem Kanon der Sowjetliteratur einverleibt.

Neben Maxim Gorki, den Babel zeitlebens als wichtigen Ratgeber schätzte, beeinflussten Maupassant und Flaubert sein Werk. Formwille und Prägnanz des Ausdrucks haben ihr Vorbild unter anderem in den Kurzgeschichten Maupassants.

Die Reiterarmee   OT Konarmija | OA 1923–25/1990 | Deutschsprachige Erstausgabe 1926 (223 Seiten)/1994 (317 Seiten) | Form Erzählzyklus | Epoche Avantgarde

In 34 Kurzgeschichten entwirft Isaak Babel ein Gegenbild zur offiziellen Darstellung des Feldzugs, der im Namen der bolschewistischen Revolution den Kommunismus zu verbreiten, die neuen Gebietsansprüche der Polen zurückzuschlagen und die Konterrevolution zu bekämpfen hatte.

Entstehung   Unter dem Pseudonym Kirill Ljutow (»der Grausame«), das seine jüdische Herkunft verdecken sollte, nahm Isaak Babel 1920 als Korrespondent am Polnisch-Sowjetischen Krieg teil. Er war der Roten Reiterarmee unter General Semjon Budjonny zugeordnet, der eine steile Sowjetkarriere machte. Babel hielt seine Beobachtungen in einem Tagebuch fest, das durch glückliche Umstände erhalten geblieben ist – erstmals unverändert wurde es in der deutschen Übersetzung 1990 veröffentlicht. Die Erzählungen der Reiterarmee wurden 1923–25 einzeln publiziert und erschienen 1926 als Zyklus. Spätestens zu dieser Zeit begann die Entstellung des ursprünglichen Textes durch Eingriffe der Zensur. Authentische Ausgaben wurden erst 1990 auf Russisch und 1994 auf Deutsch herausgebracht.

Inhalt   Babel führt die später erfolgreich vertuschte Realität eines Terrorzugs, der wider die Ideale einer kommunistischen Armee in willkürlichen Massakern und Plünderungen an Gegnern sowie Bevölkerung, mit Judenpogromen und sogar in antisowjetischer Haltung eine breite Blutspur hinter sich herzog, in einprägsamen Bildminiaturen vor Augen. Am Beispiel der Schicksale u. a. von Kriegern, Juden, katholischen Diakonen und Künstlern lässt er die Widersprüche der revolutionären Bewegung aufeinanderprallen: So stößt die »Ethik« des Kriegers, der seinem Gefährten den Gnadentod gibt, mit der »Ethik« des Intellektuellen zusammen, der sich die Fähigkeit zum Töten erfleht. Weitere Kontraste bilden die Kraft der Kämpfer, ihr eigenes Leben genauso wenig zu schonen wie das ihrer Opfer; außerdem das Leiden der Tiere und des Landes unter den nicht weniger leidenden Soldaten. Babel zeichnet den Archetyp des Intellektuellen, der mit seinen Idealen der Revolution in Konflikt mit den Kämpfern gerät, die den Kommunismus verbreiten sollen, durch die Eskalation der Gewalt aber bloßstellen. Er malt das Bild von Juden, die mit der Zeit gehen wollen und in der Vernichtung der erstarrten jüdischen Kultur von Wolhynien und Galizien Verlustschmerz bei gleichzeitiger Unaufhebbarkeit der Bindung an die Tradition erleben.

Aufbau Die Erzählungen enthalten historische Fakten, die ihren Wahrheitsanspruch betonen. Babel verarbeitet jedoch die Referenzen frei nach künstlerischen Gesichtspunkten, sodass Widersprüche mit den geschichtlichen Gegebenheiten entstehen, aber die tiefere Wahrheit sich umso deutlicher abzeichnen kann.

Extreme Kürze und Verdichtung durch Einsatz lyrischer Verfahren lassen die Erzählungen wie Gedichte in Prosa wirken. Statt Handlungen tauchen symbolträchtige Momentaufnahmen auf, die oft ganze Geschichten in sich bergen. Der Icherzähler Ljutow tritt mitunter das Wort an Binnenerzähler ab. In der Erzählweise des Skaz kommt die eigentümliche Sprache der Kämpfer zur Geltung. Ungewöhnliche Bilder, Unbeholfenheit und Naivität der Rede verleihen ihren Erzählungen besondere Expressivität.

Wirkung Die Zusammenschau von Tagebuch und Erzählzyklus erlaubt den komplizierten Prozess künstlerischer Darstellung gefahrvoller historischer Wahrheit nachzuvollziehen. Babel war massiven Denunziationen durch den General ausgesetzt, der sich und seine Armee verleumdet sah.

Fitzgerald, Francis Scott

amerikanischer Schriftsteller | *24.9.1896 in Saint Paul (Minnesota) | †21.12.1940 in Hollywood (Kalifornien) | begann als Werbetexter in New York | pflegte in den 1920er-Jahren einen verschwenderischen Lebensstil | verfiel dem Alkohol und starb finanziell ruiniert

....

Die Werke Fitzgeralds spiegeln die Goldenen 1920er-Jahre, das Jazzzeitalter mit seinem äußeren Reichtum und Glanz, dem die innere Verlorenheit und Entwurzelung des Einzelnen gegenüberstehen. Sie spielen in einer Gesellschaft, die zur Zeit der Prohibition Partys mit alkoholischen Drinks feiert. Kriminelle Geschäftsleute, die den Alkohol schmuggeln, verdienen daran ein Vermögen und steigen in die oberen Gesellschaftsschichten auf.

1913 begann Fitzgerald ein Literaturstudium an die Princeton University bei New York. Ohne Abschluss meldete er sich 1917 freiwillig, kam aber im Ersten Weltkrieg nicht mehr zum Einsatz. 1919, nach der Entlassung aus der Armee, arbeitete er in New York zunächst als Werbetexter und verkaufte erste Kurzgeschichten an Zeitschriften und Magazine. 1920 erschien der erste Roman *Diesseits vom Paradies,* der ein großer Erfolg wurde. Zur gleichen Zeit entwickelte sich Fitzgerald zu einem von den Zeitschriften gut bezahlten Kurzgeschichtenautor. Er stürzte sich mit seiner Frau Zelda Sayre in das rastlose Leben der 1920er-Jahre. Sie bereisten Europa und lernten Ernest Hemingway, Gertrude Stein und andere Vertreter der Lost Generation kennen. Fitzgerald hatte weiterhin literarischen Erfolg mit Erzählungen sowie den Romanen *Die Schönen und die Verdammten* (1922) und *Der große Gatsby* (1925).

Nach dem Börsencrash 1929 und durch den dauerhaften Aufenthalt seiner Frau in einem Sanatorium infolge eines Nervenzusammenbruchs 1930 wurde Fitzgerald zu einem hoch verschuldeten, alkoholkranken und entwurzelten Mann, der sein Geld schließlich als Drehbuchautor in Hollywood verdienen musste. Sein letzter vollendeter Roman, *Zärtlich ist die Nacht* (1934), fand kaum noch ein Publikum.

Der große Gatsby OT The Great Gatsby | OA 1925 | 218 Seiten | Deutschsprachige Erstausgabe 1953 | Form Roman | Epoche Moderne

Der kurze Roman *Der große Gatsby* ist ein Sittengemälde der 1920er-Jahre in Amerika und beleuchtet den Zwiespalt von Geld und Liebe, Machtgier und Treue. Sprache und Erzählstil machen den Roman zu einem der herausragenden Werke der amerikanischen Literatur in der ersten Hälfte des 20. Jahrhunderts.

Inhalt Nick Carraway kommt 1922 aus dem Mittleren Westen nach New York, um in den Börsenhandel einzusteigen. Er mietet einen Bungalow auf Long Island, wo er seinen Nachbarn Gatsby kennenlernt, einen etwas mysteriösen Geschäftsmann, der zu unfassbarem Reichtum gekommen ist. Mit diesem Reichtum will er Daisy erobern, die er als junger Leutnant in Kentucky kennengelernt hatte, wegen seines Kriegsdienstes in Europa aber nicht heiraten konnte. Ihretwegen lässt sich Gatsby, ein Romantiker, in West Egg auf Long Island nieder. Daisy ist jedoch inzwischen mit dem wohlhabenden, aber ungebildeten und rohen Tom Buchanan verheiratet. Nick, der, zunächst widerstrebend, zum Vertrauten Gatsbys wird, bringt diesen mit Daisy, seiner entfernten Cousine, zusammen. Die gelangweilte und verwöhnte Daisy wird Gatsbys Geliebte, trennt sich jedoch nicht von ihrem Mann, dessen gute Herkunft und solider Reichtum ihr mehr bedeuten als die tiefen Gefühle und das Geld des neureichen Gatsby.

Daisys Mann, Tom Buchanan, hat hingegen bereits seit längerer Zeit eine Affäre mit Myrtle Wilson, der Frau eines Tankwarts. Nach einem alkoholreichen Tag in New York, dem 30. Geburtstag Nicks, überfährt Daisy versehentlich Myrtle mit Gatsbys Auto. Daisy und Tom söhnen sich in der Nacht darauf aus und lenken den Verdacht auf Gatsby.

Myrtles Ehemann, der eifersüchtige und jähzornige Tankwart, hält Gatsby fälschlicherweise für den Geliebten und Mörder seiner Frau. Er erschießt Gatsby und richtet anschließend sich selbst.

Nick Carraway dient in dieser Geschichte als Icherzähler und Vermittler zwischen den beiden Welten, zwischen die er gerät, zu denen er aber selbst nicht gehört. Er spielt im Roman lediglich eine Nebenrolle. Er ist der Außenseiter aus der Provinz, und weil er deshalb von allen unterschätzt wird, hat er Zugang zu allen Kreisen. Die Sprache, in der der Roman erzählt wird, ist knapp und arbeitet mit vielen Aussparungen. So entsteht ein dichtes Geflecht aus Symbolen und Metaphern, die das amerikanische Selbstverständnis und seine sozialen sowie kulturellen Grundfesten beleuchten.

Wirkung   Bei Erscheinen des Romans 1925 war Fitzgerald in den USA bereits ein bekannter und angesehener Autor. *Der große Gatsby* wurde von der Literaturkritik sehr positiv aufgenommen, war jedoch mit 22 000 verkauften Exemplaren von einem Bestseller weit entfernt. Sein Autor fühlte sich zutiefst missverstanden, da der Roman vom Publikum als Zeitdokument, als Spiegel bestimmter Teile der amerikanischen Gesellschaft verstanden wurde und dem amerikanischen Selbstverständnis zuwiderlief. Erst im Zuge der Fitzgerald-Renaissance, die nach dem Zweiten Weltkrieg einsetzte, rückte zunehmend die literarische Kunstfertigkeit des Werks ins Blickfeld, das seither zu den modernen Klassikern der amerikanischen Literatur gehört.

Der große Gatsby wurde mehrfach verfilmt, u. a. 1974 von Jack Clayton (Drehbuch: Francis Ford Coppola) mit Robert Redford als Gatsby und Mia Farrow als Daisy Buchanan.

Kafka, Franz

deutschsprachiger Schriftsteller | *3.7.1883 in Prag | †3.6.1924 in Kierling bei Wien | Studium der Rechtswissenschaft | 1906 Promotion | ab 1907 Tätigkeit als Versicherungsangestellter

....

Kafka wuchs in einer jüdischen Kaufmannsfamilie auf, die ein aufstiegsorientierter, autoritärer Vater dominierte. Während seines Jurastudiums (Promotion 1906) fand Kafka Zugang zu Prager Autorenkreisen. 1902 lernte er Max Brod (1884–1968) kennen, der die literarischen Pläne des Freundes maßgeblich förderte. Parallel zur schriftstellerischen Tätigkeit versuchte Kafka, ab dem Eintritt in eine Versicherungsanstalt (1907) eine bürgerliche Existenz zu gründen.

Der ungeliebte Beruf, die tragische Beziehung zu Felice Bauer (*Briefe an Felice,* 1912–17) und anhaltende Familienkonflikte behinderten die künstlerische Produktion. Zugleich bildete der von Selbstzweifeln und Depressionen begleitete Zwiespalt, den Forderungen des Lebens und der Kunst gleichermaßen genügen zu wollen, die zentrale Inspirationsquelle des ab 1912 entstehenden Hauptwerks. Erst die 1917 diagnostizierte, 1924 zum Tod führende Tuberkulose brachte eine endgültigen Loslösung von bürgerlichen Existenzzwängen. Aufgrund tiefer innerer Zweifel Kafkas gelangten nur einzelne Texte an die Öffentlichkeit. Das Gesamtwerk wurde erst posthum durch Brod zugänglich gemacht, der die testamentarische Verfügung des Autors, seinen Nachlass ungelesen zu vernichten, ignorierte.

Wie kaum ein zweiter Autor brachte Kafka die Existenzbedingungen der Moderne zum Ausdruck: Seine Werke gestalten die Isolation, Deformation und Destruktion des Individuums durch soziale bzw. persönliche Zwänge oder anonyme Machtinstanzen, denen der Einzelne ohne Hoffnung auf Gegenwehr, Erkenntnis oder Erlösung ausgeliefert ist. Seine realistisch-groteske Erzählweise, die ihn als einen der bedeutendsten Schriftsteller der Weltliteratur ausweist, zielt auf die Vereinnahmung des Lesers. Zusammen mit den kafkaschen »Helden« sieht sich dieser auf die eigene Existenz zurückgeworfen und mit der Vergeblichkeit der Erkenntnissuche konfrontiert.

Der Prozess OA 1925 | 411 Seiten | Form Roman | Epoche Moderne

Mit dem *Prozess* schuf Franz Kafka ein Jahrhundertwerk, das die Existenzbedingungen des Individuums auf inhaltlich und formal bahnbrechende Weise radikal neu formulierte. Die große Parabel über das Scheitern des Josef K. vor Gericht und Gesetz veranschaulicht das ausweglose Dasein des Einzelnen im Labyrinth einer anonymen Welt, die sich jeder Sinnsetzung entzieht.

Inhalt An seinem 30. Geburtstag wird Josef K., ein alleinstehender Bankbeamter, verhaftet. Die Umstände sind so mysteriös wie grotesk: Die Verhaftung erfolgt durch obskure »Wächter«; das Verhör, dem einige Kollegen beiwohnen, findet im Schlafzimmer der Nachbarin statt. Über den Anlass erfährt K. lediglich, dass das anonyme Gericht, das auf Basis eines unbekannten Gesetzes urteilt, von der Schuld »angezogen« werde; obwohl im Fall von K. kein Verbrechen vorliegt, sei die Schuld prinzipiell unanzweifelbar. K. reagiert widersprüchlich: Während der ersten Vorladung greift er das Gericht offen an; zugleich ist er übertrieben dienstfertig, fügt sich in sein Schicksal, bestellt einen Anwalt und plant darüber hinaus, Erkundigungen einzuziehen.

Die ebenso verzweifelten wie kläglichen Versuche, die Ereignisse zu beeinflussen, scheitern ohne Ausnahme. Ein Geistlicher klärt K. am Ende über die Aussichtslosigkeit seiner Bemühungen auf: Das Gesetz, unter das der Angeklagte gestellt ist, entzieht sich jedem rationalen Verständnis. So wenig wie der Sinn des Lebens entschlüsselt werden kann, ist der »Sinn« des Gesetzes zu erfassen. Da es absolut ist, verweigert sich das Gesetz objektiven Definitionen. Die allein möglichen subjektiven, daher stets unzureichenden Einschätzungen konfrontieren den Erkenntnis Suchenden mit der Sinnlosigkeit seines Tuns. Verbissen weigert sich K., sein Dasein unter dieses negative Prinzip des »Scheiterns« zu stellen, den Prozess zu verschleppen oder die Hoffnung auf einen »Freispruch« aufzugeben. K. ignoriert die Warnung des Geistlichen, dass das Verfahren allmählich ins Urteil übergehe: Am Vorabend seines 31. Geburtstags, ein Jahr nach Beginn des Prozesses, wird Josef K. vor die Stadt geführt und exekutiert.

Aufbau   Das zwischen Mitte 1914 und Anfang 1915 entstandene Romanfragment, das erst posthum veröffentlicht wurde, folgt – äußerlich betrachtet – klassischen Mustern: Die 16 überlieferten, teilweise nicht abgeschlossenen Kapitel decken einen Zeitraum von exakt einem Jahr ab und schildern die Ereignisse streng chronologisch. Die Erzählweise orientiert sich am Realismus des 19. Jahrhunderts; moderne Stilelemente sind kaum zu finden.

Das eigentliche Novum liegt in der Art und Weise, wie Kafka die Darstellungsmittel nutzt und den Leser an der Erkenntnissuche des Protagonisten teilhaben lässt: Das Geschehen wird durchgängig aus der personalen Erzählperspektive von Josef K. geschildert; die häufig verwendete erlebte Rede und zahlreiche innere Monologe steigern die verengende Wirkung, um den Protagonisten, den Erzähler und den Leser zu einer unauflöslichen Einheit zu verschmelzen. Die tiefe Widersprüchlichkeit der Ereignisse, die paradoxen Reaktionen K.s und das klaustrophobische Gerichtsszenario erzeugen eine labyrinthische Atmosphäre, die das Berichtete auch den rationalen Erklärungsversuchen des Lesers entzieht.

Wirkung   Die parabolische Erzähltechnik bewirkt, dass sich der Roman – wie das »Gesetz« – jeder abschließenden Deutung verweigert und den Leser zwingt, sich stets aufs Neue mit den divergierenden Sinnangeboten des Texts auseinanderzusetzen. In alle Weltsprachen übertragen, mehrfach vertont (u. a. von Gottfried von Einem; Uraufführung: 1953), dramatisiert (beispielsweise von Andreas Kriegenburg; Uraufführung: 2008) und verfilmt (etwa 1962 von Orson Welles, 1991 von Steven Soderbergh und 1993 von David Hugh Jones), gilt *Der Prozess,* den Kafka persönlich für misslungen hielt, bis heute als Inbegriff des »modernen« Romans.

Das Schloss   OA 1926 | 503 Seiten | Form Roman | Epoche Moderne

In seinem letzten, von Januar bis September 1922 entstandenen Romanfragment greift Kafka das im *Prozess* entworfene Thema der unendlichen, letztlich scheiternden Suche des Individuums nach Erkenntnis wieder auf. In einer Parabel auf die Existenzsituation des Menschen der Moderne schildert er, wie eine anonyme Macht – das Schloss – die Sehnsucht des Menschen nach Wahrheit und Sinn manipuliert, den Suchenden bannt, unterdrückt und vernichtet.

Inhalt   In einer Winternacht gelangt der Landvermesser K. in ein Dorf, das von einem mysteriösen Schloss und dessen »Beamten« beherrscht wird. Erfolglos versucht K. während der kommenden sieben Tage ins Schloss vorzudringen. Hilfe erhofft er sich von den Dorfbewohnern, obskuren und tragischen Gestalten, die K. in undurchschaubare Ereignisse verstricken. K. konzentriert seine irrationalen Anstrengungen alsbald auf den Schlossbeamten Klamm: Er verführt dessen Geliebte, dringt nachts in Klamms Kutsche ein und berauscht sich an dessen Cognac. Als diese Provokation der autoritären Instanz scheitert, schließt sich K. einem Schlossboten an, dessen Familie im Dorf geächtet ist, seitdem sich die Schwester einem Beamten verweigert hat. Die Ereignisse überstürzen sich, als K. zu einem »Verhör« bestellt wird: Klamms Geliebte trennt sich von K. Während ein Sekretär dem entkräfteten K. versichert, das Amt werde seine Bitten nun erfüllen, fordert ihn ein anderer auf, Klamms Geliebte freizugeben. Bevor der zu Tode erschöpfte K. in tiefen Schlaf sinkt, beobachtet er die hektische Betriebsamkeit der Schlossdiener und erfährt, dass seine Anwesenheit das Amt erheblich behindern würde. Am folgenden Morgen bietet ein Zimmermädchen K. an, fortan bei ihr zu wohnen. Danach bricht die surreale Handlung ab.

Dem Bericht Max Brods zufolge sollte der Roman mit K.s Tod enden; im selben Moment sollte K. vom Schloss die endgültige Aufenthalts- und Arbeitserlaubnis erteilt werden.

Aufbau Mehr noch als *Der Prozess* verweigert sich *Das Schloss* eindeutigen Interpretationen. Während *Der Prozess* mit Begriffen wie »Gesetz«, »Gericht« oder »Schuld« noch Assoziationsfreiraum bot, liefert *Das Schloss* kaum solche Anhaltspunkte. Dies bedingt vor allem die den Aufbau bestimmende Kreisstruktur, die alle geschilderten Ereignisse, Dialoge und Erzählebenen dominiert: K.s Versuche, ins Schloss zu gelangen, führen ihn stets an den Ausgangspunkt zurück; aussichtsreiche Gespräche enden, ohne dass K. Aufklärung erhalten hätte. Die Sehnsüchte K.s und der Dorfbewohner kreisen um das Schloss, werden jedoch immer wieder enttäuscht. Besonders die Frauengestalten heben dies hervor: Über Generationen hinweg werden sie von den »Beamten« verführt, missbraucht und fallen gelassen, ohne den Teufelskreis je durchbrechen zu können. Selbst die Naturgesetze folgen dieser in den Abgrund weisenden Spirale: Im Verlauf der 25 Romankapitel scheint sich der Wechsel zwischen Tag und Nacht zu beschleunigen und immer früher zwingen Müdigkeit und Entkräftung K. in einen tiefen Schlaf. Ins Zentrum dieses Bannkreises, der K. und die Dorfbewohner gefangen hält, setzt der Autor das unerreichbare Schloss bzw. das Phantom des übermächtigen Klamm. Schloss und Beamte sichern ihre absolute Machtposition, indem sie vorgeben, das Ziel aller menschlichen Sehnsüchte zu sein, sich zugleich aber jeglicher Erfüllung entziehen.

Wirkung Wie *Der Prozess* hat *Das Schloss* eine Vielzahl psychologischer, soziologischer bzw. theologischer Deutungsversuche nach sich gezogen. Die bleibende Faszination, die der Roman bis heute ausübt, resultiert aus dem Verzicht des Autors, einen eindeutigen Sinngehalt anzubieten. Die »offene« Struktur, die schon *Der Prozess* aufwies, beeinflusste die moderne Dichtung maßgeblich und trug mit dazu bei, dass *Das Schloss* weit über die Grenzen der Literatur hinaus Aufmerksamkeit fand. Der Roman wurde von Max Brod dramatisiert (Uraufführung: 1953), von Aribert Reimann vertont (Uraufführung: 1993) und mehrfach verfilmt, u. a. 1968 von Rudolf Noelte und 1997 von Michael Haneke.

Woolf, Virginia

englische Schriftstellerin und Literaturkritikerin | *25.1.1882 in London | †28.3.1941 im Fluss Ouse bei Rodmell (Sussex) | ab 1905 Lehrtätigkeit am Morley College | 1907 Gründung der Bloomsbury Group | 1917 Gründung des Verlags Hogarth Press

Die Tochter des Literaturkritikers und Biografen Sir Leslie Stephen wuchs in gut situierten, viktorianischen Verhältnissen auf und erhielt eine umfassende humanistische Erziehung. Nach dem frühen Tod der Eltern (die Mutter starb 1895, der Vater 1904) zog sie mit ihren Geschwistern in ein Haus im Londoner Stadtteil Bloomsbury. Dieses Heim wurde in den folgenden Jahren zu einem regelmäßigen Treffpunkt kritischer Künstler und Literaten. Der Kreis, zu dem auch der Kunstkritiker Clive Bell (1881–1964) sowie ihr späterer Mann, der Politiker, Verleger und Schriftsteller Leonard Woolf (Heirat 1912), gehörten, wurde als »Bloomsbury Group« bekannt und zum Inbegriff intellektueller Boheme. 1905–07 unterrichtete sie am Morley College englische Literatur und Geschichte. Sporadisch arbeitete sie auch für einige Frauenvereinigungen. 1917 gründete sie zusammen mit Leonard den Verlag Hogarth Press, der die Werke der Schriftstellerin bis heute publiziert.

Von Jugend an litt Virginia Woolf unter einer äußerst labilen psychischen Konstitution; den ersten von mehreren schweren Nervenzusammenbrüchen erlebte sie nach dem Tod der Mutter. Ihr Ehemann versuchte sie nach der Heirat immer wieder vor Überanstrengung durch schriftstellerische Tätigkeit und gesellschaftliche Verpflichtungen zu schützen. Aufgrund schwerer Depressionen und unter dem Eindruck des Zweiten Weltkriegs nahm sich Virginia Woolf 1941 im Fluss Ouse bei Rodmell das Leben.

In ihrem Werk verarbeitete Woolf persönliche Erlebnisse, Erfahrungen und Einsichten. Ihre Romane und Erzählungen sind größtenteils Bestandsaufnahmen des eigenen Seelenlebens. Sie begriff ihre Arbeit als Beitrag zur Freisetzung schöpferischer Kräfte und versuchte beim Leser ein Bewusstsein für psychische Vorgänge zu erzeugen.

Mrs. Dalloway   OT Mrs. Dalloway | OA 1925 | 293 Seiten |
Deutschsprachige Erstausgabe 1928 | Form Roman | Epoche Moderne

Mit dem Roman *Mrs. Dalloway* erweiterte Virginia Woolf die realistische Erzählweise des 19. Jahrhunderts um die experimentelle Technik des Stream of Consciousness. In der Überzeugung, jedes Individuum erfahre und verarbeite die objektive Realität auf unterschiedliche Weise und schaffe sich im Bewusstsein eine eigene Wirklichkeit, schildert die Autorin Sinneseindrücke und Gedankenströme ihrer Romanfiguren. Die Wiedergabe von Vorgängen in der äußeren Welt ist dabei von untergeordneter Bedeutung.

Inhalt   Die Handlung des Romans konzentriert sich auf den Ablauf eines Tages. An einem Londoner Junitag des Jahres 1923 trifft die 52-jährige Hauptfigur Clarissa Dalloway Vorbereitungen für eine Abendgesellschaft, die sie mit ihrem Ehemann Richard in ihrem Haus veranstaltet. Nach einigen Besorgungen in der Stadt bekommt sie Besuch von ihrem langjährigen Jugendfreund Peter Walsh. Später bereitet sie sich für den Abend vor, an dem sie die perfekte Gastgeberin gibt.

Parallel zu dem Geschehen um Clarissa führt Woolf die Figur des nervenkranken Kriegsveteranen Septimus Warren Smith ein, dessen psychische Instabilität als Folge seiner Erlebnisse während des Ersten Weltkriegs am Ende des Romans zu seinem Selbstmord führt.

Aufbau   Woolf arbeitet in die äußere Romanhandlung ein inneres Geschehen ein. Dabei kontrastiert sie beide nebeneinander existierenden Wirklichkeitsebenen: Die innerlich erlebte Zeit der Figuren (mind-time) steht der äußeren messbaren Zeit (clock-time) – verdeutlicht durch die Glockenschläge von Big Ben – gegenüber. Die Stundenschläge bilden ein wesentliches Strukturelement: Sie leiten vom Bewusstsein einer Person zum Bewusstsein einer anderen über.

Für die Romanfiguren sind die Vorgänge der äußeren Welt Anlässe, in ihre eigene Gedankenwelt und Wirklichkeit einzutauchen und durch Assoziationen vergangene Lebenssituationen wiederzuerleben. Clarissa Dalloway erinnert sich an ihre Jugend und an verpasste Möglichkeiten. Die Begegnung führt Clarissa darüber hinaus die Erkaltung ihrer aus gesellschaftlichen Zwängen bestehenden Ehe vor Augen. Die Figur weist eine polarisierte Spannung auf. Einerseits versucht sie der Gesellschaft zu entfliehen, andererseits vermitteln flüchtige Momente des Glücks und der Freude in ihr den Wunsch, Teil des Lebens zu sein.

Septimus durchlebt die Vergangenheit, den Krieg, immer wieder aufs Neue. Das Leitmotiv »Fürchte nicht mehr Sonnenglut« aus Shakespeares dramatischer Romanze *Cymbeline* (1608) stellt die Verbindung der beiden Protagonisten her. Woolf entwarf die Figur des Septimus als eine Art Doppelgänger zu Clarissa, indem sie das Schicksal beider kontrapunktisch gegenüberstellt. Clarissa erfährt auf ihrer Abendgesellschaft von Septimus' Tod. In seinem Schicksal erkennt sie ihr mögliches eigenes. Am Ende des Romans entscheidet sie sich für das Leben.

Wirkung Die formale Art der Darstellung stellte in den 1920er-Jahren ein literarisches Novum dar und wurde mit *Ulysses* (1922) von James Joyce, der Woolf künstlerisch beeinflusste, richtungsweisend für den Roman der Moderne sowie den Nouveau Roman in Frankreich.

Auf der Grundlage von *Mrs. Dalloway* verfasste Michael Cunningham den viel beachteten Roman *Die Stunden* (1998), für den er 1999 den Pulitzer-Preis erhielt. Der Roman wurde 2002 von Stephen Daldry mit Starbesetzung (als Virgina Woolf: Nicole Kidmann; in weiteren Rollen: Meryl Streep, Miranda Richardson, Julianne Moore, Stephen Dillane, Ed Harris) verfilmt.

Hesse, Hermann

deutscher Schriftsteller | *2.7.1877 in Calw (Württemberg) | †9.8.1962 in Montagnola (Tessin) | 1946 Goethepreis der Stadt Frankfurt | 1946 Nobelpreis für Literatur | 1955 Friedenspreis des Deutschen Buchhandels

....

Aufgewachsen in einem weltoffenen Elternhaus (der Vater war Missionar in Indien), durchlief Hermann Hesse eine vom schwäbischen Pietismus geprägte Schulbildung: Er besuchte 1890 die Lateinschule in Göppingen und legte das schwäbische Landesexamen ab; aus dem evangelisch-theologischen Seminar im Kloster Maulbronn flüchtete er 1892. Nach einer gescheiterten Buchhändlerlehre lebte er als Antiquar und Buchhändler in Basel, schließlich als freier Schriftsteller am Bodensee. 1919 siedelte er nach Montagnola ins Tessin über.

Hesse wurde vielfach mit Preisen und Ehrungen gewürdigt, u. a. 1946 mit dem Literaturnobelpreis für sein Gesamtwerk, das die Ideale des Humanismus und die Kunst des hohen Stils offenbart.

Hermann Hesse gehört zu den meistgelesenen und meistübersetzten deutschen Schriftstellern des 20. Jahrhunderts. Sein Werk, das zahlreiche autobiografische Bezüge aufweist, besteht aus »Seelenbiografien«, in denen sich fernöstliches Gedankengut mit Elementen der Psychoanalyse verbindet, und führt den Leser auf einen »Weg nach innen«. Friedensliebe, Protest gegen alles Totalitäre und die Verteidigung des Individuums bieten dabei reiches Identifikationspotenzial.

Der Steppenwolf   OA 1927 | 289 Seiten | Form Roman | Epoche Moderne

Hermann Hesses Geschichte des in sich zerrissenen Intellektuellen Harry Haller schildert radikal die Lebenskrise eines 50-jährigen Mannes. In diesem Roman, der den Ruhm des Autors begründete, stellt Hesse den Gegensatz zwischen der untergehenden europäischen Kultur und der wachsenden amerikanischen Technokratie heraus und entwirft eine überpersönliche, zeitlose Gegenwelt des Geistes und der Kunst. Die Bedeutung des *Steppenwolfs* liegt in seiner komplexen Struktur und in der existenzialistischen Problemstellung, die zur Erneuerung der Romanform beitrug.

Entstehung Im Winter 1925/26 entstanden einige Gedichte, die Hesse unter dem Titel *Der Steppenwolf. Ein Stück Tagebuch in Versen* in der *Neuen Rundschau* veröffentlichte. Vom 15. Dezember 1926 an arbeitete er mehrere Wochen fast ununterbrochen an dem Prosatext. Das Herzstück, das *Tractat vom Steppenwolf,* erschien 1927 als Vorabdruck in der *Neuen Rundschau.*

Inhalt Der Außenseiter Harry Haller leidet an sich und an der Welt des Bürgertums, von der er sich abgestoßen und doch auch angezogen fühlt. Der vom Grauen des Ersten Weltkriegs und von der Oberflächlichkeit seiner Zeit angeekelte Melancholiker sieht sich selbst als gespaltene Existenz: Mensch und Wolf als Sinnbild des Humanismus und des Animalischen im Menschen liegen miteinander in einem ständigen, erbitterten Kampf. Bevor sich der vereinsamte und der Gesellschaft entfremdete Haller das Leben nehmen kann, begegnet er der Prostituierten Hermine, die Harry in die sinnlichen Freuden des Lebens einweiht.

Auf dem Weg in das einem Seelenspiegel gleiche »Magische Theater« seines Freundes Pablo fällt Harry das *Tractat vom Steppenwolf* in die Hände. Darin seziert ein scheinbar Unbeteiligter Harrys Seelenzustand und führt ihm die Gefährlichkeit seiner simplen Selbstanalyse vor Augen. Im Magischen Theater erlebt Harry in einer visionären Rauschgiftorgie u. a. eine Hochjagd auf Automobile, eine Anleitung zum Aufbau der Persönlichkeit und eine Steppenwolfdressur. Im Olymp der Unsterblichen begegnet ihm Mozart (Pablo) und rät ihm, zu leben und das Lachen zu erlernen. Letztlich ist Harry für einen erneuten Einsatz im Spiel des Lebens bereit: »Einmal würde ich das Figurenspiel besser spielen. Einmal würde ich das Lachen lernen.«

Aufbau Das Werk gliedert sich in drei Abschnitte: das Vorwort des Herausgebers, das *Tractat vom Steppenwolf* und die Aufzeichnungen Harry Hallers. Die Erzählperspektive wechselt: Im Vorwort schildert der Neffe der Hauswirtin Hallers seinen persönlichen Eindruck vom Steppenwolf, im Traktat entwirft ein scheinbar Außenstehender mit kühler Objektivität ein Spiegelbild von dessen zerrissener Existenz. In den Aufzeichnungen schließlich beschreibt Haller selbst seine Erlebnisse.

Wirkung Die Reaktionen auf die Auseinandersetzung Hesses mit dem Bürgertum und die schonungslose Offenheit seiner selbstbiografischen Beichte waren geteilt: Sie reichten von scharfer Ablehnung bis zur begeisterten Zustimmung – Letztere insbesondere seitens der Literaturkritik. Hesse bezeichnete den *Steppenwolf* als »dasjenige meiner Bücher, das öfter und heftiger als irgendein anderes missverstanden wurde«. Zwar gehe es darin um Krankheit und Krise, am Ende stehe jedoch die Heilung, nicht Tod und Untergang.

Es war der *Steppenwolf,* der – vor allem in den USA – während der 1960er-Jahre die große Hesse-Renaissance auslöste. Dabei wurde der Roman vielfach als Plädoyer für den Konsum von Drogen missverstanden, während seine religiös-konservativen Elemente kaum wahrgenommen wurden.

1974 wurde der *Steppenwolf* unter der Regie von Fred Haines verfilmt. Max von Sydow übernahm die Hauptrolle.

Das Glasperlenspiel
OT Das Glasperlenspiel. Versuch einer Lebensbeschreibung des Magisters Ludi Josef Knecht samt Knechts hinterlassenen Schriften | OA 1943 | 402 Seiten | Form Roman | Epoche Moderne

Das Glasperlenspiel ist Hermann Hesses intellektuelle Antwort auf die Barbarei des Hitlerfaschismus. Mit der Utopie seiner pädagogischen Provinz Kastalien entwirft der Autor darüber hinaus eine Gegenwelt zu Diktatur und Verbrechen des Dritten Reichs und stellt die Frage nach den erzieherisch-bildenden Möglichkeiten des Geistes. Die in sich geschlossene geistige Welt der Zucht und der Askese in Kastalien findet höchsten Ausdruck und Vollendung in der Kunst des Glasperlenspiels: einem Spiel, bei dem »sämtliche Inhalte und Werte unserer Kultur« miteinander kommunizieren. *Das Glasperlenspiel* ist Hesses letztes großes Prosawerk; er selbst sah es als Summe seines Schaffens an.

Entstehung   Hesse arbeitete an seinem Spätwerk so lange wie an keinem anderen seiner Bücher – von Ende 1930 bis Anfang 1942. Den faschistischen Terror und den Krieg hatte der Dichter bereits in einem Brief aus dem Jahr 1932 vorausgesehen. Getragen von einem konsequenten Pazifismus (»Lieber von Faschisten erschlagen werden, / als selbst Faschist sein. / Lieber von den Kommunisten erschlagen werden, / als selbst Kommunist sein«) formulierte er sein ideelles Glaubensbekenntnis im schweizerischen Montagnola.

Aufbau   Das Werk ist »den Morgenlandfahrern« gewidmet, die in Hesses Erzählung *Die Morgenlandfahrt* (1932) »in die Heimat der Seele und Jugend« aufgebrochen sind, und es gliedert sich in drei Teile: *Das Glasperlenspiel. Versuch einer allgemeinverständlichen Einführung in seine Geschichte.* Es folgen die *Lebensbeschreibung des Magisters Ludi Josef Knecht* und schließlich *Josef Knechts hinterlassene Schriften.* Dabei handelt es sich um 13 Gedichte des Schülers sowie um drei »Lebensläufe« des Studenten Knecht mit den Titeln *Der Regenmacher, Der Beichtvater, Indischer Lebenslauf.*

Inhalt   Die utopische Gelehrtenrepublik Kastalien ist in der ersten Hälfte des dritten Jahrtausends angesiedelt und aus einer Gegenbewegung zu den Wirren des sogenannten feuilletonistischen Zeitalters entstanden, dem 19. und 20. Jahrhundert. In dieser Zeit habe der Geist eine unerhörte und ihm selbst nicht mehr erträgliche Freiheit genossen. Aus Verzweiflung über den moralischen Zerfall dieser

Gesellschaft schufen weitblickende Menschen schließlich ein neues Reich der Bildung und der Künste. Die höchste Kunst ist die des Glasperlenspiels: Bei seinen Aufführungen fügen die Spieler Ideen, Gedanken und kulturelle Werte zu neuen Verbindungen zusammen.

In dieser Welt wächst die Hauptfigur Josef Knecht heran. Durch seine musikalische Begabung macht er erste Bekanntschaft mit den Ideen des kastalischen Ordens. In der Eliteschule der Glasperlenspieler gelangt er in den Kreis der Erwählten. Der Gelehrte Jakobus macht ihn mit der Welt der Geschichte bekannt, die in Kastalien nicht existiert. Erstmals stellt Knecht die Absolutheit des Gelehrtenstaats infrage und begreift, dass auch die kastalische Kultur nur eine verweltlichte Neben- und Spätform der christlich-abendländischen Kultur ist, dem geschichtlichen Wandel und damit der Vergänglichkeit unterworfen.

Kaum 40-jährig wird Knecht zum Magister Ludi, dem Glasperlenspielmeister, gewählt. Später sieht er für sich die Notwendigkeit, neue Wege zu beschreiten, und nimmt das Angebot seines Jugendfreundes Plinio an, dessen Sohn zu unterrichten. Bei einem Wettschwimmen zwischen Schüler und Lehrer ertrinkt Knecht in einem Gebirgssee.

Wirkung Das in Deutschland zunächst verbotene Werk erregte durch den Zeitungsvorabdruck einzelner Passagen bereits großes Interesse. Unterschiedliche Fassungen der damals als außerordentlich politisch verstandenen Einleitung kursierten im Deutschen Reich als inoffizielle Abschriften. 1946 konnte *Das Glasperlenspiel* in Deutschland endlich erscheinen. Die Wirkung des komplexen und vielschichtigen Romans, der alle Motive von Hesses Werk in sich vereint, war ungewöhnlich groß: Es wurde in den Gymnasien zur Pflichtlektüre und war über Jahrzehnte hinweg Gegenstand intellektueller Auseinandersetzungen und Interpretationsversuche. Die Begriffe »Glasperlenspiel« und »Kastalien« stehen bis heute für das Prinzip der reinen Vergeistigung.

Döblin, Alfred
deutscher Schriftsteller | *10.8.1878 in Stettin | †26.6.1957 in Emmendingen bei Freiburg | ab 1905 Facharzt für Neurologie und Psychiatrie | 1933 Emigration nach Frankreich | 1936 französischer Staatsbürger | 1940 Flucht in die USA | 1945 Rückkehr nach Europa

Die Kindheit Döblins war geprägt von familiären und finanziellen Schwierigkeiten; der Weggang des Vaters wurde zum lebenslangen Trauma. 1888 zog die Familie nach Berlin um. Döblin nahm im Alter von 22 Jahren ein Medizinstudium auf und wurde 1905 Facharzt für Neurologie und Psychiatrie. Die Erfahrungen aus seiner ärztlichen Berufstätigkeit lieferten ihm vielfältige Anregungen für sein literarisches Schaffen.

1933 emigrierte der Jude Döblin nach Frankreich, 1940 flüchtete er über Portugal in die USA. In Hollywood schlug er sich ein Jahr lang als Drehbuchautor für MGM durch; er lebte in ärmlichen Verhältnissen und sozialer Isolation, die sich durch seine Konversion zum Katholizismus noch verstärkte. Nach Kriegsende kehrte Döblin als einer der ersten Exilautoren nach Deutschland zurück. Er arbeitete für die französische Regierung als Berater in der Kulturabteilung und gab in ihrem Auftrag die Literaturzeitschrift *Das Goldene Tor* heraus. Seine damit verbundenen Hoffnungen in politischer und beruflicher Hinsicht wurden jedoch enttäuscht. Erst nach seiner erneuten Übersiedlung nach Paris im Jahr 1953, zu deren Zeitpunkt er bereits schwer erkrankt war, kam es zu einer Wiederentdeckung seines Werks. Die Veröffentlichung des Romans *Hamlet oder die lange Nacht nimmt ein Ende* wurde 1956 ein letzter großer Erfolg. Einen Tag vor der Zuerkennung des Literaturpreises der Bayerischen Akademie der schönen Künste verstarb Döblin.

Alfred Döblin gilt als einer der wichtigsten deutschen Vertreter der modernen Erzählkunst. Thematische Konstante seines Werks ist der Aufeinanderprall von individuellem Selbstbehauptungswillen und der Ohnmachtserfahrung gegenüber inneren und äußeren Kräften. Vor allem sein Frühwerk (*Die Ermordung einer Butterblume*,

1913; *Die drei Sprünge des Wang-lun,* 1915) ist dem Expressionismus zuzurechnen.

Berlin Alexanderplatz   OA 1929 | 528 Seiten | Form Roman | Epoche Expressionismus/Moderne

Berlin Alexanderplatz von Alfred Döblin gilt als erster und bedeutendster deutscher Großstadtroman. Der Zusatztitel *Die Geschichte vom Franz Biberkopf* deutet die ambivalente Struktur des Werks an: Die Stadt Berlin und die Figur des Biberkopf sind gleichermaßen Protagonisten des Romans. So geht es um die chaotische Lebendigkeit der Metropole – und um einen Menschen, der in dieser Stadt immer wieder scheitert. Döblin zeigt ein Individuum, das den Widrigkeiten des Großstadtlebens ausgesetzt ist und von Schicksalsschlägen getroffen wird; begründet ist sein Scheitern aber letztlich durch einen übersteigerten Selbstbehauptungswillen, der sich in Selbstüberschätzung, ständiger Demonstration der eigenen Stärke und mangelnder Anpassung an die Außenwelt manifestiert.

Inhalt   Der ehemalige Transportarbeiter Franz Biberkopf hat wegen der Ermordung seiner Geliebten eine vierjährige Haftstrafe verbüßt. Nach der Entlassung will er ein anständiges Leben führen; er findet sich jedoch nicht zurecht, wird menschlich enttäuscht, gerät in kriminelle Kreise und lässt sich auf ein Kräftemessen mit Reinhold, dem Anführer einer Verbrecherbande, ein. Bei einer Diebestour stößt Reinhold Biberkopf aus dem Auto; Franz verliert dadurch einen Arm. Entschlossen, sich nicht unterkriegen zu lassen, sucht Biberkopf erneut die Konfrontation mit Reinhold und prahlt ihm gegenüber mit seiner Braut Mieze. Reinhold versucht daraufhin, die junge Frau für sich zu gewinnen; als ihm dies nicht gelingt, bringt er sie um. Biberkopf erkennt seine Mitschuld, bricht zusammen, wird unter Mordverdacht verhaftet und in die Irrenanstalt eingeliefert. Im Angesicht des Todes vergegenwärtigt er sich seinen Unheil bringenden Hochmut und legt seine alte Persönlichkeit ab. Nach Freispruch und Entlassung stellt er sich zum ersten Mal bewusst dem Leben.

Struktur Dem Konzept des Futurismus entsprechend schafft Döblin ein Kunstwerk der Bewegung. Um die Vielschichtigkeit der Stadt abzubilden, schöpft er die Möglichkeiten der literarischen Montage voll aus: Verschiedene Textsorten wie Zeitungsausschnitte, Reklameslogans, Bibelzitate, Nachrichtenmeldungen, Wetterberichte und Liedtexte stehen übergangslos nebeneinander. Hinzu kommt der Einsatz disparater Sprachstile. Auch die Erzählhaltung wechselt ständig: Mit der Konzentration auf die Figur des Franz Biberkopf dominiert eine personale Erzählsituation, die sich des inneren Monologs, der erlebten Rede und langer Stream-of-Consciousness-Passagen bedient. Immer wieder meldet sich dazwischen ein kommentierender Erzähler zu Wort.

Wirkung *Berlin Alexanderplatz* war der erste große Erfolg Döblins, der ihm zu zeitweiliger finanzieller Unabhängigkeit verhalf. Schon in den 1930er-Jahren wurde der Roman in mehrere Sprachen übersetzt. Zu seiner frühen Popularität trugen auch eine Hörspielfassung und die Verfilmung von Piel Jutzi aus dem Jahr 1931 bei. 1980 erreichte die mehrteilige Fernsehserie von Rainer Werner Fassbinder hohe Einschaltquoten. Döblins Großstadtroman ist eines der wichtigen großen Epen des 20. Jahrhunderts; sein Autor wurde mit diesem Roman und anderen Werken zum Vorbild für Literaten wie Günter Grass und Arno Schmidt.

Remarque, Erich Maria   eigentlich Erich Paul Remark

deutscher Schriftsteller | * 22. 6. 1898 in Osnabrück |
† 25. 9. 1970 in Locarno | 1939 Emigration in die USA |
1947 amerikanische Staatsbürgerschaft | Großes Verdienstkreuz
der Bundesrepublik Deutschland

Der Sohn eines Buchbinders wuchs in bescheidenen Verhältnissen auf. Nach Schulabschluss besuchte Remarque das katholische Lehrerseminar in Osnabrück. Nach dem Notexamen wurde er 1916 als Soldat eingezogen und 1917 als Rekrut an die Westfront nach Belgien verlegt. Einige Wochen später wurde er durch einen Granatsplitter verwundet. Nach Kriegsende arbeitete er als Buchhalter, fahrender Händler, Organist und Volksschullehrer sowie als Journalist. Daneben veröffentlichte er Gedichte und Kurzprosa. 1920 erschien sein Künstlerroman *Die Traumbude*. Als Redakteur einer Werkzeitschrift bereiste er 1923/24 Italien, die Schweiz, Jugoslawien, die Türkei, England und Belgien. Mit *Im Westen nichts Neues* (1929) schrieb er sich zehn Jahre nach Kriegsende innerhalb von sechs Wochen seine traumatischen Fronterlebnisse von der Seele. Der Roman brachte ihm weltweiten Erfolg ein. Nach der Machtergreifung der Nationalsozialisten wurden seine Bücher verbrannt, 1938 wurde ihm die deutsche Staatsbürgerschaft entzogen. 1939 emigrierte Remarque in die USA, wo er Kontakt zu zahlreichen berühmten Schriftstellerkollegen und Künstlern pflegte. Ab 1945 lebte er abwechselnd in New York und in Porto Ronco in der Schweiz. Mit seinem 1946 veröffentlichten Emigrantenroman *Arc de Triomphe* gelang Remarque ein weiterer literarischer Erfolg. 1947 nahm er die amerikanische Staatsbürgerschaft an.

Der 1929 veröffentlichte Roman *Im Westen nichts Neues* machte Erich Maria Remarque schlagartig weltweit bekannt. Er traf damit den Nerv einer Generation, die vom Krieg um ihre Jugend gebracht worden war. Durch eine spannende Darstellung exemplarischer zeitgenössischer Schicksale geprägt, sind Remarques pazifistische Romane zum Teil dem Kolportagestil zugeordnet worden.

Im Westen nichts Neues   OA 1929 | 287 Seiten | Form Roman | Epoche Moderne

Mit einer Gesamtauflage von mindestens 20 Millionen Exemplaren und in rund 50 Sprachen übersetzt, wird *Im Westen nichts Neues* zu den weltweit meistgelesenen Büchern gezählt. Von Remarque ausdrücklich weder als Anklage noch als Bekenntnis verstanden, gilt der im sachlichen Reportagestil verfasste Roman als eines der aufrüttelndsten Antikriegsbücher der Weltliteratur. Auf dem deutschen Buchmarkt löste er die von 1929 bis 1931 andauernde sogenannte Kriegsbuchkonjunktur aus.

Inhalt   Der Roman schildert den Krieg aus der Sicht des Frontsoldaten Paul Bäumer und seiner Klassenkameraden. Er beginnt mit den Worten: »Dieses Buch soll weder eine Anklage noch ein Bekenntnis sein. Es soll nur den Versuch machen, über eine Generation zu berichten, die vom Kriege zerstört wurde – auch wenn sie seinen Granaten entkam.«

Angetrieben von den Hetzreden ihres chauvinistischen Klassenlehrers Kantorek haben sich die Jungen von der Schulbank weg freiwillig an die Front gemeldet. Die Ausbildung erweist sich als Tortur: Die Figur des schikanösen Unteroffiziers Himmelstoß wurde zum Symbol für sinnentleerten militärischen Drill.

In den Schützengräben der Westfront erleben Paul und seine Freunde hautnah und brutal die Sinnlosigkeit und das Grauen des Krieges. Im Trommelfeuer der Materialschlachten und bei heimtückischen Gasangriffen sehen sie Hunderte von Soldaten auf dem Schlachtfeld sterben. Als desillusionierten Kindern einer »verlorenen Generation« kommt ihnen jegliches Vertrauen in bürgerliche Normen und Wertvorstellungen abhanden. Sie können sich nicht vorstellen, wie das Leben nach dem Krieg für sie weitergehen kann. Allein die Kameradschaft hält die jungen Soldaten aufrecht, die einer nach dem anderen zu Opfern des Kriegsgeschehens werden. Der Icherzähler fällt als Letzter seiner Schulkameraden: Er stirbt im

Oktober 1918 an einem Tag, »der so ruhig und still war an der ganzen Front, dass sich der Heeresbericht darauf beschränkte, im Westen sei nichts Neues zu melden«.

Wirkung Das nüchtern und knapp erzählte Buch erregte bei seiner Veröffentlichung außergewöhnliches Aufsehen und machte Remarque zu einem der erfolgreichsten deutschen Schriftsteller der ersten Hälfte des 20. Jahrhunderts. Obwohl der Roman die Fronterlebnisse der Protagonisten kaum reflektiert und unpolitisch im Stil eines Reports schildert, wurde der Autor insbesondere von der älteren Generation aufs Schärfste attackiert. Diese sahen sich dem Vorwurf ausgesetzt, die »eiserne Jugend« in den Krieg getrieben zu haben. Andere wiederum warfen Remarque politische Inkonsequenz vor.

Die Diskussionen, die *Im Westen nichts Neues* ausgelöst hatte, setzten sich fort nach der deutschen Premiere des gleichnamigen Films von Lewis Milestone (1930; Oscar als »bester Regisseur«), die von tumultartigen Krawallen begleitet wurde: Das kurz darauf durch die Filmoberprüfstelle wegen »Gefährdung des deutschen Ansehens« ausgesprochene Aufführungsverbot führte zu heftigen Kontroversen.

1979 wurde der Roman zum zweiten Mal erfolgreich verfilmt. Die unter der Regie von Delbert Mann für das amerikanische Fernsehen gedrehte Adaption wurde 1980 mit einem Golden Globe ausgezeichnet.

Roth, Joseph
österreichischer Schriftsteller | *2.9.1894 in Brody (Galizien) |
†27.5.1939 in Paris | Studium der Germanistik und Philosophie |
Soldat im Ersten Weltkrieg | ab 1922 Journalist in Berlin |
ab 1933 im französischen Exil

Joseph Roth ist als literarischer Chronist des Zerfalls der Habsburgermonarchie in die Literaturgeschichte eingegangen. Sein Werk zeichnet sich durch eine humanistische Grundeinstellung aus, die seinen Büchern Gewicht und Aktualität verleiht.

Unbemittelt und vaterlos im nordöstlichsten Winkel der k. u. k. Monarchie, im galizischen Brody, aufgewachsen, ging Roth 1914 nach Wien, um dort das in Lemberg begonnene Studium der Germanistik und Philosophie fortzusetzen. Nach der Rückkehr aus dem Krieg wurde er in Wien, ab 1922 in Berlin als Journalist tätig. Seine Feuilletons und Reportagen machten ihn rasch zu einem der gefragtesten Journalisten der Weimarer Republik. Für die *Frankfurter Zeitung* bereiste er 1923–32 ganz Europa. Roths erster Roman *Das Spinnennetz* erschien 1923 in Fortsetzungen in der *Wiener Arbeiterzeitung.*

1933, wenige Tage vor der Machtübernahme der Nationalsozialisten, ging Roth ins Exil nach Frankreich, wo er in seinen Romanen über das alte Österreich mit der »sittlichen Magie des Wortes« gegen die Barbarei des Faschismus anzuschreiben versuchte. Rast- und ruhelos und zunehmend verzweifelt, trank er sich zu Tode. Am 27. Mai 1939 starb Roth in einem Pariser Armenhospital an Delirium tremens und Lungenentzündung.

 Hiob   OA 1930 | 299 Seiten | Form Roman | Epoche Moderne

Das Buch *Hiob. Roman eines einfachen Mannes* markierte eine Zäsur im Werk von Joseph Roth.

Nach den zeitkritischen und von leidenschaftlicher sozialer Anteilnahme geprägten Arbeiten des Frühwerks griff er im *Hiob* zum ersten Mal eine religiöse Thematik auf und eröffnete mit dem Werk eine Reihe melodisch-melancholischer Romane über eine vergangene Welt.

Entstehung Der Roman führt die Leser in die Welt des ostjüdischen Schtetls, der Joseph Roth selbst entstammte. Lebensweise und Diskriminierung der dortigen orthodoxen Juden waren ihm vertraut. Viele Erfahrungen seiner Kindheit und Jugend flossen in *Hiob* ein.

Als Roth die Arbeit an dem Roman begann, litt seine psychisch kranke Frau im Nebenzimmer an Anfällen. Ihr Leiden und seine Schuldkomplexe sind neben anderen autobiografischen Bezügen in den Text eingegangen.

Inhalt Hiob erzählt in legendenhaftem Ton die Geschichte der Heimsuchung des Juden Mendel Singer. Dieser fristet in Armut und Bescheidenheit sein Dasein als Dorfschullehrer im russischen Teil Galiziens, bis die Idylle durch die Geburt eines epileptischen Sohnes zerstört wird und ihn daraufhin mehrere Schicksalsschläge treffen. Mendel lässt sein krankes Kind zurück und wandert nach Amerika aus, wo sich sein Schicksal aber nicht zum Besseren wendet. Seine älteren Söhne sterben im Krieg, seine Frau vor Gram darüber. In ohnmächtiger Wut lehnt er sich gegen Gott auf und verflucht ihn. Doch durch ein Wunder wird ihm schließlich Gerechtigkeit und Frieden zuteil.

Struktur Im Gegensatz zum biblischen Buch *Hiob,* das arm an äußerer Handlung bleibt, kleidet Joseph Roth seine Parabel von Heimsuchung und Prüfung, Willkür und Gnade in eine farbige Szenenfolge, die in ihrem Ton den von Märchen und Legenden annimmt. Der Zauber des Sprachklangs und die Wärme der poetischen Sprache geben diesem Buch die Prägung.

Wirkung   Hiob ist bis heute einer der wenigen geglückten Versuche geblieben, ein biblisches Thema für die Neuzeit zu variieren. Die überzeugende Verschmelzung von Roman und Legende erschien Kritikern und Schriftstellern gleich nach der Publikation 1930 als etwas Besonderes, was nur schwer in die Literatur der Zeit einzuordnen war. Als »erschütternd« wurde das Buch von vielen bedeutenden Kollegen charakterisiert und zugleich als ein Werk, das eine unvergleichliche Wärme und Reinheit ausstrahlt. Der Leser wird von der für das Schaffen des Autors so prägenden Humanität bei jedem Wiederlesen des Romans ergriffen, der aus diesem Grund auch ein großer Erfolg wurde.

Radetzkymarsch   OA 1932 | 582 Seiten | Form Roman | Epoche Moderne

Der Roman *Radetzkymarsch,* ein kunstvolles und bezauberndes Requiem auf das alte Österreich, ist das bekannteste und berühmteste Werk von Joseph Roth. Der poetische Geist und die weise und melancholische Toleranz dieses literarischen Abgesangs auf ein Weltreich machen das Buch zu einem unvergänglichen Zeugnis europäischer Erzählkultur.

Inhalt   Im Schicksal der Familie Trotta durch drei Generationen erscheinen die Geschichte und der Niedergang der österreichisch-ungarischen Monarchie von der Schlacht bei Solferino (1859) bis zum Tod Kaiser Franz-Josephs 1916.

Der Großvater Joseph Trotta, treuer Soldat und »Held von Solferino«, da er dem jungen Kaiser in der Schlacht das Leben rettete, zieht sich resigniert aus der Armee zurück, als er bemerkt, dass seine Tat in den Schulbüchern zu einer die Wahrheit beugenden Heldenlegende verklärt wird und der Staat nicht bereit ist, dies zu korrigieren. Der Vater, ein biedermännischer Staatsbeamter, fügt sich rechtschaffen und pflichtbewusst ins staatliche Netz ein, erlebt jedoch den unmerklichen Niedergang der Monarchie. Sein streng erzogener Sohn hingegen will den ihm zugewiesenen Platz nicht einnehmen, kann dem aber auch keine Alternative entgegensetzen. Als »Enkel« des Helden von Solferino sieht er nur mehr Vergangenheit, aber keine Zukunft. Die Werte seiner Vorfahren sind ihm zuwider, er verfällt dem Alkohol und dem Glücksspiel.

Was bleibt, ist der Tod »in Haltung«, er fällt im Ersten Weltkrieg. Im Sterbemoment mischen sich in seinem Innern die Klänge des Radetzkymarsches mit jenen der Schüsse, die nicht nur seinen Tod, sondern auch den Untergang der Monarchie bedeuten. Der Epilog schildert die beiden letzten Lebensjahre des Vaters von Carl Joseph. Der Bezirkshauptmann stirbt 1916, eben an dem Tag, als der Kaiser beigesetzt wird. Beide konnten Österreich nicht überleben.

Struktur Roth fasst das historische Panorama der Monarchie zwischen 1859 und 1916 in ein literarisches Porträt von enormer Dichte. Erzählt wird *Radetzkymarsch* hauptsächlich aus der Sicht des müden Enkels des Helden von Solferino, Carl Joseph Trotta. In der Person des Großvaters sowie des Vaters setzte Roth zwei Vertreter der tragenden Säulen des österreichischen Vielvölkerstaates in Szene: Armee und Beamtentum. Diese beiden Institutionen verkörperten die österreichische Staatsidee, der Roth angesichts des aufkommenden Faschismus immer heftiger nachtrauerte, am nachhaltigsten. An ihrem Beispiel konnte der Autor seine Interpretation der Geschichte des Niedergangs prägnant darlegen. In den Einzelschicksalen der Personen schildert er die Faktoren dieses Niedergangs.

Wirkung *Radetzkymarsch* gilt vielen als Meisterwerk des Autors. Einem größeren Publikum wurde der Roman allerdings erst im Zuge der Herausgabe des Gesamtwerks ab 1950 bekannt, da die Werke von Roth zwischen 1933 und 1945 verboten waren. Eine erste Verfilmung des Buchs für das Fernsehen sorgte 1965 in Österreich für einen Skandal, da die Darstellung des greisen Kaisers Franz Joseph von vielen als Majestätsbeleidigung angesehen wurde.

Traven, B.

Pseudonym eines Schriftstellers, der in deutscher und englischer Sprache publizierte | *25.2.1882 (?) in San Francisco (?), 3.5.1890 (?) Chicago (?) | †26.3.1969 in Mexiko-Stadt | weitere Pseudonyme: Ret Marut, Traven Torsvan, Hal Croves | Anarchist und Revolutionär | lebte lange Zeit in Mexiko

Über kaum einen anderen Schriftsteller wurde mehr gerätselt und gemutmaßt als über B. Traven, der zeitlebens seine Identität zu verbergen suchte. Hinter dem Autor von 13 Romanen, darunter einige Weltbestseller, zahlreiche Erzählungen und Reiseberichte, vermutete man zeitweilig auch Jack London, einen deutschen Verlagslektor oder gar ein Kollektiv linker Drehbuchautoren in Hollywood. Heute gilt als gesichert, dass sich hinter dem Pseudonym der Sozialist Ret Marut verbarg. Einen Hinweis auf diese Identität liefert der *Neue Theater-Almanach,* der am Stadttheater Essen einen Schauspieler namens Ret Marut verzeichnet. Dieser taucht auch ab 1917 als Herausgeber der Zeitschrift *Der Ziegelbrenner* im Umfeld der Münchner Räterepublik auf. Vermutet wird, dass Traven nach deren Zusammenbruch zunächst nach London, 1924 nach Mexiko flüchtete. Traven betrieb die Verschleierung seiner Identität systematisch und benutzte nicht weniger als 27 Namen. So gab er sich u. a. als Hal Croves aus, seinen mexikanischen Pass ließ der Autor 1951 auf den Namen Traven Torsvan ausstellen.

Von Mexiko aus veröffentlichte er seine bekanntesten Werke. In der deutschen Literatur taucht der Name B. Traven erstmals im Jahr 1925 auf, als die sozialdemokratische Zeitung *Vorwärts* den Roman *Die Baumwollpflücker* druckte, der in 22 Fortsetzungen erschien. Bei der Büchergilde Gutenberg folgten u. a. *Das Totenschiff* (1926), *Der Schatz der Sierra Madre* (1927), *Die Brücke im Dschungel* (1929), *Die weiße Rose* (1929) und ab 1931 der sechs Romane umfassende »Caoba-Zyklus« über das Schicksal und die Ausbeutung indianischer Lohnarbeiter in Mexiko. Bis Ende der 1970er-Jahre war B. Traven einer der meistgelesenen Autoren im deutschen Buchmarkt.

Das Totenschiff   OA 1926 | 256 Seiten | Form Roman | Epoche Moderne

Das Totenschiff ist das erste Werk von B. Traven, das in Buchform erschien, und zugleich sein berühmtester Roman. Obwohl das Abenteuer als Handlungselement durchweg präsent ist, weist der Text doch über die damals üblichen Abenteuerromane hinaus: die gängigen Romantizismen und Abgeschmacktheiten werden gebrochen und durch einen nüchternen, sozialkritischen, aber auch ironischen Erzählgestus ersetzt.

Entstehung   Schon bei *Die Baumwollpflücker* hatte B. Traven betont, in Mexiko als »Ölmann, als Farmarbeiter, Tomaten- u. Apfelsinenpflücker, Urwaldroder, Maultiertreiber, Jäger« gearbeitet zu haben. Die Form der Icherzählung und seine Behauptung, nur aus dem eigenen Erleben heraus zu schreiben, legen nahe, das Werk als Schlüsselroman zu lesen. Die Vehemenz, mit der B. Traven in *Das Totenschiff,* 1923/24 in London in englischer Sprache begonnen, Gales Bemühungen beschreibt, an amtliche Papiere zu kommen, führt zu der Vermutung, dass der Autor hier Erlebnisse seiner Flucht nach Mexiko verarbeitet hat: »So gab ich meinen guten Namen auf«, konstatiert Gale, als er an Bord der »Yorikke« geht, »ich hatte keinen Namen mehr.«

Inhalt   Der Roman schildert die Odyssee eines Seemanns ohne Papiere, der schließlich keinen anderen Ausweg sieht, als auf einem Schiff anzuheuern, dessen Mannschaft aus »lebenden Toten« besteht.

Nach einer Liebesnacht verpasst der Matrose Gale in Antwerpen die Abfahrt seines Schiffes und steht nun ohne Geld und Papiere da. Ohne Identitätsbeweis will ihm der amerikanische Konsul in Paris keinen neuen Pass ausfertigen und stellt sogar Gales Geburt in Abrede. Er ist zum Opfer der Bürokratie geworden: »Jeder konnte mit mir machen, was er wollte.« Gale wird abgeschoben und gerät nach einer Odyssee durch halb Europa schließlich nach Cadiz, wo er als »Kohlenschlepp« auf der schrottreifen »Yorikke« anheuert, die Schmugglerware transportiert.

Zusammen mit seinem polnischen Kameraden Stanislaw Koslowski, ebenfalls ein Entwurzelter, wird er auf die »Empress of Madagascar« verschleppt, die für einen Versicherungsbetrug versenkt werden soll. Doch bevor es dazu kommt, läuft das »Totenschiff« auf ein Riff auf, die Mannschaft kommt um, nur Koslowski und Gale überleben. Schließlich zerstört ein Sturm das Wrack; beide treiben allein im Meer, am Ende stirbt auch Stanislaw, Gale allein überlebt und kann sich an Land retten.

Aufbau Der Roman gliedert sich in drei Bücher, an deren Beginn bzw. Ende jeweils ein Lied oder Gedicht stehen. Icherzähler ist der bereits aus *Die Baumwollpflücker* bekannte Amerikaner Gerard Gale, der später in *Die Brücke im Dschungel* (1929) und der Erzählung *Nachtbesuch im Busch* wiederkehrt. Kennzeichnend ist eine ironisch-distanzierte, mitunter sarkastische Erzählsprache.

Wirkung *Das Totenschiff* wurde der berühmteste Roman von B. Traven. Die Wochenschrift *Die Weltbühne* würdigte das Werk nach Erscheinen als »ein Seemannsbuch, das auf eine Art mit der verlogenen Seemannsromantik aufräumt, dass buchstäblich nicht eine Phrase übrig bleibt.« Die fehlende Hoffnung jedoch, dass sich das Schicksal der Rechtlosen, Unterdrückten und Armen wenden ließe, die als Grundtendenz auch die anderen Romane von B. Traven prägt, erregte bei der linken Kritik auch Missfallen. Georg Tressler verfilmte den Roman 1959 mit Horst Buchholz und Mario Adorf in den Hauptrollen.

Fallada, Hans   eigentlich Rudolf Ditzen

deutscher Schriftsteller | * 21. 7. 1893 in Greifswald | † 5. 2. 1947
in Berlin | Sohn eines Richters | ab seiner Jugend suchtkrank |
wiederholter Aufenthalt in Heil- und Haftanstalten

Der Sohn eines Landrichters und späteren Reichsgerichtsrats besuchte ab 1901 das Gymnasium, zunächst in Berlin, dann in Leipzig und Rudolstadt. Nachdem er 1911 bei einem als Duell getarnten Doppelsuizid einen Mitschüler getötet hatte und selbst schwer verletzt überlebte, wurde er in die Nervenheilanstalt Tannenberg in Sachsen eingewiesen. 1913 begann Fallada eine landwirtschaftliche Lehre. In den folgenden Jahren arbeitete er u. a. als Assistent der Landwirtschaftskammer, musste sich jedoch wegen seiner Alkohol- und Rauschgiftsucht wiederholt Entziehungskuren unterziehen. Zu Beginn des Ersten Weltkriegs meldete er sich als Freiwilliger, wurde allerdings wegen Untauglichkeit abgewiesen.

Als Rechnungsführer auf verschiedenen Gütern beschäftigt, wurde er 1923 wegen Unterschlagung zu mehreren Monaten Gefängnishaft verurteilt. Ab 1926 verbüßte er eine zweieinhalbjährige Haftstrafe in Neumünster. Nach seiner zweiten Haftentlassung lernte er in Hamburg Anna Issel kennen, die er 1928 heiratete.

Anfang der 1930er-Jahre weckte Falladas Roman *Bauern, Bonzen und Bomben* das Interesse des Verlegers Ernst Rowohlt. Dieser verschaffte dem Schriftsteller eine Stelle in seinem Berliner Verlag und unterstützte ihn bei der Veröffentlichung des 1932 erschienenen Romans *Kleiner Mann – was nun?* Dieses Werk sollte das erfolgreichste Falladas werden und verhalf ihm zu Weltruhm. In den folgenden Jahren veröffentlichte Fallada u. a. die Romane *Wer einmal aus dem Blechnapf frisst* (1934) und *Der Eiserne Gustav* (1938). Während der Zeit des Nationalsozialismus lebte er auf seinem Gut in Carwitz und verfasste unverfängliche Unterhaltungsliteratur und poetische Kindergeschichten (z. B. die *Geschichten aus der Murkelei,* 1938). Von seiner Alkohol- und Rauschgiftsucht schwer gezeichnet, starb Fallada 1947 in einem Berliner Lazarett.

Hans Fallada gehört zu den bekanntesten deutschen Literaten des 20. Jahrhunderts. In seinen Romanen widmete er sich vor allem den Sorgen und Nöten des Kleinbürgers in den wechselvollen Jahrzehnten nach dem Ersten Weltkrieg in der Zeit der Weimarer Republik.

Kleiner Mann – was nun? OA 1932 | 363 Seiten | Form Roman | Epoche Moderne

Mit seinem 1932 erschienenen Roman *Kleiner Mann – was nun?* begründete Hans Fallada seinen internationalen Ruhm als Schriftsteller.

Inhalt Die Geschichte beginnt mit einem *Die Sorglosen* betitelten kurzen *Vorspiel*, in dem Johannes Pinneberg, ein junger Buchhalter, und seine Freundin Emma, genannt Lämmchen, erfahren, dass Emma ein Kind erwartet. Pinneberg macht ihr einen Heiratsantrag und stellt sich ihrer Familie vor.

Im ersten der zwei umfangreicheren Romanteile haben Pinneberg und seine frisch vermählte Ehefrau eine bescheidene Wohnung in dem kleinen Dorf Ducherow bezogen, als sein Arbeitgeber Kleinholz zufällig von der noch geheim gehaltenen Heirat erfährt. Kleinholz, der seine Tochter mit Pinneberg zu verkuppeln hoffte, sieht seine Pläne vereitelt und entlässt den Angestellten. In dieser schwierigen Situation trifft ein Brief von Pinnebergs verwitweter Mutter Mia aus Berlin ein, in dem sie ihren Sohn und Lämmchen auffordert, zu ihr zu ziehen.

Im zweiten Teil des Romans nimmt Mia die beiden bei sich auf. Ihr etwas zwielichtiger Liebhaber Jachmann vermittelt Pinneberg eine Anstellung in einem Warenhaus, bei der er allerdings unter dem anhaltenden Druck steht, sich gegen die übrigen Verkäufer durchsetzen zu müssen.

Als Pinneberg erkennt, dass seine Mutter einen zweideutigen Kreis aus Schiebern, Falschspielern und Freudenmädchen unterhält, beziehen er und Lämmchen eine eigene kleine Wohnung. Ihr Sohn Horst wird geboren. Während sich das Paar um äußerste Sparsamkeit bemüht und ständig mit neuen Sorgen kämpft, wird es von Jachmann und Achim Heilbutt, einem Arbeitskollegen Pinnebergs, unterstützt. Wie seine ahnungslosen Freunde später erfahren müssen, wird Jachmann als Falschspieler und Hochstapler von der Polizei gesucht und schließlich verhaftet. Heilbutt verliert seine Anstellung im Warenhaus, als bekannt wird, dass er in Nudistenkreisen verkehrt und Aktfotos von sich verkauft. Auch dem erfolglosen Pinneberg wird gekündigt.

In einem *Nachspiel* mit dem Titel *Alles geht weiter* ist Pinneberg mit Frau und Kind in ein Schreberhäuschen gezogen. Da er noch immer arbeitslos ist, muss seine Frau die Familie allein mit Handarbeiten ernähren. Als er die Hoffnung verliert, jemals wieder Arbeit finden und ein akzeptables Leben führen zu können, wird er depressiv. Letzter Zufluchtspunkt bleiben für ihn nur die Liebe zu seiner Frau und ihr privates Familienglück sowie das Bewusstsein der eigenen Integrität.

Fallada hat mit seinem Roman um die Überlebensstrategien des Ehepaars Pinneberg ein detailliertes Psychogramm des deutschen Kleinbürgers in der Zeit der Weimarer Republik, der Weltwirtschaftskrise und vor dem Hintergrund des erstarkenden Nationalsozialismus gefertigt.

Wirkung *Kleiner Mann – was nun?* gehört zu den international bekanntesten Werken der deutschsprachigen Literatur im 20. Jahrhundert. Es wurde in 20 Sprachen übersetzt und 1933, 1967 und 1981 verfilmt. Unter der Regie von Luc Perceval wurde der Roman 2009 an den Münchner Kammerspielen aufgeführt.

Mann, Klaus
deutscher Schriftsteller | *18.11.1906 in München | †21.5.1949 in Cannes | 1933 Emigration in die Niederlande | 1938 Übersiedlung in die USA | Teilnahme am Zweiten Weltkrieg als amerikanischer Soldat

....

Der älteste Sohn Thomas Manns litt zeitlebens darunter, sich schriftstellerisch gegenüber Vater und Onkel (Heinrich Mann) behaupten zu müssen. Nach großbürgerlicher Kindheit und bohemehafter Jugend lebte er ab 1925 in Berlin. Hier arbeitete er als Theaterkritiker und gründete, auch zur Aufführung seiner eigenen Dramen, ein Theaterensemble. Diesem gehörten seine Schwester Erika Mann und deren Ehemann Gustaf Gründgens an.

Nach der nationalsozialistischen Machtergreifung 1933 emigrierte Mann. Im niederländischen Exil engagierte er sich u. a. als Mitherausgeber der literarischen Emigrantenzeitung *Die Sammlung* gegen den Nationalsozialismus. 1938 siedelte Mann in die USA über und nahm als amerikanischer Soldat am Zweiten Weltkrieg teil.

Spielerisch stellt Klaus Mann sein eigenes Ich in verschiedenen Rollen dar (*Kindernovelle*, 1926). Persönliche Probleme werden schriftstellerisch verarbeitet, so etwa Homosexualität (*Der fromme Tanz*, 1926), Drogenabhängigkeit und Suizidgedanken (*Treffpunkt im Unendlichen*, 1932). Die autobiografischen Schriften von Mann (*Kind dieser Zeit*, 1932; *Der Wendepunkt*, 1942) sind wichtige kulturgeschichtliche Zeugnisse. In den Romanen *Mephisto* und *Der Vulkan* (1939) stellt er die Situation der Künstler und Intellektuellen in einer politisch hochbrisanten Situation in den Mittelpunkt. Mann, dessen literarische Leistung umstritten ist, starb an einer Überdosis Schlaftabletten.

Klaus Mann, der sich in seinem Werk immer wieder mit der eigenen Person auseinandersetzte und gegen den Faschismus kämpfte, gilt als wichtiger Vertreter der deutschen Exilliteratur. Nach Kriegsende konnten sich seine Werke jedoch auf dem westdeutschen Buchmarkt nicht behaupten. Erst ab Mitte der 1960er-Jahre fanden sie eine breite Leserschaft.

Mephisto   OA 1936 | 399 Seiten | Deutschsprachige Erstausgabe 1956 | Form Roman | Epoche Moderne

Klaus Manns *Mephisto,* der den Zusatztitel *Roman einer Karriere* trägt, setzt sich in einzigartiger Weise mit der Position des Künstlers zur Zeit des deutschen Nationalsozialismus auseinander. Mit seinem Protagonisten Hendrik Höfgen führt Mann einen von übersteigertem Ehrgeiz getriebenen Schauspieler vor, der um seiner Karriere willen einen Pakt mit dem Bösen eingeht. Darüber hinaus entwirft der Autor ein Bild von der Situation der exilierten Intellektuellen, so am Beispiel von Höfgens Frau Barbara. *Mephisto* ist als Künstler- und Zeitroman und nicht zuletzt auch als Schlüsselroman lesbar. Er wird als wichtiges Dokument der Exilliteratur gewertet.

Entstehung   Unterstützt vom Amsterdamer Querido Verlag nahm Mann den Vorschlag seines Kollegen Hermann Kesten (1900–96) auf, eine politische Satire über Gustaf Gründgens (1899–1963), Schauspieler und Intendant des Berliner Staatsschauspiels, zu schreiben. Ehemals mit Gründgens befreundet, beobachtete Mann dessen Werdegang seit Jahren mit einer Mischung aus Faszination und Abscheu. Obwohl Mann – auch um den Blick auf die literarische Dimension des Werkes zu richten – stets betonte, die Personen des Romans stellten Typen und nicht Porträts dar, ist die Orientierung an außerliterarischen Vorbildern unverkennbar.

Inhalt   Im Jahr 1936 beginnend, zeigt der Roman Höfgen als umjubelten Günstling des nationalsozialistischen Regimes auf der Geburtstagsfeier des preußischen Ministerpräsidenten. Retrospektiv wird die Geschichte dieser Karriere nachgezeichnet.

Nach schauspielerischen Erfolgen in Hamburg bekommt Höfgen Ende der 1920er-Jahre ein erstes Engagement am Berliner Staatstheater. Seine Bekanntheit steigert sich stetig und in der Rolle des Mephisto wird er zum Star. Zum Zeitpunkt der Machtergreifung befindet sich Höfgen im Ausland und befürchtet zunächst, wegen seiner ehemaligen Mitarbeit in einem kommunistischen Kabarett nicht nach Deutschland zurückkehren zu können. Durch die Fürsprache einer Kollegin erlangt Höfgen dann aber das Wohlwollen des Ministerpräsidenten und setzt seine Arbeit in Berlin fort.

Seine vitale Darstellung der mephistotelischen Figur wird für die Nationalsozialisten zu einer faszinierenden, ästhetisch überhöhten Darstellung des Bösen. Die eigene Situation klar reflektierend, erreicht Höfgen mit der Ernennung zum Intendanten und Staatsrat einen neuen Höhepunkt seiner Karriere. Ganz mit der Sorge um sein selbst empfundenes schauspielerisches Versagen in der Rolle des Hamlet beschäftigt, lehnt er am Ende des Romans in der Konfrontation mit einem kommunistischen Widerstandskämpfer jede politische Verantwortung ab und zieht sich voller Selbstmitleid auf seine Position als »gewöhnlicher Schauspieler« zurück.

Wirkung Der während des Dritten Reichs verbotene Roman wurde nach Kriegsende von westdeutschen Verlagen wegen des Prozessrisikos abgelehnt. Als das Buch mit kleinen Veränderungen 1956 im Ostberliner Aufbau-Verlag erschien, versuchte Gründgens, nach kurzer Inhaftierung bereits 1947 wieder in einer Intendantenposition (Düsseldorf), den Verkauf in der Bundesrepublik Deutschland zu behindern. 1963 gab die Nymphenburger Verlagshandlung *Mephisto* heraus, nachdem eine Klage von Gründgens' Adoptivsohn Peter Gorski zunächst abgewiesen worden war. 1966 wurde die Verbreitung des Romans gerichtlich verboten. Während im Ausland Übersetzungen erschienen, kursierte in der Bundesrepublik nur ein Raubdruck des Romans. Als er 1981 bei Rowohlt als Taschenbuch verlegt wurde, blieb eine erneute Klage aus und *Mephisto* führte monatelang die Bestsellerlisten an. Im selben Jahr wurde István Szabós Verfilmung (in der Hauptrolle: Klaus Maria Brandauer) in Cannes mehrfach preisgekrönt und 1982 mit dem Oscar für den besten fremdsprachigen Film ausgezeichnet. 1979 hatte Ariane Mnouchkine mit dem Théâtre du Soleil bereits eine Bühnenfassung erarbeitet.

Steinbeck, John

amerikanischer Schriftsteller | * 27.1.1902 in Salinas (Kalifornien) |
† 20.12.1968 in New York | 1935 Durchbruch als Schriftsteller |
1940 Pulitzer-Preises | 1962 Nobelpreis für Literatur

Der Sohn eines deutschstämmigen Mühlenbesitzers und einer Lehrerin wuchs in wohlsituierten Verhältnissen im Salinas-Tal auf. 1920–25 studierte er an der Universität von Stanford Literatur und am Meeresforschungsinstitut Pacific Grove Meeresbiologie, ohne jedoch einen Abschluss zu erlangen. Schon während des Studiums verdiente er seinen Lebensunterhalt mit zahlreichen Gelegenheitsarbeiten, u. a. als Reporter, Wanderarbeiter und Erntehelfer. Die Not der kalifornischen Landarbeiter und der aus Oklahoma und Arkansas vertriebenen Farmer rückte immer mehr in den Mittelpunkt seines Interesses. Nach dem Abbruch des Studiums versuchte er sich in New York als Journalist.

Seinen ersten großen schriftstellerischen Erfolg erzielte Steinbeck mit dem Schelmenroman *Tortilla Flat*, der 1935 erschien. Mit dem zeitkritischen Roman *Die Früchte des Zorns* gelang ihm 1939 auch der Durchbruch als international anerkannter Schriftsteller. Im Jahr darauf wurde er dafür mit dem Pulitzerpreis geehrt. Im Zweiten Weltkrieg arbeitete er als Kriegsberichterstatter in Europa (1943), das er später noch mehrfach ausgiebig bereiste. Ebenfalls als Kriegskorrespondent war er in Vietnam tätig (1965). 1962 wurde Steinbeck mit dem Literaturnobelpreis ausgezeichnet.

John Steinbeck, bekannt geworden vor allem durch seine sozialkritischen Romane über die Depressionsjahre, gilt als einer der bedeutendsten und meistgelesenen amerikanischen Schriftsteller des 20. Jahrhunderts. Seine Werke sind weltweit in Millionenauflagen erschienen. Die Authentizität seiner Romanfiguren und das Einfühlungsvermögen, mit dem er ihr Dasein am Rande der Gesellschaft schilderte, sind charakteristisch für das Erzählwerk dieses Autors, der sich zeitlebens für ein solidarisches und gerechtes Miteinander engagierte.

Früchte des Zorns OT The Grapes of Wrath | OA 1939 | 619 Seiten | Deutschsprachige Erstausgabe 1940 | Form Roman | Epoche Moderne

Mit seinem 1937/38 entstandenen Roman *Früchte des Zorns* schuf John Steinbeck ein bewegendes Dokument der existenziellen Not, in der sich unzählige amerikanische Farmerfamilien während der großen Depression der 1930er-Jahre befanden. Der Naturalismus der Darstellung, die Sozialkritik und die Stärke der Hauptcharaktere, die sich allen Widrigkeiten zum Trotz Würde und Menschlichkeit bewahren, begründeten den Weltruhm dieses Werkes. *Früchte des Zorns* gilt heute als ein Klassiker der modernen amerikanischen Literatur.

Entstehung Nach dem Zusammenbruch der New Yorker Börse 1929 sah sich ein Großteil der amerikanischen Farmer infolge der Kündigung ihrer Kredite und sinkender Nachfrage nicht mehr imstande, ihren Pachtzins zu bezahlen. Besonders hart betroffen waren die Farmer im Südwesten des Landes, wo die Erträge aufgrund der herrschenden Dürre, Stürme und Bodenerosionen ausblieben. Von den Grundbesitzern vertrieben, reihten sich immer mehr Familien in den Strom der Migranten Richtung Kalifornien ein. Dort angekommen, mussten die meisten von ihnen erkennen, dass ihre Hoffnung auf Arbeit vergebens war. Steinbeck selbst hatte, um authentisches Material zu sammeln, 1936 einen Treck begleitet und dabei die Zustände in den Auffanglagern kennengelernt.

Inhalt Der Roman erzählt das Schicksal der Familie Joad, die ihren Hof in Oklahoma aufgeben muss und sich in einem schrottreifen Lastwagen auf den Weg nach Kalifornien begibt. Mit den Eltern und den Kleinkindern Ruthie und Winfield reisen die beiden Großeltern, ein Onkel, die Söhne Tom, Noah und Al, ihre schwangere Schwester Rose of Sharon sowie deren Mann Connie. Ihnen schließt sich der Wanderprediger Jim Casy an, in dessen Gestalt Steinbeck zu erkennen ist.

Im Mittelpunkt der Familie steht die in ihrem Optimismus durch nichts zu erschütternde Mutter. Während sich der Vater immer mehr seiner Resignation ergibt, übernimmt sie im Lauf der Fahrt die Führungsrolle. Unterstützung erfährt sie von ihrem Sohn Tom, der bereits eine Haftstrafe wegen eines im Affekt begangenen Mordes verbüßt hat.

Trotz aller Bemühungen der Mutter bricht die Familie zusehends auseinander. Die Großeltern, die die Trennung von ihrer Heimat nicht verkraften, sterben noch während der Reise. Kurz vor der kalifornischen Grenze verlässt Noah seine Eltern und Geschwister und auch Connie macht sich aus dem Staub.

In Kalifornien kämpfen die Joads um einen Neuanfang, doch wird der Leser nicht mehr Zeuge des Gelingens. Von den einheimischen Arbeitern unerwünscht, werden sie wie Eindringlinge behandelt und können sich mit schlecht bezahlten Gelegenheitsjobs gerade vor dem Verhungern retten. Als Casy von Hilfstruppen der Landbesitzer erschlagen wird, begeht Tom in seiner Rachsucht einen zweiten Mord und flieht. In der Schlussszene lässt Rose von Sharon, die eine Totgeburt erlitten hat, einen verhungernden Landstreicher an ihrer Brust trinken.

Wirkung *Früchte des Zorns* erregte bei seiner Veröffentlichung großes Aufsehen; Roman und Autor waren erheblichen politischen Anfeindungen ausgesetzt: In Kalifornien entstanden zahlreiche Gegenschriften, das Buch wurde verboten und verbrannt. Dessen ungeachtet wurde der 1940 mit dem Pulitzerpreis ausgezeichnete Roman zu einem der größten amerikanischen Bucherfolge seiner Zeit.

John Ford verfilmte das Werk 1940 eindrucksvoll mit Henry Fonda, Jane Darwell und John Carradine in den Hauptrollen. Die herausragenden Leistungen Fords (bester Regisseur) und Darwells (beste Nebendarstellerin) wurden 1941 mit dem Oscar gewürdigt. Mit seiner Rolle als couragierter Farmer gelang es Fonda (Oscarnominierung), sich endgültig als Charakterdarsteller zu etablieren.

Orwell, George eigentlich Eric Arthur Blair

englischer Schriftsteller | * 25. 6.1903 in Motihari (Indien) | † 21.1.1950 in London | ab 1917 Studium am Eton College | 1936/37 Teilnahme am Spanischen Bürgerkrieg | ab 1937 Redakteur der *Tribune*

Der aus einer Familie der kolonialen Mittelschicht stammende George Orwell besuchte von 1917 bis 1922 als Stipendiat u. a. das Eton College im englischen Berkshire und ging anschließend als Offizier der Indian Imperial Police nach Burma. Aus Protest gegen den englischen Imperialismus legte Orwell 1927 sein Amt nieder, lebte zunächst als Vagabund in Paris und London, später als Tellerwäscher und Lehrer in Privatschulen in England und begann, Reportagen sowie Rezensionen zu schreiben.

Ab 1933 feierte Orwell seine ersten Bucherfolge. Als Freiwilliger zog er 1936 aufseiten der Republikaner in den Spanischen Bürgerkrieg und kehrte 1937 verwundet nach England zurück. In den folgenden Jahren wirkte er u. a. als Redakteur und Kolumnist der linksorientierten Wochenzeitung *Tribune*.

Bereits schwer an Tuberkulose erkrankt, schrieb Orwell 1949 seinen letzten Roman *1984,* der neben *Schöner Neuer Welt* von Aldous Huxley die bekannteste Antiutopie des 20. Jahrhunderts darstellt. Durch ihn sowie durch die Fabel *Farm der Tiere* ist Orwell berühmt geworden. Beide zählen zu den großen fortschritts- und gesellschaftskritischen Werken des 20. Jahrhunderts, die dessen Brüche und Katastrophen in gewaltige Allegorien fassen.

George Orwell, anfänglich Kommunist, dann Sozialist, kämpfte gegen die Unterdrückung in faschistischen, imperialistischen und kommunistischen Staaten. Er war ein Ästhet alltäglicher Erfahrung, ohne dem Alltag selbst Ästhetisches abzugewinnen. In seinen Romanen und Essays, die durch eine klare Sprache bestechen, versucht Orwell an die eigentliche Wirklichkeit heranzukommen und sie zu präsentieren.

Farm der Tiere   OT Animal Farm | OA 1945 | 91 Seiten | Deutschsprachige Erstausgabe 1946 | Form Fabel | Epoche Moderne

Mit *Animal Farm* schuf George Orwell eine Satire auf das Diktatorenwesen und die Auswüchse eines Massenstaates. Die bekannteste Fabel des 20. Jahrhunderts zeigt die Geschichte einer fehlgeschlagenen Revolution, nach der der ursprüngliche Zustand wieder erreicht ist.

Orwell hatte das Werk als antistalinistische Satire konzipiert, um die englische, gegenüber Josef Stalin (1878–1953) unkritische Öffentlichkeit über die »Korruption der ursprünglichen Idee des Sozialismus« in der Sowjetunion aufzuklären. Der Satz »Alle Tiere sind gleich, aber einige Tiere sind gleicher als andere«, der das anfängliche Gleichheitsstatut der an sich solidarischen Tiere im letzten der zehn Kapitel in die Restauration eines Zweiklassensystems zurücksinken lässt, wurde zum geflügelten Wort.

Inhalt   Auf der Herrenfarm von Mr. Jones planen die Tiere einen Aufstand gegen ihren Besitzer. Die Idee der Revolution hegt ein alter Keiler namens Old Major, der den Ausbeuter Mensch vertreiben und den Tieren die Produkte ihrer Arbeit zukommen lassen will. Kurz darauf stirbt Old Major, unter der Führung der Schweine Schneeball und Napoleon gelingt die Vertreibung von Jones. Die Herrenfarm wird in die Farm der Tiere umbenannt, Napoleon und Schneeball übernehmen die Leitung.

Das Gebot, dass alle Tiere gleich sind, und sechs weitere Gebote werden postuliert, aber bald umgedeutet. Schneeball und Napoleon geraten schnell miteinander in Streit, Letzterer vertreibt mithilfe einer Gruppe scharfer Hunde Schneeball und lässt sich immer mehr verherrlichen. Die Schafe benutzt er als jubelnde Hurraschreier. Napoleon räumt den Schweinen schließlich Sonderrechte ein, da sie die Denkarbeit leisten. Die arbeitenden Tiere werden bewusst auf einem niederen Bildungsstand gehalten, um sie besser manipulieren zu können. Das arbeitsame Pferd Boxer endet beim Abdecker, die »Herren«-Schweine beginnen den Menschen gleich auf zwei Beinen zu gehen. Zuletzt erklären die Schweine, sie hätten mit den verfeindeten Nachbarn Frieden geschlossen. Die anderen Tiere der Farm beobachten die Schweine und die Menschen bei ihrer Feier im Farmhaus und können nicht mehr zwischen Schweinen und Menschen unterscheiden.

Wirkung Orwell bezeichnete *Animal Farm* als sein erstes Werk, in dem er »politische und ästhetische Intentionen« zu einer Einheit verschmelzen konnte (*Warum ich schreibe,* 1946). Die Einsicht in die politischen Zusammenhänge, in die einzelnen Charaktere, vermag er in seiner schlichten Prosa mittels scharfen Witzes und einer Mischung von Humor und Pathos sinnfällig zu vermitteln.

Die unverminderte Aktualität und Beliebtheit des Werks zeigt sich u. a. in der einzigen von den Erben Orwells autorisierten Dramatisierung von Peter Hall (1984) oder den von Adrian Mitchell verfassten und von Richard Peaslee vertonten Gedichten. Zu großer Popularität gelangte die Zeichentrickverfilmung von Jay Batchelor und John Halas aus dem Jahr 1954.

Machfus, Nagib

ägyptischer Schriftsteller | *11.12.1911 in Kairo | †29.8.2006 in Kairo | ab 1930 Studium der Literatur | ab 1939 Beamter im ägyptischen Staatsdienst | 1988 Nobelpreis für Literatur

Der Sohn eines Staatsbeamten wuchs in einem der ältesten Viertel Kairos auf. Nagib Machfus studierte 1930–34 am Literatur- und Philosophiekolleg der Ägyptischen Universität von Kairo und war ab 1939 bis zu seiner Pensionierung im Staatsdienst tätig.

Der Widerstand gegen die britische Besatzung und die geistigintellektuelle Neuorientierung Ägyptens in den 1920er-Jahren haben das Werk von Nagib Machfus nachhaltig geprägt. Nach einigen historischen Romanen über die Pharaonenzeit war das literarische Schaffen von Machfus ab seinem Roman *Das neue Kairo* (1945) verstärkt von zeitkritischen Aspekten bestimmt, etwa in der *Kairo-Trilogie* (1956/57), für die er mit dem ägyptischen Staatspreis für Literatur ausgezeichnet wurde. Die Vorveröffentlichung seines Romans *Die Kinder unseres Viertels* (1959) in der Tageszeitung *al-Ahram* wurde auf Druck fundamentalistischer Kräfte abgebrochen; eine Buchausgabe in arabischer Sprache konnte zunächst nur in Beirut erscheinen. Islamische Fanatiker verhängten 1988 die Fatwa über Machfus. Einen Mordanschlag überlebte er 1994 schwer verletzt.

Mit seinen Romanen wie *Die Midaq-Gasse* (1947) wurde Nagib Machfus zum wichtigsten Wegbereiter des Mitte des 20. Jahrhunderts in Ägypten noch wenig entwickelten und damals vornehmlich auf europäische Vorbilder fixierten Romans in der arabischen Literatur.

1988 als erster Schriftsteller arabischer Sprache mit dem Nobelpreis für Literatur ausgezeichnet, wurde der Autor von über 30 Romanen und 15 Bänden mit Erzählungen auch mit seiner viel beachteten wöchentlichen Kolumne in *al-Ahram* zur moralischen Stimme Ägyptens.

Die Midaq-Gasse OT Zuqaq al-Midaqq | OA 1947 |
Deutschsprachige Erstausgabe 1985 (357 Seiten) | Form Roman |
Epoche Moderne

Die Midaq-Gasse steht im Gesamtwerk von Nagib Machfus am Übergang von einer frühen Phase historisierender Romane zu einer realistischen Periode. Bis Ende der 1950er-Jahre waren nun Darstellung und Kritik der ägyptischen Gesellschaft das vorrangige Anliegen des Autors.

Inhalt Erzählt wird von der Veränderung des Lebens in einer engen Gasse im historischen Kairo; sie ähnelt jener, in der der Autor selbst aufwuchs, und symbolisiert den gesellschaftlichen Wandel. Am Beispiel der Bewohner jener Gasse schildert Machfus das Dasein mehrheitlich einfacher Menschen in ihren beschränkten ökonomischen Verhältnissen, denen sie auf unterschiedliche Weise zu entfliehen versuchen. Nicht selten führt ihr Weg außerhalb des Wohnviertels zu den Engländern. Die Möglichkeit, bei den ehemaligen Kolonialherren eine Anstellung zu finden, bietet oftmals den einzigen Hoffnungsschimmer.

Der Roman spielt während drei Monaten gegen Ende des Zweiten Weltkriegs und führt in der ersten Hälfte gut ein Dutzend teilweise skurriler und schillernd charakterisierter Figuren vor: den Bonbonverkäufer Kamil, Salim Alwan, Eigentümer einer kleinen Handelsgesellschaft für Parfüms und Tees, den zwielichtigen Zita, der gegen einen Anteil ihrer Almosen jene verstümmelt, die ihren Lebensunterhalt als Bettler verdienen wollen, und den alten Geschichtenerzähler al-Hilali, dem niemand mehr zuhört, seit es das Radio gibt. Sie alle sind in der Midaq-Gasse mit ihren kleinen Läden und ihrem geschäftigen Treiben zu Hause und treffen sich allabendlich zu Klatsch und Spiel in Kirschas Kaffeehaus, wo viele Handlungsfäden zusammenlaufen, um sich anschließend wieder in der Gasse zu verteilen.

Erst in der zweiten Hälfte des Romans treten einige Figuren stärker hervor – etwa Hamida, die ihren Verlobten, den anständigen, aber braven und mittellosen Frisör Abbas al-Hilu, betrügt, als der zur britischen Armee geht, um Geld für ihre gemeinsame Zukunft zu verdienen, und schließlich als Prostituierte endet. Sie steht stellvertretend für die Jungen, denen Traditionen und ehrenhafte Sitten nichts mehr bedeuten und die sich nach dem modernen Leben mit elektrischem Licht und fließendem Wasser sehnen; sie müssen allerdings die Erfahrung machen, dass das Leben außerhalb der schützenden Gemeinschaft der Gasse »nicht nur heiter und voller Glanz, sondern auch leidvoll und enttäuschend« sein kann.

Wirkung *Die Midaq-Gasse* war der erste Roman, mit dem Machfus die Aufmerksamkeit der arabischen Literaturkritik erregte. Im Mikrokosmos der Altstadtgasse spiegelt sich ein Zeitenwandel, den Machfus allerdings nicht nur in Kairo beobachtete: »Die Gasse ist für mich das Symbol für die ganze Welt.«

Camus, Albert

französischer Schriftsteller und Philosoph | *7.11.1913 in Mondovi (Algerien) | †4.1.1960 bei Villeblevin (Provence) | zeitweilig enge Beziehung zu Jean-Paul Sartre und den Existenzialisten | 1947 Träger des Prix des Critiques | 1957 Nobelpreis für Literatur

....

Albert Camus wuchs in einem Arbeiterviertel in Algier als Halbwaise auf. Er studierte nach einer Tuberkuloseerkrankung Philosophie und arbeitete als Schauspieler, Schriftsteller und Journalist. 1934/35 war er Mitglied der Kommunistischen Partei. 1937 gründete er das Théâtre de l'Équipe, für das er auch inszenierte. Ab 1938 arbeitete er als Journalist für den *Alger républicain*. Nach dessen Verbot siedelte Camus 1940 nach Paris über und begann, als Redakteur für die Zeitung *Paris-Soir* zu schreiben.

1942 erschienen sein Roman *Der Fremde* sowie der philosophische Essay *Der Mythos des Sisyphos,* im selben Jahr schloss er sich der Wiederstandgruppe »Combat« an. 1943 trat er als Lektor ins Verlagshaus Gallimard ein. Die zunächst enge Beziehung zu Jean-Paul Sartre und den Existenzialisten scheiterte nach heftiger Kontroverse um Camus' Essaysammlung *Der Mensch in der Revolte*. 1947 erschien der Roman *Die Pest*, für den er mit dem Prix des Critiques ausgezeichnet wurde. Es folgten Reisen in die USA, nach Algerien, Griechenland und Südamerika. Ab 1954 versuchte er, im Algerienkonflikt zu vermitteln. 1957 wurde Camus der Literaturnobelpreis verliehen. Drei Jahre später verunglückte er tödlich im Auto seines Verlegers Gallimard.

Mit seinen Werken profilierte sich der philosophische Dichter Albert Camus als eine der literarisch und moralisch gewichtigsten Stimmen Frankreichs. Grundlage ist die Philosophie des Absurden, die auf der Erkenntnis der Sinnlosigkeit menschlicher Existenz beruht. Camus fordert, dass der Mensch sein absurdes Dasein bewusst annehme und eigene ethische Prinzipien dem moralischen Nihilismus entgegensetze.

Die Pest   OT La peste | OA 1947 | 255 Seiten | Deutschsprachige Erstausgabe 1948 | Form Roman | Epoche Moderne

Mit dem in Form einer allegorischen Chronik angelegten Roman *Die Pest* gelang Camus eine der wichtigsten literarischen Vergangenheitsbewältigungen der französischen Nachkriegszeit. Camus verstand sein Werk als literarisches und historisches Dokument sowie Mahnmal gegen jede Art von Gewalt und Terror, als Aufruf zu gesellschaftlicher Solidarität und kollektivem Engagement in Zeiten der Not.

Inhalt   Die frei erfundene Handlung spielt in den 1940er-Jahren in der nordafrikanischen Stadt Oran. Sterbende Ratten sind das erste Anzeichen der Pest, die das Volk zunächst nicht wahrhaben will. Als die Seuche immer mehr Menschenleben fordert, wird die Stadt unter Quarantäne gestellt. Der Arzt Rieux organisiert den Widerstand gegen die Seuche, unterstützt vom Pariser Journalisten Rambert, dem kleinen Angestellten Grand und dem gemäßigten Ideologen Tarrou. Die freiwilligen Hilfstrupps setzen sich unermüdlich für die Rettung von Menschenleben ein. Nutznießer der Tragödie sind der Kriminelle Cottard und der Jesuit Paneloux. Tarrou, mit dem sich Rieux angefreundet hat, stirbt als einer der Letzten an der Pest, als die Bevölkerung schon die Befreiung von der Seuche feiert. Sein Tod erscheint ebenso absurd wie das Sterben von Rieux' Frau, die er im Sanatorium außerhalb der Stadt in Sicherheit glaubte.

Camus beschreibt ein kollektives Leid, das eine Gemeinschaft ereilt. Er zeigt die Auswirkungen auf das moralische Klima in der Stadt und Verhaltensweisen einzelner Personen, die sich der Seuche entweder widersetzen oder sie für ihre Zwecke nutzen. Die Symptome einer allegorischen Bedeutung der Pest häufen sich im Verlauf des Textes und werden durch wiederholte Vergleiche von Pest und Krieg bestätigt. Mit der Beschreibung der Aktionen der Sanitäter, die sich gegen eine scheinbare Übermacht behaupten, würdigt Camus im literarischen Gleichnis die Leistung der französischen Widerstandsbewegung. Die Kollaboration besteht in der Nutznießung der Seuche durch Schmuggler, Kriminelle und den Geistlichen Paneloux. Auch wenn die Pest am Ende besiegt ist, wird die Mahnung erhoben, dass der Triumph nicht endgültig sein kann.

Aufbau Der Roman *Die Pest* ist wie das klassische Drama in fünf Teile gegliedert, die insgesamt 30 Kapitel umfassen. Im ersten Teil werden erste Anzeichen der Pest geschildert. Der zweite Teil zeigt das Fortschreiten der Seuche, die im dritten Teil ihren Höhepunkt erreicht. Am Ende des vierten Teils kündigt sich das Schwinden der Seuche an, das im fünften und letzten Teil beschrieben wird. Der angebliche Chronist der Ereignisse, der Arzt Rieux, gibt an, das Geschehen direkt im Anschluss aufgezeichnet zu haben sowie objektiv und umfassend zu berichten. Trotzdem beschränkt er sich nicht auf eine Wiedergabe des äußeren Geschehens, sondern lässt den Leser an inneren Konflikten der Figuren teilhaben. Der Erzähler reflektiert auch das Erzählen selbst, insbesondere die Frage der wirklichkeitsgetreuen Darstellung.

Wirkung Mit dem Roman gelang Camus endgültig der literarische Durchbruch. Von der Kritik durchweg gelobt, entwickelte sich das Buch schnell zum Verkaufsschlager. Der Bezug zur jüngsten (Kriegs-)Vergangenheit wurde 1947 in ganz Europa verstanden. Das Solidaritätskonzept, das Camus in seinem Werk entwickelt, beansprucht für jede vergleichbare Spannungssituation Geltung.

Die Pest wurde für den Film (1991 durch Luis Puenzo) und das Theater (durch Martin Kloepfer; Uraufführung: 2010 am Schauspiel Frankfurt am Main) adaptiert.

Greene, Graham

englischer Schriftsteller | * 2.10.1904 in Berkhamsted (Hertfordshire) | † 3.4.1991 Vevey, Schweiz | 1981 Jerusalem-Preis für die Freiheit des Individuums in der Gesellschaft | 1996 Order of Merit

Graham Greene ist der herausragendste englische Schriftsteller der auf Joseph Conrad, Henry James, D. H. Lawrence und Virginia Woolf folgenden Generation. Durch die Verfilmung des Buchs *Der dritte Mann* wurden seine von ihm als »entertainments« bezeichneten Kriminalromane international bekannt. In seinem Hauptwerk, den »novels«, beschäftigte Greene sich als katholischer Autor mit dem Kampf der modernen Existenz um Wahrheit.

Nach der Ausbildung in Berkhamsted und Oxford arbeitete Greene 1926–30 bei der *Times*. In dieser Zeit konvertierte er zum Katholizismus, eine Reaktion auf seine anhaltenden Depressionen. In den späten 1930er-Jahren wurde er als Filmkritiker für die *Times* und den *Spectator* bekannt. Greene reiste häufig als Journalist und bezog Anregungen für seine Romane aus seinen Reisen. Daneben flossen Ereignisse aus Politik und Sozialgeschichte in sein Werk ein.

Greens erster Erfolg war *Stamboul Train* von 1932, doch erst mit *Brighton Rock* gelang ihm 1938 der Durchbruch. Aus der Reise nach Mexiko im Jahr darauf resultierte *Die Kraft und die Herrlichkeit*. Nach der Tätigkeit als Herausgeber der Literaturbeilage der *Times* arbeitete Greene 1941–44 für das englische Außenministerium in Sierra Leone. Seine Aufenthalte in den armen und vom Krieg heimgesuchten Ländern weckte sein Interesse für die Verlierer der Weltgeschichte, die er in seinen Büchern exemplarisch vorstellte. 1949 schrieb er das Drehbuch zu *Der dritte Mann*. Nach dem Erfolg des Films wandte er sich dem Schreiben von Bühnentexten zu, die allerdings nicht das Niveau seiner Bücher erreichen. In den 1950er- und 1960er-Jahren konnte er weitere Erfolge erzielen, u. a. mit *Unser Mann in Havanna* (1958), seinem einzigen Buch mit glücklichem Ende. In den 1980er-Jahren wandte er sich ab von religiösen und hin zu rein weltlichen Themen.

Der dritte Mann   OT The third Man | Deutschsprachige Erstausgabe 1950 (157 S.) | DE 1951 | Form Erzählung | Epoche Moderne

Graham Greenes Erzählung um den gutgläubigen Rollo Martins und seinen kriminellen Jugendfreund Harry Lime war ursprünglich als Vorlage für ein Filmskript gedacht und »nicht geschrieben, um gelesen, sondern um gesehen zu werden«, wie der Autor selbst im Vorwort berichtet.

Inhalt   Handlungsort der Erzählung ist das von den Siegermächten des Zweiten Weltkriegs besetzte winterliche Wien. Der Engländer Rollo Martins erhält von seinem alten Schulfreund Harry Lime die Einladung, einen Artikel über das von ihm vertretene Internationale Flüchtlingsamt in Wien zu verfassen. Dort eingetroffen, sucht Martins das Haus seines Freundes auf und erfährt, dass Lime wenige Tage zuvor von einem Auto erfasst und getötet wurde. Auf der Beerdigungsfeier lernt Martins mit dem Polizeioffizier Calloway den Icherzähler der Geschichte kennen. Als Calloway ihm eröffnet, dass Lime ein gewissenloser Schwarzmarktschieber gewesen sei, weist Martins, der Lime seit der gemeinsamen Schulzeit wie einen Helden verehrt, die Anschuldigungen als Verleumdung zurück.

Fest entschlossen, Harrys Unschuld zu beweisen, bemüht er sich zunächst darum, die Hintergründe des tödlichen Unfalls zu klären. Sein Verdacht, Harry sei das Opfer eines Komplotts gewesen, scheint sich anfangs zu bestätigen. Wie sich herausstellt, waren alle bei dem Unfall anwesenden Personen mit Lime bekannt gewesen. Rätselhaft bleibt jedoch vor allem, um wen es sich bei dem geheimnisvollen »dritten Mann« handeln könnte, den ein Augenzeuge bei der Leiche Harry Limes gesehen haben will, den er aber in seiner Aussage vor der Polizei nicht erwähnt hat.

Noch am selben Abend nach seiner Unterredung mit Martins wird dieser Zeuge ermordet, und Martins erkennt, in welche Gefahr er sich mit seinen Nachforschungen gebracht hat. Calloway, dem er die Ergebnisse seiner Recherchen unterbreitet, gelingt es schließlich, ihm anhand seines Beweismaterials die Beteiligung Harry Limes am Schwarzmarkthandel mit verdünntem Penicillin glaubhaft zu machen. Als ihm klar wird, dass sein bewunderter Freund für zahlreiche Todesfälle verantwortlich ist, bricht für Martins eine Welt zusammen.

Er sucht Harrys Geliebte, die Schauspielerin Anna Schmidt auf, um sie über Harrys Machenschaften in Kenntnis zu setzen. Beim Verlassen ihres Hauses sieht er im Dunkel die Gestalt eines Mannes, in dem er Lime wiederzuerkennen glaubt. Calloway, dem er von der Begegnung erzählt und der nun ebenfalls an Harrys Unfalltod zu zweifeln beginnt, fordert Martins auf, sich als Lockvogel für eine Verhaftung zur Verfügung zu stellen, doch Martins lehnt ab.

Beim Riesenrad im Prater kommt es zu einem geheimen Treffen zwischen Rollo Martins und Harry Lime. Harry, der sich der unbedingten Loyalität seines Freundes noch immer sicher sein zu können glaubt, gesteht freimütig seine Vergehen und bietet Martins eine Beteiligung an seinen Geschäften an. Harry wird in eine Falle gelockt, kann jedoch kurz vor seiner Ergreifung noch einmal entkommen. Seine Flucht führt ihn und seine Verfolger durch die Kanalisation von Wien. In der dramatischen Schlussszene dieser Verfolgungsjagd ist es Rollo Martins selbst, der dem bereits verletzten Freund den Todesschuss versetzt.

Wirkung Insbesondere durch die Verfilmung des Drehbuchs durch Carol Reed (1906–76) im Jahr 1949 mit Orson Welles und Joseph Cotten in den Hauptrollen wurde *Der dritte Mann* zum bekanntesten Werk von Greene.

Dürrenmatt, Friedrich

schweizerischer Schriftsteller, Dramatiker und Maler | *5.1.1921 in Konolfingen | †14.12.1990 in Neuenburg | Sohn eines Pastors | ab 1941 Studium der Philosophie, Germanistik und Naturwissenschaften | 1986 Gewinner des Georg-Büchner-Preises

....

Friedrich Dürrenmatt, Sohn eines reformierten Pfarrers, wurde 1921 in Konolfingen im Kanton Bern geboren. Schon in seiner Kindheit begann er zu malen und zu zeichnen; der Dorfmaler von Konolfingen stellte ihm in dieser Zeit sogar sein Atelier zur Verfügung. 1935 zog die Familie nach Bern, wo der Vater Pfarrer am Salemspital wurde. In Bern besuchte Dürrenmatt zunächst das Freie Gymnasium, später machte er sein Abitur am Humboldt-Gymnasium. Sein Vater wollte, dass er Theologie studiert, Friedrich jedoch wollte Maler werden. Da seine damaligen Arbeiten von verschiedenen professionellen Malern negativ beurteilt wurden, begann er ab 1941 ein Studium der Literatur, Philosophie und der Naturwissenschaften, zunächst in Bern, später in Zürich. 1946 beendete er sein Studium und entschloss sich, freier Schriftsteller zu werden. 1952 zog er mit seiner Frau, der Schauspielerin Lotti Geißler, und seinen drei Kindern in ein Haus in Neuenburg, wo er bis zu seinem Tod lebte. Nach seinem Tod wurde sein Wohnhaus in das Centre Dürrenmatt Neuchâtel integriert. In diesem Museum ist in einer Dauerausstellung das umfangreiche Bildwerk Dürrenmatts zu besichtigen.

Der Autor Dürrenmatt verstand sich als kritischer Opponent, der der Gesellschaft mit Humor und Sarkasmus, mit Satire und Groteske den Spiegel vorhält. Mit seiner Diagnose der Welt als Labyrinth und seinem Zweifel am Sinn des Seins, die er sowohl in Dramen als auch in Erzählungen, Kriminalromanen und Hörspielen zum Ausdruck brachte, wollte er das Publikum irritieren und zu kritischer Reflexion anregen. Zahlreiche seiner Werke wurden zu Klassikern der Moderne.

Gleich mit seinem ersten aufgeführten Stück, *Es steht geschrieben* (1947), löste Dürrenmatt deutlichen Widerspruch aus. Die viel gelesenen Romane *Der Richter und sein Henker* (1952), *Der Verdacht* (1953) und *Das Versprechen* (1958) sowie der in den 1950er-Jahren begonnene und 1985 publizierte Roman *Die Justiz* zeugen von Dürrenmatts Vorliebe für die Kriminalgeschichte. Weitere Werke wie die Theaterstücke *Der Besuch der alten Dame* (1956) und *Die Physiker* (1962) trugen ihm Weltruhm sowie zahlreiche internationale Ehrungen und Preise ein, u. a. 1986 den Georg-Büchner-Preis.

Der Richter und sein Henker   OA 1952 | 144 Seiten |
Form Kriminalroman | Epoche Moderne

Ausgangspunkt der Kriminalromane von Friedrich Dürrenmatt ist die Nichtberechenbarkeit der Welt. Damit verletzt er die üblichen Regeln des Genres, das die Berechenbarkeit des menschlichen Handelns und die innere Ordnung der Welt durch ausgleichende Gerechtigkeit voraussetzt. In Dürrenmatts Kriminalromanen spielt wie in seinen Dramen der Zufall die Hauptrolle. In *Der Richter und sein Henker* werden weitere Genreerwartungen enttäuscht: Der Kommissar macht sich schuldig – er ist dem Verbrecher in seinem Verhältnis zur Gerechtigkeit sehr ähnlich – und der Verbrecher wird für ein nicht begangenes Verbrechen bestraft. Diese Erweiterung der Spielart des Krimis trug zur Attraktivität und zum Fortbestand des Genres bei.

Entstehung   Dürrenmatt verfasste *Der Richter und sein Henker* aus finanziellen Gründen zunächst als Fortsetzungsroman in acht Folgen für das Wochenblatt *Schweizerischer Beobachter*. Der Qualität des Kriminalromans schadete dies keineswegs; Dürrenmatt folgte hier ganz seinem Grundsatz: Kunst könne sich womöglich nur noch dort durchsetzen, »wo sie niemand vermutet«.

Inhalt   Zentrale Figur des Kriminalromans ist der alte, kranke Kommissar Bärlach, der in seiner Jugend eine Wette mit dem Verbrecher

Gastmann abschloss. Während Bärlach meinte, dass »die menschliche Unvollkommenheit, die Tatsache, dass wir die Handlungsweise anderer nie mit Sicherheit voraussagen können, und dass ferner der Zufall, der in alles hineinspielt, der Grund sei, der die meisten Verbrechen zwangsläufig zutage fördern müsse«, erkannte Gastmann darin die Möglichkeit, ein nicht aufzuklärendes Verbrechen zu begehen. Vor den Augen Bärlachs stieß er einen Unbeteiligten von einer Brücke. Die Polizei ging von Selbstmord aus. Gastmann wurde trotz der Hinweise des Kommissars nicht zur Rechenschaft gezogen und entwickelte sich zu einem erfolgreichen Geschäftsmann.

Am Ende seiner Laufbahn sieht Bärlach nun die Chance, Gastmann nach 40 Jahren der vergeblichen Jagd endlich zu überführen. Ein Kollege Bärlachs wird in der Nähe des Schweizer Dorfes Twann ermordet. Der Kommissar meint den Mörder zu kennen, lenkt den Verdacht aber geschickt auf Gastmann. In einem raffinierten und verwirrenden Spiel benutzt Bärlach den tatsächlichen Täter, seinen Kollegen Tschanz, als Henker. Tschanz erschießt Gastmann in angeblicher Notwehr, um sich selbst zu decken. Der »Sieg« Bärlachs ist kein Sieg der Gerechtigkeit; er kann Gastmann – das Böse – nur mit dessen eigenen Waffen schlagen.

Wirkung Kommissar Bärlach reiht sich ein in die Riege der einsamen Romanpolizisten, wie sie Georges Simenon mit Maigret oder Raymond Chandler mit Philip Marlowe schufen. Doch ist er nicht der einsame Verfechter der Gerechtigkeit, im Gegenteil, die Gerechtigkeit wird als Mythos entlarvt. Diese beunruhigende Variante des Kriminalromans, die die Regeln dieses Genres erst verletzt, dann ad absurdum führt, fand schnell ein breites Publikum. Die Kriminalromane von Dürrenmatt, alle drei Prosawerke von literarischem Rang, wurden in 20 Sprachen übersetzt und erreichten eine Millionenauflage. Auch als Film u. a. unter der Regie von Maximilian Schell (1976), feierten sie Erfolge. *Der Richter und sein Henker* wurde mehrmals für das Theater adaptiert und im Jahr 2008 als Oper, komponiert von Franz Hummel, an der Erfurter Bühne uraufgeführt.

Nabokov, Vladimir

russischer Schriftsteller | *23.4.1899 in Petersburg | †2.7.1977 in Montreux (Schweiz) | 1919 Emigration nach Deutschland | ab 1937 in Paris | 1945 Erhalt der amerikanischen Staatsbürgerschaft

Nabokov wuchs in einer großbürgerlichen russischen Familie auf, die 1919 nach Deutschland emigrierte. Er studierte französische Literatur sowie Entomologie in Cambridge (England). Ab 1922 lebte er als Staatenloser in Berlin. Nach ersten Gedichten verfasste er unter dem Pseudonym Sirin Prosaschriften, die schon bald die Aufmerksamkeit der Kritik auf sich zogen.

1937 verließ Nabokov Deutschland, lebte bis 1940 in Paris und übersiedelte schließlich in die USA, wo er 1945 die amerikanische Staatsbürgerschaft erlangte. Dort war er 1941–48 »Poet in residence« am Wellesley College bei Boston und beschäftigte sich daneben mit Schmetterlingskunde am Museum für Zoologie der Harvard University. 1948–59 war Nabokov Professor für russische und europäische Literatur an der Cornell University; anschließend lebte er als freier Schriftsteller in Montreux.

In seinem vielseitigen Werk, das Romane, Theaterstücke und Erzählungen umfasst, wies sich Vladimir Nabokov als fantasievoller Romancier und virtuoser Erzähler aus. Sein ironisch-frivoler Roman *Lolita* sorgte zunächst für einen Skandal, entwickelte sich dann jedoch zu einem sensationellen internationalen Erfolg.

Lolita   OT Lolita | OA 1955 | Deutschsprachige Erstausgabe 1959 | 445 Seiten | Form Roman | Epoche Moderne

Der 1955 erschienene Roman erreichte einen mehr als zwei Jahre währenden Untergrundruhm; die 1958 veröffentlichte amerikanische Ausgabe geriet zum Skandalerfolg. *Lolita* ist ein virtuoses, ironisch-frivoles Meisterwerk der Weltliteratur und avancierte rasch zu einem Klassiker der Moderne.

Entstehung Nabokovs Suche nach einem renommierten Verlag für seinen zwischen 1949 und Ende 1953 entstandenen Roman scheiterte, nachdem fünf Verlagshäuser die Veröffentlichung u. a. wegen des Verdachts auf Pornografie abgelehnt hatten. So erschien *Lolita* in englischer Sprache in dem auf mehr oder weniger anspruchsvolle literarische Erotika spezialisierten Olympia-Press-Verlag in Paris. Eine Art Vorstudie bildet die 1939 geschriebene, erst 1986 posthum veröffentlichte Novelle *Der Zauberer*.

Inhalt Der Roman schildert die unselige Leidenschaft des 1910 in Frankreich geborenen Literaturwissenschaftlers und Privatlehrers Humbert Humbert zu der kindhaften und gleichzeitig frühreifen 12-jährigen Dolores (Lolita) Haze. Humbert Humbert ist Mädchen zwischen neun und vierzehn Jahren verfallen; deren vollkommene Inkarnation findet er in Lolita. Um in ihrer Nähe bleiben zu können, heiratet er ihre Mutter, die Witwe Charlotte Haze; er verursacht indirekt deren Tod und beginnt mit Lolita – aus Furcht vor Entdeckung seiner verbotenen Leidenschaft – ein unstetes Reiseleben durch die USA. Humbert Humbert stellt bald fest, dass sie verfolgt werden, und eines Tages ist Lolita, offenbar mit dem Verfolger im Bunde, verschwunden. Als er sie nach Jahren wiedersieht – verheiratet, schwanger und in ärmlichen Verhältnissen lebend –, weigert sie sich, zu ihm zurückzukehren, doch gelingt es ihm, den Namen des damaligen Nebenbuhlers zu erfahren. Es ist der Dramatiker Clare Quilty, den er in einer furiosen Racheszene erschießt.

Mit sprachlicher und stilistischer Virtuosität geschrieben, mit zahlreichen literarischen Anspielungen und distanzierender Ironie, ist der Roman weder Schilderung der Überschreitung moralischer Schranken noch Diagnose einer dekadenten Epoche, sondern am ehesten die Geschichte einer tragischen Leidenschaft, die ihren Gegenstand – wenn überhaupt – nur um den Preis der Zerstörung erreichen kann.

Wirkung Der anfangs heftig umstrittene Roman, der die Mitgliedschaft des Dichters im Kollegium der Universität zu gefährden drohte, entwickelte sich zu einem außerordentlichen kommerziellen Erfolg. Er verhalf Nabokov schlagartig zu internationaler Popularität und finanzieller Unabhängigkeit. Für die Verfilmung durch Regisseur Stanley Kubrick (in der Hauptrolle: James Mason) im Jahr 1962 hatte Nabokov auch das Drehbuch verfasst. Die zweite Verfilmung des Romans aus dem Jahr 1997 durch Adrian Lyne mit Jeremy Irons in der Rolle des Humbert Humbert konnte an den Erfolg ihres Vorgängers anknüpfen.

Tomasi di Lampedusa, Giuseppe
eigentlich Giuseppe Tomasi, Fürst von Lampedusa
italienischer Schriftsteller | *23.12.1896 in Palermo | †23.7.1957 in Rom | entstammte einem bedeutenden sizilianischen Adelsgeschlecht | Kriegsgefangenschaft im Ersten Weltkrieg | 1959 Gewinner des Literaturpreises Premio Strega
....

Tomasi entstammte einem alten sizilianischen Adelsgeschlecht. Auf dem großen Landsitz seiner Eltern, auf dem sich auch ein Theater befand, kam er in ersten Kontakt mit der Welt des Schauspiels. Dort schrieb er kleinere Stücke und Erzählungen, und zwar sowohl auf Italienisch als auch auf Französisch, das ihn seine Mutter gelehrt hatte.

Ab 1911 besuchte Tomasi ein humanistisches Gymnasium, zuerst in Rom, dann in Palermo. 1915 schrieb er sich an der juristischen Fakultät der Universität Rom ein, machte jedoch keinen Abschluss. Im Ersten Weltkrieg diente er als Offizier, geriet 1917 in Ungarn in Kriegsgefangenschaft und zog sich nach Kriegende nach Sizilien zurück und verließ die Insel nur noch für literarische Forschungsreisen. Sein besonderes Interesse galt der französischen Literatur des 19. Jahrhunderts. Während der Zeit des Faschismus hielt sich Tomasi vorwiegend im Ausland auf (England, Frankreich, Lettland). Erst im Alter von fast 60 Jahren begann er seinen einzigen Roman zu schreiben.

Auf einem Kongress in San Pellegrino lernte Tomasi 1954 u. a. die bekannten italienischen Autoren Eugenio Montale (1896–1981) und Giorgio Bassani (1916–2000) kennen. Bassani war es auch, der nach Tomasis Tod die Veröffentlichung seines Romans *Der Leopard* durchsetzte (das Manuskript war zuvor von mehreren Verlagen abgelehnt worden) und ihm zu Weltruhm verhalf. Nach dem *Leopard* erschienen noch der Erzählungsband *Die Sirene* (*Racconti*, 1961) und Essays über Themen der französischen und englischen Literatur.

Der Leopard   OT Il Gattopardo | OA 1958 | 330 Seiten |
Deutschsprachige Erstausgabe 1959 | Form Roman |
Epoche Moderne

Giuseppe Tomasi, Fürst von Lampedusa, schuf mit seinem einzigen Roman *Der Leopard* einen Klassiker der italienischen Literatur, der bis heute das literarische Bild von Sizilien im 19. Jahrhundert prägt.

Der ab 1954 entstandene Roman erschien erst ein Jahr nach dem Tod des Autors, wurde jedoch sofort zu einem internationalen Erfolg und 1959 mit dem Premio-Strega-Preis ausgezeichnet.

Der metaphorische Originaltitel *Il Gattopardo* ist eine bitter-ironische Anspielung auf das Wappentier des Hauses Tomasi: Während dieses einen Leoparden zeigt, ist der Gattopardo die zoologische Bezeichnung für ein Ozelot bzw. eine Pardelkatze. Diese ironische Metapher wird leider bis heute in vielen Übersetzungen des Werkes vernachlässigt.

Inhalt   *Der Leopard* erzählt vom Niedergang eines sizilianischen Adelsgeschlechts während des Risorgimento, der Einigung Italiens in der zweiten Hälfte des 19. Jahrhunderts. Nach der Landung Garibaldis auf Sizilien 1860 bricht die alte Bourbonenherrschaft zusammen und die Insel wird Teil des italienischen Königreiches unter König Viktor Emanuel II.

In dieser Zeit gesellschaftlicher und politischer Umbrüche glaubt Don Fabrizio Corbèra, der Fürst von Salina, die alten Traditionen seines Standes bewahren zu können. Gleichzeitig ist er Realist genug, um die veränderten Umstände zu erkennen. Daher unterstützt er die Verbindung seines ehrgeizigen Neffen Tancredi, der auf der Seite Garibaldis für ein vereintes Italien kämpft, mit der schönen Angelica Sedàra, der Tochter eines reichen Emporkömmlings.

Tancredi spricht aus, was der Fürst im Innersten ebenfalls ahnt: »Wenn wir wollen, dass alles bleibt, wie es ist, dann ist nötig, dass alles sich verändert.« Doch weder der Name noch der Reichtum der Familie werden überdauern – im Angesicht des Todes erkennt Don

Fabrizio, dass mit ihm die alte Welt des sizilianischen Adels untergehen wird.

Wie kein anderer Autor hat Tomasi mit dem Werk *Der Leopard* nicht nur der alten aristokratischen Gesellschaft Siziliens, sondern auch der Insel selbst mit ihrer reichen Kultur und Geschichte und ihren landschaftlichen Schönheiten ein Denkmal gesetzt. Seine Landschaftsschilderungen sind immer auch Spiegelbild der Figuren und ihrer Empfindungen.

Aufbau Die Episoden des Romans, in acht Kapitel gegliedert, kreisen um die Hauptfigur des Fürsten. Während in den ersten vier Kapiteln das Schicksal der Familie in der Umbruchphase zur Zeit Garibaldis weitgehend mit den Mitteln des traditionellen historischen Romans erzählt wird, löst sich diese Komposition im Folgenden mehr und mehr auf, entsprechend der inneren und äußeren Auflösung des alten Familienadels. In den Kapiteln fünf bis acht wird in Zeitsprüngen von jeweils über 20 Jahren der weitere Niedergang punktuell beleuchtet. Höhepunkt ist das siebte Kapitel, *Der Tod des Fürsten*, in dem dieser noch einmal sein Leben an sich vorüberziehen lässt und Bilanz zieht: »Er, Don Fabrizio, hatte selber gesagt, die Salina blieben immer die Salina. Er hatte Unrecht gehabt. Der Letzte war er.« Von der glanzvollen Familie bleiben nur die drei alten, unverheirateten Töchter des Fürsten übrig.

Wirkung *Der Leopard* erfuhr gleich nach seinem Erscheinen höchst unterschiedliche Beurteilungen. Kritiker warfen Tomasi eine einseitig aristokratische Sicht auf die Vorgänge des Risorgimento vor und bezeichneten ihn als reaktionär und dekadent, während andere den Roman aufgrund seiner erzählerischen Qualitäten sogleich als Meisterwerk bejubelten.

Seine Bekanntheit verdankt *Der Leopard* vor allem auch der 1963 in Cannes preisgekrönten Verfilmung durch Luchino Visconti mit Burt Lancaster, Alain Delon und Claudia Cardinale in den Hauptrollen.

Frisch, Max

schweizerischer Schriftsteller, *15.5.1911 in Zürich |
†4.4.1991 in Zürich | 1958 Georg-Büchner-Preis | 1976 Friedenspreis des Deutschen Buchhandels | 1989 Heinrich-Heine-Preis

Max Frisch gilt als einer der wichtigsten deutschsprachigen Autoren der Nachkriegszeit. Aus individualpsychologischer Sicht setzt er sich mit Problemen dieser Ära auseinander. Zentrale Themenkreise seines Werks sind Ichfindung, Selbstverleugnung und -akzeptanz, Vorurteil und Schuld, Liebe und Ehe. Darüber hinaus liefert das Werk eine literarische Auseinandersetzung mit dem Selbstverständnis der Schweiz.

Frisch verlebte eine bürgerlich geprägte Kindheit und Jugend. Ein Germanistikstudium brach er ab und war anschließend mehrere Jahre als freier Journalist tätig; in diese Zeit fallen erste literarische Veröffentlichungen. 1936 begann Frisch ein Architekturstudium und war nach dessen Abschluss bis 1957 als Architekt tätig. Nach dem literarischen Durchbruch mit dem Roman *Stiller* (1954) lebte Frisch wechselweise in Zürich, Berlin, Rom, New York und im Tessin. Sein Werk umfasst neben Romanen zahlreiche Dramen, Erzählungen und autobiografische Schriften. Frisch erhielt mehrere renommierte Literaturpreise, darunter den Georg-Büchner-Preis (1958) und den Friedenspreis des Börsenvereins des Deutschen Buchhandels (1976).

Homo Faber. Ein Bericht   OA 1957 | 292 Seiten | Form Roman | Epoche Moderne

In seinem Roman *Homo Faber* bearbeitet Frisch ein aktuelles Phänomen der 1950er-Jahre: die fortschreitende Technisierung der westlichen Welt und der Glauben an die Erklärbarkeit und Durchschaubarkeit des Lebens. Der lateinische Terminus »homo faber« bezeichnet den »Menschen als Verfertiger«, der sich mithilfe von Werkzeugen die Welt zunutze macht. Mit seinem Protagonisten Walter Faber zeigt Frisch einen handlungsorientierten Menschen, in dessen rationalem und technokratischem Weltbild Schicksalsgläubigkeit keinen Platz hat. Tragischerweise wird das Leben des Selbstsicheren durch schicksalhafte Zufälle zerstört.

Inhalt Mit einem Flug nach Caracas beginnt für den Ingenieur Faber eine Reise in seine Vergangenheit. Im Flugzeug sitzt er neben dem Bruder seines ehemaligen Freundes Johannes und erfährt, dass Johannes Hanna geheiratet hat, die in den 1930er-Jahren ein Kind von Faber erwartete. Faber schlug damals eine Heirat vor, akzeptierte das Kind aber nur widerwillig. Hanna trennte sich daraufhin von ihm und zeigte sich zu einer Abtreibung entschlossen.

Nach einer Notlandung in der mexikanischen Wüste reisen die beiden Männer gemeinsam nach Guatemala, um Johannes zu besuchen. Sie finden ihn tot vor: Er hat sich erhängt. Auf der Überfahrt nach Europa lernt Faber die junge Sabeth kennen, die ihn an Hanna erinnert. Die beiden verlieben sich ineinander und unternehmen eine gemeinsame Europareise, auf der sich herausstellt, dass Sabeth tatsächlich die Tochter der seit vielen Jahren in Athen lebenden Hanna ist. Sabeth hält Johannes für ihren Vater; Faber ist nur zu gern bereit, diesen Glauben zu teilen, und die beiden verbringen eine Nacht miteinander. Tage später wird Sabeth am Strand von einer Schlange gebissen, weicht vor dem ihr zur Hilfe eilenden Faber zurück und schlägt mit dem Kopf auf. Im Athener Krankenhaus wird ein Gegengift verabreicht; da Faber aber nicht von dem Sturz berichtet, bleibt eine Gehirnblutung unerkannt, an der Sabeth stirbt. Mittlerweile hat Faber von Hanna erfahren, was er eigentlich schon wusste: Er selbst ist Sabeths Vater. Allen Versuchen der Selbstrechtfertigung zum Trotz fühlt Faber sich schuldig. Wieder auf Reisen, entschließt er sich zu einer neuen Lebensweise. Ein Zusammenleben mit Hanna erwägend, kehrt er nach Athen zurück.

Mit seinen zahlreichen Hinweisen auf die griechische Antike kann der Roman nicht nur wegen der Inzestthematik als moderne Variante des Ödipusmythos gelesen werden. Wie Ödipus, der meint, seinem Schicksal entgehen zu können, ist auch Faber, der das ganze Leben für kalkulierbar hält, Überheblichkeit vorzuwerfen. Einig sind die beiden Figuren schließlich auch in ihrer erlebten Schuldhaftigkeit, vor der sie das Wissen um die eigene Unwissenheit nicht bewahren kann.

Struktur Frisch macht seinen Protagonisten zum Erzähler der eigenen Geschichte. Der Roman besteht aus den Aufzeichnungen Fabers, in denen sich ein rückblickender Bericht mit aktuellen Tagebuchaufzeichnungen vermischt. Die Reflexionen Fabers sind dabei von selbstentlarvender Subjektivität – noch in der Rückschau verharrt er in alten Denkmustern und hadert mit dem Unerklärlichen. Der Bericht endet unmittelbar vor einer Magenoperation, der Faber sich unterziehen muss – der tragische Held des Romans scheint diese nicht zu überleben.

Wirkung Seit seinem Erscheinen ist der Roman ein großer Publikumserfolg von ungebrochener thematischer Aktualität. Der Text gehört zu den beliebtesten Stoffen für die (Schul-)Unterrichtslektüre und wurde 1991 von Volker Schlöndorff verfilmt.

Aitmatow, Tschingis

kirgisischer Schriftsteller | *12.12.1928 in Scheker | †10.6.2008 in Nürnberg | ab 1984 Mitglied der Akademie der Wissenschaften und Künste in Paris | 1994 Gewinner des Österreichischen Staatspreises | 1998 Aleksandr-Men-Preis

....

Tschingis Aitmatow, der zunächst an einer landwirtschaftlichen Hochschule studierte, arbeitete ab 1951 journalistisch und verfasste erste Erzählungen. 1956–58 studierte er am Moskauer Gorki-Institut für Literatur. 1957 wurde er in den sowjetischen Schriftstellerverband aufgenommen, 1984 Mitglied der Akademie der Wissenschaften und Künste in Paris. Für die UdSSR (ab 1990) und Kirgisien (ab 1994) war er als Botschafter tätig. Unter Michael Gorbatschow war er Mitglied des Präsidialrats und des Obersten Sowjets sowie Volksdeputierter. 1994 wurde Aitmatow mit dem Österreichischen Staatspreis geehrt, 1998 mit dem Aleksandr-Men-Preis »für die Ökumene der Kulturen«. Er starb 2008 im Alter von 79 Jahren.

Mit der Veröffentlichung seiner Erzählung *Dshamilja* (1958; im selben Jahr erschien die Erzählung *Aug in Auge*) sorgte Aitmatow bei Lesern und Kritikern weltweit für Aufsehen. In der UdSSR war er seither hoch anerkannt und wurde mit zahlreichen Preisen (Leninpreis für Literatur und Kunst 1963, Staatspreise 1968, 1983) für seine Werke ausgezeichnet. Über die größte Lesergemeinde außerhalb Kirgisiens und des riesigen postsowjetischen Gebietes verfügt Aitmatow in Deutschland.

In seiner Literatur (u. a. die Kurzromane *Wirf die Fesseln ab, Gülsary!*, 1966, und *Der weiße Dampfer,* 1970) finden Dramen und Tragödien des kirgisischen Volkes und der gesamten Menschheit, der modernen Zivilisation und ihrer Sehnsüchte, der Religion und der bedrohten Lebensgrundlagen der Welt (u. a. in den Romanen *Der Richtplatz,* 1986, und *Der Schneeleopard,* 2006) ihren Ausdruck. Aitmatows Protagonisten sind häufig vom Streben nach einer menschenwürdigen Kultur getrieben, so wie das Gesamtwerk des Autors diesem Grundanliegen folgt.

Dshamilja   OT Dzamilja | OA 1958 | Deutschsprachige Erstausgabe 1962 (65 Seiten) | Form Erzählung | Epoche Moderne

In seiner frühen Erzählung *Dshamilja,* die Louis Aragon in seinem Vorwort zur französischen Ausgabe (1959) als »schönste Liebesgeschichte der Welt« bezeichnet, veranschaulicht Tschingis Aitmatow die Spannung zwischen mittelasiatischer Tradition und europäisch-kommunistischem Fortschritt. Zum Werk von dichterischem Rang wird die anekdotische Erzählung, die Aitmatow am Maxim-Gorki-Literaturinstitut in Moskau als Diplomarbeit schrieb, durch lyrische Elemente. Die Naturschilderungen faszinieren ebenso wie die Darstellung von orientalisch-traditionellen und modernen Lebensformen.

Inhalt   *Dshamilja* schildert eine Liebesgeschichte, die sich in der Zeit des Zweiten Weltkriegs in einem kleinen Aul (Dorfsiedlung) in Kirgisien zuträgt. Der 15-jährige Said erzählt diese Geschichte seiner jungen, verheirateten Schwägerin Dshamilja und dem früheren Soldaten Danijar.

Während der ungeliebte Ehemann Sadyk in der Sowjetarmee dient, lernt die hübsche und selbstbewusste Dshamilja den scheuen, träumerischen Frontheimkehrer Danijar kennen und lieben. Der junge Said, Stiefbruder Sadyks, erzählt mit den Augen eines Kindes, das noch nichts von der Liebe weiß, das aber zu verstehen beginnt, was die beiden verbindet. Nachdem die Liebesbeziehung lange unausgelebt geblieben war und schließlich nur geheim geführt werden konnte, sagt sich Dshamilja aus Liebe zu Danijar von ihrem Heimatort, ihren familiären Bindungen und der traditionellen Sitte los. Beide ziehen in die Ferne. Said versteht als Einziger die Beweggründe des verfemten Paars. Dessen Liebe offenbart sich ihm als ein Gefühl, das er nur mit den Mitteln der Kunst auszudrücken vermag. Said fertigt am Tag des Abschieds ein Bild an, das ihn an die beiden erinnert. Auch er verlässt das Dorf, um die Kunstschule zu besuchen, und findet seine Berufung in der Malerei.

Aufbau Die Handlung der Erzählung ist schlicht gehalten und wird in anekdotischer Weise entwickelt. Ihren Zauber gewinnt die Geschichte vor allem durch die empfindsame, lyrische Sprache und zahlreiche detaillierte Naturschilderungen. Anfang und Ende der Erzählung sind von der Bezugnahme Saids auf das Bild gerahmt, mit dem er malerisch ausdrückt, was seiner Ansicht nach in Worten teilweise nicht ausdrückbar ist. Dabei werden traditionelle orientalische Lebensformen und moderne Auffassungen von einem selbstbestimmten Leben eindrucksvoll einander gegenübergestellt.

Wirkung *Dshamilja* wurde von der Kritik begeistert aufgenommen und gehört zu den meistübersetzten Werken der Sowjetliteratur. Die Erzählung ist mehrfach verfilmt worden, u. a. von Irina Poplavskaja (UdSSR, 1969; mit Natalja Arinbassarowa als Dshamilja) sowie Monica Teuber und Irina Sodorowa (Großbritannien/Deutschland, 1994; in den Hauptrollen: Linh-Dan Pham, Jason Connery und F. Murray Abraham).

Grass, Günter

deutscher Schriftsteller | *16.10.1927 in Danzig | 1965 Gewinner des Georg-Büchner-Preises | 1994 Großer Literaturpreis der Bayerischen Akademie der Schönen Künste | 1999 Nobelpreis für Literatur

Als Sohn eines Lebensmittelhändlers in Danzig geboren, besuchte Grass das dortige Gymnasium Conradinum. Am Ende des Zweiten Weltkriegs wurde er noch als Flakhelfer eingezogen und im November 1944 zur 10. SS-Panzer-Division »Frundsberg« der Waffen-SS einberufen. 1945 geriet er in Bayern in amerikanische Kriegsgefangenschaft, aus der er 1946 entlassen wurde. Nachdem er als Landarbeiter und im Bergbau tätig gewesen war, studierte er 1948–52 Bildhauerei und Grafik an der Kunstakademie in Düsseldorf, 1953–56 Bildhauerei bei Karl Hartung (1908–67) an der Berliner Akademie der Schönen Künste. In dieser Zeit versuchte er sich auch erstmals als Autor.

1955 wurde Grass Mitglied der »Gruppe 47«, deren Literaturpreis er 1958 für *Die Blechtrommel* erhielt. Nach einem dreijährigen Aufenthalt in Paris gab er seine bildhauerische Arbeit auf und zog 1960 nach Westberlin. 1961–72 unterstützte Grass aktiv den Wahlkampf des SPD-Spitzenkandidaten Willy Brandt (1913–92). SPD-Mitglied wurde er erst 1982; aus Protest gegen die Asylpolitik der Partei trat er 1992 wieder aus. Seit 1987 wohnt Grass in Behlendorf bei Mölln.

Günter Grass gilt als der weltweit bedeutendste lebende deutschsprachige Autor. In allen literarischen Gattungen zu Hause, verbindet er meist satirische Gesellschaftskritik mit der Aufarbeitung der nationalsozialistischen Vergangenheit. Sein politisches Engagement schlug sich vor allem in zahlreichen Essays und politischen Reden nieder.

Einer breiten Öffentlichkeit ist Grass vor allem als Romancier bekannt, besonders durch die *Danziger Trilogie* (*Die Blechtrommel,* 1959; *Katz und Maus,* 1961; *Hundejahre,* 1963), die Erzählung *Das Treffen in Telgte* (1961) und seine Erinnerungen (*Beim Häuten der Zwiebel,* 2006). Sein Gesamtwerk umfasst jedoch auch Lyrikbände

(u. a. *Die Vorzüge der Windhühner,* 1956, *Dummer August,* 2007) und Theaterstücke (u. a. *Noch zehn Minuten bis Buffalo,* 1958). Günter Grass wurde mit zahlreichen Auszeichnungen geehrt, unter anderen 1965 mit dem Georg-Büchner-Preis und 1994 mit dem Großen Literaturpreis der Bayerischen Akademie der Schönen Künste; 1999 erhielt er den Nobelpreis für Literatur.

Die Blechtrommel   OA 1959 | 736 Seiten | Form Roman | Epoche Moderne

Das Romandebüt *Die Blechtrommel* des damals 32-jährigen Günter Grass ist ein eigenwilliger moderner Schelmenroman, durch den er zu einem der namhaftesten Autoren der westdeutschen Nachkriegsliteratur mit weltweitem Renommee wurde.

Inhalt   Nachdem sich der vor der Gendarmerie flüchtende Brandstifter Joseph Koljaiczek auf einem kaschubischen Kartoffelacker unter den Röcken Anna Bronskis versteckt hatte, bringt diese neun Monate später ihre Tochter Agnes zur Welt. Später heiratet Agnes den arglosen Rheinländer Alfred Matzerath, obwohl sie zugleich eine erotische Beziehung zu ihrem Vetter Jan führt.

Ihr Kind Oskar Matzerath, gezeugt von Jan, erblickt 1924 das Licht der Welt. Von Beginn an durchschaut er die Erwachsenenwelt und beschließt an seinem dritten Geburtstag, an dem er eine Blechtrommel geschenkt bekommt, durch einen Sturz von der Kellertreppe sein Wachstum einzustellen. Seine Größe, sein infantiles Benehmen und seine Blechtrommel täuschen über Oskars geistige und körperliche Reife hinweg, früh meldet sich sein sexuelles Begehren.

Seiner Familie bringt Oskar wenig Glück: Am Tod seiner Mutter sowie seiner beiden Väter ist er nicht ganz unschuldig. Bei Kriegsende beschließt Oskar, wieder zu wachsen, doch ist dieses Vorhaben nur mäßig erfolgreich: Zwar wächst er tatsächlich einige Zentimeter, doch drückt sich seine Schuld nun auch äußerlich aus, insbesondere durch einen Buckel. Mit seinem Kindermädchen Maria, der er vermutlich ein Kind geschenkt hat, zieht er nach Düsseldorf, wo er als Jazzschlagzeuger ein reicher Mann wird. Der Ermordung einer Krankenschwester angeklagt, wird er in ein Irrenhaus eingeliefert.

Oskars scharfe, skurril-sarkastische Weltsicht beruht auf seinem Außenseiterdasein. Er erweist sich als hellsichtiger Protokollant des Danziger Kleinbürgertums während des Dritten Reichs. Symbol seiner Weigerung, sich ins kleinbürgerliche Dasein zu fügen, ist seine Blechtrommel.

Aufbau Die 46 Kapitel des Romans sind in drei Bücher gruppiert, die die Vorkriegszeit, die Kriegszeit und die Nachkriegszeit umfassen. Als »Insasse einer Heil- und Pflegeanstalt« beschreibt Oskar Matzerath teils in erster, teils in dritter Person sein Leben, weshalb zwei Zeitebenen zu unterscheiden sind: Die Zeit der Niederschrift dauert etwa von September 1952 bis zu Oskars 30. Geburtstag im September 1954. Die Erzählfiktion dagegen dauert von der Zeugung Agnes Bronskis 1899 bis zu Oskars Verhaftung im Sommer 1954. Beide Ebenen gehen am Romanende ineinander über.

Wirkung Die Lesung aus dem Manuskript des Romans *Die Blechtrommel* in der »Gruppe 47« machte Grass beinahe über Nacht berühmt. Als eines der repräsentativen Werke der westdeutschen Nachkriegsliteratur wurde der Roman in 24 Sprachen übersetzt

Neben der großen Masse jener, die *Die Blechtrommel* als »Meisterwerk« feierten, erregte bei anderen die vermeintlich fehlende Sittlichkeit des Werks Anstoß. Wegen des Vorwurfs der Pornografie wurde Grass 1959 der Bremer Literaturpreis durch den Senat der Stadt verweigert und der Publizist Kurt Georg Ziesel erstritt sich 1968 vor Gericht das Recht, Grass »öffentlich als ›Verfasser übelster pornografischer Ferkeleien‹« zu bezeichnen. Sehr erfolgreich war die Verfilmung des Werks durch den Regisseur Volker Schlöndorff (1978/79), die mit dem Bundesfilmpreis, der Goldenen Palme und dem Oscar für den besten ausländischen Film ausgezeichnet wurde.

Solschenizyn, Alexander

russischer Schriftsteller | *11.12.1918 in Kislowodsk | †3.8.2008 in Moskau | ab 1945 Lagerhaft und Verbannung | 1966 Publikationsverbot in der Heimat | 1970 Nobelpreis für Literatur

....

Solschenizyn studierte Mathematik und Physik in Rostow und diente im Zweiten Weltkrieg als Offizier. Wegen stalinkritischer Äußerungen in seinen Briefen wurde er Anfang 1945 verhaftet, verbrachte acht Jahre im Lager und lebte danach in der kasachischen Verbannung. 1956 durfte er zurückkehren und arbeitete in Rjasan, 200 km von Moskau entfernt, als Mathematiklehrer. Nach dem Erfolg seines Romans *Ein Tag im Leben des Iwan Denissowitsch* (1962) geriet Solschenizyn politisch unter Druck; ab 1966 durfte er in der Sowjetunion nicht mehr publizieren. 1970 wurde Solschenizyn mit dem Nobelpreis für Literatur geehrt. Nach der Veröffentlichung des ersten Bands seines Dokumentarwerks *Der Archipel GULAG* im Westen wurde Solschenizyn 1974 ausgewiesen und siedelte in die USA über. In der Perestroikaära erschienen seine Werke erstmals auch in der Sowjetunion.

Trotz seiner großen literarischen Verdienste war Solschenizyn auch nach seiner Rückkehr nach Russland 1994 eine politisch umstrittene Figur, da er für eine »Wiedergeburt« seiner Heimat unter nationalistischem Vorzeichen eintrat. Er starb 2008 in Moskau.

Der Diktatur widerstehen, politische Unfreiheit bekämpfen und die Opfer des sowjetischen Lagersystems vor dem Vergessen bewahren – das sind die großen Themen im Werk Solschenizyns.

Ein Tag im Leben des Iwan Denissowitsch   OT Odin den Iwana Denissowitscha | OA 1962 | Deutschsprachige Erstausgabe 1963 | 126 Seiten | Form Kurzroman | Epoche Moderne

Der Roman *Ein Tag im Leben des Iwan Denissowitsch* von Alexander Solschenizyn zählte zu den größten literarischen Ereignissen der sogenannten Tauwetterperiode in der UdSSR. Erstmals wagte es ein sowjetischer Autor, das Tabuthema des stalinistischen Lagersystems unverblümt darzustellen.

Inhalt Im Mittelpunkt der Handlung steht der Häftling Nr. S 854: Iwan Denissowitsch Schuchow, ein Zimmermann, der nach einer absurden Anklage wegen Hochverrats zu zehn Jahren Lager verurteilt wurde, von denen er acht bereits abgesessen hat. Das Geschehen beschränkt sich auf einen einzigen Tag im Januar 1951, dessen monotoner Verlauf stellvertretend für die 3653 Tage steht, die Schuchow insgesamt abzusitzen hat. Der Tagesablauf ist von der Lagerverwaltung streng vorgegeben: Wecken, Essen fassen, morgendlicher Zählappell, Filzen auf verbotene Gegenstände, harte körperliche Arbeit in der »Brigade Nr. 105«, die auf die Baustelle eines Kraftwerks abkommandiert ist, Mittagessen, wieder Arbeit usw. Diesen Ablauf kennt Schuchow mittlerweile in- und auswendig; er hinterfragt weder die Rituale der Lagerbürokratie noch die Willkür der Bewacher.

Schuchow lebt ausschließlich in der Gegenwart, sein Handeln und Denken ist darauf abgestellt, listig und klug sein Überleben zu sichern und innerhalb der Tagesroutine kleine Vorteile für sich herauszuschlagen: etwa für einen Tag ins Krankenrevier eingewiesen zu werden, wo man sich einmal richtig ausruhen kann, oder ein Paar echte Lederstiefel zugeteilt zu bekommen. Insbesondere das Essen besitzt für den ständig hungrigen Häftling eine geradezu obsessive Bedeutung.

Über die Welt außerhalb des Lagers erfährt Schuchow so gut wie nichts, und das wenige, was er den Briefen entnimmt, die ihm seine Frau schreibt, interessiert ihn nicht mehr. Nur indem Schuchow seine sinnlose, entmenschlichte Existenz als Normalzustand akzeptiert, kann er die Kraft zum Überleben finden. Am deutlichsten wird dies in seiner Einstellung zur Arbeit. Die Mitglieder der Brigade kontrollieren sich gegenseitig, da bei schlechter Leistung eines Einzelnen alle bestraft werden – doch nicht nur deshalb packt Schuchow fleißig an: Er ist in positivem Sinn naiv, ein bodenständiger Mensch, der es nicht ertragen kann, Dinge halb oder schlecht zu erledigen. Indem er sich mit der Wand, die er mauert, als seinem Werk identifiziert, verleiht er der Zwangsarbeit und seiner ausweglosen Lage einen Sinn, den sie objektiv nicht haben.

Wirkung Der Roman löste bei seinem Erscheinen in der Zeitschrift *Novy Mir* eine lebhafte Diskussion aus. Der sowjetische KPdSU- und Ministerratsvorsitzende Nikita Chruschtschow (1894 bis 1971) begrüßte das Werk als einen Beitrag zur Entstalinisierung. Als die Spielräume für kritische Literatur ab 1964 wieder enger wurden, wurde das Buch auf den Index gesetzt. *Ein Tag im Leben des Iwan Denissowitsch* zählt bis heute zu den erschütterndsten literarischen Zeugnissen über die stalinistische Diktatur.

Wolf, Christa
deutsche Schriftstellerin | *18.3.1929 in Landsberg/Warthe | Studium der Germanistik | Redakteurin | ab 1962 freie Schriftstellerin

Christa Wolfs Werk ist eng mit den Lebenserfahrungen im geteilten Deutschland verknüpft. In Ost und West fand ihr Werk gleichermaßen Anerkennung. Sprachlich realitätsnahe und psychologisch detaillierte Schilderungen verbinden sich in Wolfs Werk häufig mit der Verarbeitung antiker Motive und Mythen. Ein zentrales Thema ist der Konflikt zwischen Individualität und Kollektivismus.

Nach einem Studium der Germanistik in Jena und Leipzig war Wolf zunächst als Redakteurin und Lektorin tätig. 1962 begann sie, als freie Schriftstellerin zu arbeiten. 1949–89 war sie Mitglied der SED und geriet wegen ihrer kritischen Haltung mehrmals in Konflikt mit der Parteiführung. In ihren anfänglich starken Optimismus für den erfolgreichen Aufbau einer sozialistischen Gesellschaft streuten sich verstärkt Zweifel, die sie in dem *Geteilten Himmel* (1963) literarisch fasste. Für kurze Zeit Stasiinformantin, wurde die Autorin selbst jahrelang von der Staatssicherheitsbehörde überwacht. Die Erzählung *Was bleibt* (1990), in der sie diese Erfahrungen nach dem Mauerfall verarbeitete, löste heftige Diskussionen über die Position der Intellektuellen in der DDR aus. Von der Art der Auseinandersetzung über ihre Tätigkeit für die Stasi getroffen, verbrachte Wolf in den frühen 1990er-Jahre einige Zeit auch in den USA. Um ein umfassendes Urteil zu ermöglichen, publizierte sie ihre eigenen Stasiakten in *Akteneinsicht Christa Wolf* (1993). *Stadt der Engel oder The Overcoat of Dr. Freud* (2010) ist eine literarische Aufarbeitung ihrer Lebenserfahrungen, nicht zuletzt der politischen Konflikte. Als Roman angekündigt, sah die Kritik hierin vornehmlich eine autobiografische Geschichte.

Mit feministischen Positionen setzte sich Wolf vor allem in den Romanen *Kassandra* (1993) und *Medea. Stimmen* (1996) auseinander.

Der geteilte Himmel   Deutschsprachige Erstausgabe 1963 (DDR; 293 Seiten), 1964 (BRD) | Form Erzählung | Epoche Gegenwart

Nach ihrem literarischen Debüt mit der *Moskauer Novelle* (1961), die nur in der DDR veröffentlicht wurde, schrieb Christa Wolf 1963 mit dem *Geteilten Himmel* ihre erste Erzählung, die in beiden deutschen Staaten starke Beachtung fand. Hier behandelt sie als eine der ersten Autoren der DDR den Mauerbau (1961). Angeregt durch das Kulturprogramm »Bitterfelder Weg« setzt sich *Der geteilte Himmel* mit der Arbeitswelt und ihren Produktionsbedingungen auseinander, sprengt dabei aber die engen Grenzen des sozialistischen Realismus.

Inhalt Im August 1961 erwacht die 20-jährige Rita Seidel nach einem Zusammenbruch im Krankenhaus und wird in ein Sanatorium überwiesen. Während ihrer Genesung rekapituliert sie die Ereignisse der letzten zwei Jahre: Als Büroangestellte in einem kleinen Dorf lernt sie den zehn Jahre älteren Chemiker Manfred Herrfurth kennen, und die beiden verlieben sich ineinander. Rita wird für ein Lehrerseminar angeworben und nutzt die Gelegenheit, zu Manfred nach Halle/Saale zu ziehen, wo sie ein Arbeitspraktikum in einem Waggonwerk beginnt. Sie identifiziert sich mit den Arbeitern und ihren Aufgaben, vor allem der charismatische Brigardier Metternagel weckt in ihr die Bereitschaft, sich für den Aufbau des Sozialismus zu engagieren. Ihr Verlobter steht hingegen der DDR kritisch gegenüber. Als eine von ihm entwickelte technische Neuerung von den Planungsbehörden nicht berücksichtigt wird und abermals seine Frustration wächst, kehrt Manfred ohne Ankündigung von einem Chemikerkongress in Westberlin nicht zurück – in der Annahme, dass Rita ihm folgen wird. Bei einem Besuch im Westen fühlt Rita sich fremd – wenige Tage vor dem Mauerbau fährt sie nach Halle zurück, wo sie kurz darauf bei einem Einsatz im Waggonwerk zusammenbricht. Nach dem Aufenthalt im Sanatorium findet sie erneut die Kraft, sich den Lebensbedingungen ihres Heimatstaates zu stellen.

Wirkung Wolf beschreibt in ihrer Erzählung die Schwierigkeiten des geteilten Deutschlands mit den bis in das Privatleben hineinreichenden Auswirkungen. Ihre Schilderungen entspringen der gesellschaftlichen Realität einer im Aufbau befindlichen DDR, die mit dem Mauerbau nach den Aufständen von 1953 die zweite große Krise erlebte. Die Dialoge etwa unter den Arbeitern im Waggonwerk bilden eine unmittelbare Auseinandersetzung mit der politischen Wirklichkeit. Die Autorin steht dabei deutlich auf der Seite ihrer Protagonistin. Doch die Darstellung einer kritischen Haltung zur DDR widersprach der sozialistischen Literaturdoktrin und wurde heftig kritisiert, dies insbesondere im Kontext wachsender staatlicher Verunsicherung und demonstrativer Machtdemonstrationen. Mit der Thematisierung der Republikflucht durchbrach Wolf zudem ein Tabu der DDR-Literatur. Dennoch erhielt sie mit dem Heinrich-Mann-Preis den bedeutendsten Literaturpreis der DDR (1963) und fand auch im Westen große Beachtung.

Mit ihrem Mann Gerhard Wolf erarbeitete die Autorin 1964 das Drehbuch für die DEFA-Verfilmung von dem *Geteilten Himmel* (Regie: Konrad Wolf, in den Hauptrollen Renate Blume und Eberhard Esche), die ebenfalls ein großes Publikum fand.

Bulgakow, Michail
eigentlich Michail Afanasjewitsch Bulgakow
*15.5.1891 Kiew | †10.3.1940 Moskau | 1916 Arztdiplom |
ab 1923 Mitglied des Allrussischen Schriftstellerverbands

Michail Bulgakow ist ein Meister der bitterbösen, tiefsinnigen Satire. Zu den zentralen Themen seines Werks gehören das Schicksal der alten russischen Intelligenz angesichts der Revolution sowie die Konfrontation des herausragenden Individuums mit einer von Dummheit, Missgunst, Mittelmaß, Willkür, Unehrlichkeit und Heuchelei geprägten Umwelt.

Noch während seines Medizinstudiums wurde Bulgakow zu Beginn des Ersten Weltkriegs als Chirurg an der österreichischen Front eingesetzt. Während des Bürgerkriegs (1918–21) war er Militärarzt in Kiew – nacheinander bei Rotgardisten, ukrainischen Nationalisten und Weißgardisten. Ab 1921 lebte er als Autor in Moskau. Seine satirischen Texte (eine 1925 erschienene Auswahl blieb die einzige größere Buchpublikation in Sowjetrussland zu Lebzeiten) und seine Werke aus dem Milieu der mit Sympathie geschilderten »Weißen« brachten ihn in steten Konflikt mit der sowjetischen Kulturbürokratie; 1930 wurden seine Stücke abgesetzt; Bulgakow erhielt Publikationsverbot. Durch persönliches Eingreifen Stalins konnte er in den 1930er-Jahren als Regieassistent am Moskauer Künstlerischen Theater arbeiten.

 Der Meister und Margarita OT Master i Margarita |
OA 1966 (123 S.) | Deutschsprachige Erstausgabe 1968 | Form Roman |
Epoche Moderne

Das vielschichtige Hauptwerk von Michail Bulgakow vereint mehrere Genremerkmale, Stilhaltungen und Problemstellungen. Es ist nicht nur eine fantastische Abenteuergeschichte und beißende Zeitsatire, sondern auch eine philosophische Parabel über das Wesen von Gut und Böse, über menschliche Schwächen, demoralisierende Auswirkungen von Unfreiheit und Unterdrückung, die Macht der Kunst und die Ohnmacht des Künstlers. Zentrales Thema ist die Entlarvung der Lüge in der Kunst wie im Leben.

Entstehung Bulgakow begann 1929 mit der Arbeit an dem Roman und vernichtete 1930 eine erste Fassung. Letzte Korrekturen diktierte er auf dem Sterbebett. Der Roman konnte erst Jahrzehnte später publiziert werden; er erschien 1966 in der Zeitschrift *Moskva* mit willkürlichen Kürzungen der Redaktion. Nach vollständiger Publikation 1966 im Ausland erschien die erste ungekürzte sowjetische Ausgabe 1973.

Inhalt Ende der 1920er-Jahre taucht während der Karwoche in Moskau der Satan Voland mit Gefolge auf, um Freitagnacht seinen alljährlichen Ball zu geben. Einige Tage lang wird Moskau vom Teufelsspuk heimgesucht. Den Menschen, die mit Volands Gefolge in Berührung kommen, wird übel mitgespielt – doch sie verdienen es nicht anders, denn sie sind fast allesamt verlogen, geldgierig und anmaßend. Eine Ausnahme bilden der namenlose Meister, der geniale Autor eines Pilatusromans und seine Geliebte Margarita. Sie verloren einander aus den Augen, als der Meister, dessen Roman von Literaturfunktionären als konterrevolutionär eingestuft und für den Druck abgelehnt wurde, einen Nervenzusammenbruch erlitt, das Manuskript verbrannte und in eine Nervenheilanstalt eingewiesen wurde. In der Hoffnung, etwas über ihren Geliebten zu erfahren, ist Margarita bereit, die Gastgeberin auf dem Ball beim Satan zu spielen. Als Lohn für ihren selbstlosen Einsatz wird sie wieder mit dem Meister zusammengeführt; sein Roman wird vor dem Vergessenwerden gerettet.

Aufbau Die Handlung des Romans spielt sich in drei unterschiedlichen Welten ab. Die erste ist die reale Welt der Moskauer Gegenwart. In zahlreichen temporeichen und aberwitzigen Episoden zeichnet

Bulgakow ein satirisches Porträt der durch ideologische Gängelung verrohten und demoralisierten sowjetischen Gesellschaft; sein besonderes Augenmerk gilt den unbegabt-opportunistischen Vertretern des offiziösen Literaturbetriebs. Die zweite ist die überzeitliche Parallelwelt des Übersinnlichen und Jenseitigen. Dort tummeln sich Voland und sein Gefolge, Hexen, Vampire und die zum Leben erweckten Besucher des Satansballs – Giftmischer, Massenmörder und sonstige Großverbrecher. Die dritte schließlich ist die vergangene Welt des alten Jerusalem – der Handlungsort des vom Meister verfassten Passionsromans über Pilatus und Jeschua han-Nasri, der als Roman im Roman eingeschoben ist. Alle drei Welten sind miteinander durch ein komplexes Netz gemeinsamer Motive, paralleler Figuren und Handlungsmomente verknüpft. So korrespondiert beispielsweise die Gestalt Jeschua han-Nasris mit der Gestalt des Meisters, die wiederum autobiografische Züge des realen Romanautors Bulgakow trägt.

Wirkung Übersetzungen in mehrere Weltsprachen, zahlreiche Werkanalysen, Bühnenfassungen und Verfilmungen zeugen von der künstlerischen Kraft des Romans und von der von ihm ausgehenden Faszination.

García Márquez, Gabriel

kolumbianischer Schriftsteller | * 6. 3. 1927 in Aracataca | war Journalist und Korrespondent | 1955 in Europa | später in Bogotá und New York | 1982 Nobelpreis für Literatur

Gabriel García Márquez ist mit Mario Vargas Llosa der bedeutendste zeitgenössische Autor Lateinamerikas und gilt spätestens seit seinem Roman *Hundert Jahre Einsamkeit* als Chronist des südamerikanischen Kontinents. Hierin verbindet er fantastische und gesellschaftspolitische Schilderungen, der fiktiv von ihm entworfene Handlungsort Macondo wird zum Sinnbild des südamerikanischen Kontinents. In diesem und anderen Werken versteht er es meisterhaft, seine vom kolumbianischen Volksglauben geprägte Erzählkunst mit politischem und sozialkritischem Engagement zu verbinden. Zu seinen bekanntesten Werken zählen der Roman *Der Herbst des Patriarchen* (1975), der Kurzroman *Chronik eines angekündigten Todes* (1981) sowie der Roman *Die Liebe in Zeiten der Cholera* (1985).

1927 im kolumbianischen Aracataca geboren und von seinen Großeltern erzogen, studierte García Márquez Jura in Bogotá, wandte sich jedoch bald dem Journalismus zu. Schon damals erschienen Kurzgeschichten und der erste Roman *Laubsturm* (1954). In den 1950er-Jahren arbeitete der bekennende Sozialist für eine kubanische Nachrichtenagentur. Nach Aufenthalten in Paris, Kuba und den USA kehrte er zunächst nach Kolumbien zurück. Dem Rummel um seine Person nach dem Erscheinen des weltweit erfolgreichen Romans *Hundert Jahre Einsamkeit* versuchte er durch einen mehrjährigen Aufenthalt in Barcelona zu entfliehen.

Seit 1975 zurück in Lateinamerika, engagierte er sich insbesondere im Kampf gegen den chilenischen Diktator Augusto Pinochet. 1986 unterstützte García Márquez, der auch als Drehbuchautor tätig ist, den Aufbau der Filmhochschule in Havanna. Im Oktober 1982 erhielt er den Nobelpreis für Literatur. 2002 veröffentlichte Gabriel García Márquez seine Autobiografie unter dem Titel *Leben, um darüber zu erzählen*.

Hundert Jahre Einsamkeit   OT Cien años de soledad | OA 1967 | 351 Seiten | Deutschsprachige Erstausgabe 1970 | Form Roman | Epoche Moderne

In *Hundert Jahren Einsamkeit,* dem Höhepunkt des »neuen lateinamerikanischen Romans«, schildert Gabriel García Márquez die Geschichte vom Aufstieg und Niedergang der Familie Buendía und des von ihr gegründeten Dorfes Macondo, das schließlich durch einen apokalyptisch anmutenden Sturm vernichtet wird. Gleichzeitig zeichnet der Kolumbianer ein eigenwilliges Bild seiner Heimat, die lange Jahre von Gewalt geprägt war, sowie des gesamten lateinamerikanischen Kontinents.

Inhalt   Das Dorf Macondo liegt unerreichbar mitten im Urwald. Es wird nur von Zigeunern regelmäßig besucht. Im Laufe weniger Jahrzehnte durchlebt der einst ruhige, scheinbar idyllische Ort alle Stufen der Menschheitsgeschichte: große Erfindungen, blutige, langjährige Bürgerkriege mit hohen Opferzahlen, wirtschaftlichen Aufschwung durch ausländische Firmen, Ausbeutung der Einheimischen sowie gewaltige Naturkatastrophen, deren zerstörerischer Kraft die Menschen letztlich wehrlos ausgeliefert sind.

Das Haus von Ursula und José Arcadio Buendía, der Begründer der Buendíasippe und des Ortes Macondo, steht im Mittelpunkt des Geschehens. Von hier aus entfaltet sich auch das Leben der sechs nachfolgenden Generationen. Erzählt wird das Schicksal der drei Kinder des Ehepaares sowie der zahlreichen unehelichen Abkömmlinge. Der Erzähler beschreibt Eifersucht und Inzest, unerfüllte Fantasien sowie die fatale Sinnlichkeit und Vitalität der Männer und die Klugheit der Frauen. Immer wieder kommt er jedoch auf die beiden Kernthemen des Romans zurück: die im Kolumbien des 19. und 20. Jahrhunderts allgegenwärtige Gewalt und die alle Mitglieder der Familie Buendía in der einen oder anderen Weise prägende Einsamkeit. Letztendlich erfüllt sich die von Melquíades, dem Zigeuner, niedergeschriebene Prophezeiung: Der Letzte der Sippe – hervorgegangen aus einer inzestuösen Beziehung – kommt mit einem Schweineschwanz zur Welt, kurz bevor ein »biblischer Taifun« den Ort und alles Leben in ihm für immer auslöscht.

Einen streng chronologischen Aufbau meidet der Roman. Vielmehr vermischen sich in *Hundert Jahren Einsamkeit* Vergangenheit und Gegenwart in den Untiefen der Überlegungen und bildreichen Beobachtungen des Romans. So heißen die Söhne der Familie von Generation zu Generation immer abwechselnd Arcadio oder Aureliano. Die Namen korrespondieren dabei mit den wiederkehrend jeweils unterschiedlichen Eigenschaften der männlichen Vertreter der von einer schier unüberwindbaren Einsamkeit geprägten Familie Buendía, ergeben aber ein letztlich kaum durchschaubares und bisweilen absichtlich verwirrendes Vexierspiel der Generationen. Biblische Elemente, Begebenheiten aus der kolumbianischen Geschichte und Anekdoten, in die zum Teil die vom kolumbianischen Volksglauben geprägten Erzählungen seiner Großmutter einfließen, stellt der Autor nebeneinander. Fantastisch-magische und realistische Momente wechseln einander ab. So entsteht ein dichtes, vielschichtiges Porträt einer Familie, eines Ortes und eines Landes.

Wirkung Der 1967 zunächst in Buenos Aires, Argentinien, veröffentlichte Roman von Gabriel García Márquez, der sich bis zu diesem Zeitpunkt vor allem durch Erzählungen und Kurzgeschichten einen Namen gemacht hatte, löste einen weltweiten Boom lateinamerikanischer Literatur aus. *Hundert Jahre Einsamkeit* wurde allgemein hochgelobt und in über 20 Sprachen übersetzt. In nur zwei Jahren erschienen zwölf Auflagen und in all den Jahren danach unzählige Interpretationen. Der Autor selbst sprach indes in einem Interview von diesem Werk als einem eher oberflächlichen Buch, das längst nicht sein Bestes sei. Eine Verfilmung des Romans scheiterte bislang an der ablehnenden Haltung des Autors.

Lenz, Siegfried

deutscher Schriftsteller | *18.3.1926 in Lyck (Ostpreußen), heute Elk, Polen | Soldat im Zweiten Weltkrieg | Studium der Philosophie und Literaturwissenschaft | ab 1951 freier Schriftsteller | 1988 Friedenspreis des Börsenvereins des Deutschen Buchhandels

In einem umfangreichen Œuvre, das Romane, Erzählungen, Hörspiele und Essays umfasst, verarbeitet Lenz Folgen des Zweiten Weltkriegs und Themen der deutschen Nachkriegsgesellschaft.

Bereits im Alter von 17 Jahren war Lenz als Soldat in Dänemark stationiert, wo er desertierte und in Gefangenschaft kam. Nach Kriegsende studierte Lenz Philosophie, Anglistik und Literatur in Hamburg und arbeitete als Redakteur für *Die Welt* sowie für den Rundfunk. Seit 1951 lebt das ehemalige Mitglied der »Gruppe 47« als freier Schriftsteller in der Hansestadt. Der unbestechliche Realist, der »durch Darstellung ans Licht bringen« will, schreibt über Gewalt, Zerstörung und Vertreibung, von missbrauchter Euphorie und sinnlosem Sterben.

Neben seinen Leistungen als Romancier wird Lenz vor allem als Meister der kleinen erzählenden Form geschätzt. Hierzu zählt die Sammlung *Lehmanns Erzählungen oder So schön war mein Markt* (1964) als Aufarbeitung seiner persönlichen Schwarzmarkterfahrungen nach dem Zweiten Weltkrieg.

Trotz klarer Positionen als politisch engagierter Schriftsteller und bekennender Sozialdemokrat ließ sich Lenz nicht von der Politik vereinnahmen. Literatur muss nach seiner Ansicht »unfriedlich sein« und erfüllt so die Funktion des ethischen Gewissens in einer zur Humanität verpflichteten Gesellschaft. Häufig richtet Lenz dabei den Blick auf Menschen jenseits des gesellschaftlichen Machtbetriebs, so auch in dem Roman *Fundbüro* (2003). Das Buch erzählt von einem Mann, der sich dem beruflichen Aufstieg verweigert und sich darin genügt, in einem Fundbüro der Bahn tätig zu sein.

Für Werk und Engagement erhielt Lenz u. a. den Thomas-Mann-Preis und 1999 den Goethe-Preis.

Deutschstunde   OA 1968 | 559 Seiten | Form Roman | Epoche Gegenwart

Ein deutsches Phänomen macht Siegfried Lenz zum Thema seines 1968 erschienenen Romans *Deutschstunde,* seinem erfolgreichsten Werk. Er erteilt eine modellhafte Lektion über die fatalen Folgen unreflektierten Pflichtbewusstseins. Blindes Mitläufertum wird als gefährliche Scheintugend bloßgestellt.

Inhalt   In den 1950er-Jahren soll der inhaftierte Icherzähler Siggi Jepsen einen Aufsatz verfassen – über die Freuden der Pflicht. Zwangsläufig kommt ihm sein Vater Jens Ole Jepsen in den Sinn, der in der NS-Zeit pflichtbeflissen Dienst als Polizeiposten im fiktiven Dörfchen Rugbüll tat. Von der Flut der Erinnerungen überwältigt, findet Siggi keinen Anfang. Als Folge des letztlich leeren Heftes muss Siggi wegen Aufsässigkeit eine Einzelhaft verbüßen.

Unter verschärften Bedingungen schreibt er nun wie besessen seine Geschichte: Sie beginnt im Jahr 1943, als der Vater – von oberster Stelle beauftragt – ein verhängtes Malverbot gegen den Künstler Max Ludwig Nansen zu überwachen hat. Ein Auftrag, den der Ordnungshüter zunächst zögerlich, dann umso strenger und unbarmherziger erfüllt – »Befehl ist Befehl«. Auf die erhoffte Mithilfe des Sprösslings kann er nicht zählen, jener entfernt sich vielmehr, wird zum Verbündeten des Malers, warnt diesen und versteckt seine Bilder vor dem Zugriff des uniformierten Vaters. Der Pflichtmechanismus des Polizisten nimmt geradezu paranoide Züge an: Das NS-Regime ist am Ende, das Malverbot längst außer Kraft, doch der Vater hört nicht auf, Nansen zu verfolgen. Ebenso zwanghaft hört auch der Sohn nicht auf, den Künstler vor dem Vater zu schützen. Er stiehlt schließlich Nansens Gemälde und muss ins Gefängnis. Nach Abgabe der Strafarbeit ist sich Siggi sicher, die Strafe stellvertretend für den Vater abgesessen zu haben.

Aufbau Der Roman gliedert sich in eine Rahmenerzählung, in der der inzwischen 21-jährige Siggi im Jahr 1954 als Insasse der Jugendstrafanstalt anhand der Strafarbeit die Ereignisse der Jahre 1943 und folgende Revue passieren lässt. Somit bildet die Erinnerung an den eskalierenden Vater-Sohn-Konflikt die Haupthandlung. Als erlebendes und schreibendes Ich verknüpfen sich in der Figur des Siggi Jepsen nicht nur beide Zeitebenen. Auch beginnt Jepsen seine Rolle zu reflektieren.

Im Zuge eines objektivierenden Niederschreibens und Bewusstmachens vollzieht der jugendliche Protagonist einen Reifeprozess. So wird das Buch von Lenz zur Initiationsgeschichte, mehr noch: zum Entwicklungsroman. Am Schluss des Romans ist Siggi gereift, wenn auch nicht geläutert. Noch kann er nicht viel Neues mit seiner wiedererlangten Freiheit anfangen: »Etwas Neues? Was soll das sein?«

Wirkung Das Buch gilt bis heute als eine der ersten und wichtigsten literarischen Aufarbeitungen des Dritten Reichs. Verstanden als Demaskierung eines pervertierten Pflichtbegriffs und gelobt als so bahnbrechende wie befreiende künstlerische Auseinandersetzung, ist das Werk nicht im Stil einer Moralpredigt verfasst. Vielmehr arbeitet es in einer poetisch-menschlichen, für Lenz typischen Art Geschichte auf und hinterfragt diese. Es spiegelt das Bemühen vieler Nachkriegsschriftsteller, politischer Wiederholungsgefahr literarisch entgegenzuwirken. Kritiker bemängeln bei aller epischen Solidität des Romans Schwächen in der formalen Konstruktion, aber auch eine angestrengt traditionell-moralisierende Grundhaltung. Aus heutiger Sicht kann das Buch auch als Zeitdokument für die Vater-Sohn-Konflikte der 1968er-Generation gelesen werden. Zur Popularität des Romans trug auch Peter Beauvais' TV-Verfilmung 1972 bei.

Kertész, Imre

ungarischer Schriftsteller | * 9. 11. 1929 in Budapest | 1997 Leipziger Buchpreis zur europäischen Verständigung | 2002 Nobelpreis für Literatur

Mit dem *Roman eines Schicksallosen* machte sich Imre Kertész einen Namen als bedeutender Schriftsteller der Gegenwart. Das Werk gilt als eines der literarischen Schlüsseldokumente der Überlebenden des Holocaust. 1944 wurde Kertész nach Auschwitz deportiert, von dort nach Buchenwald gebracht und 1945 befreit.

Nach dem Zweiten Weltkrieg konnte Kertész 1948 sein Abitur ablegen. Er arbeitete anschließend als Journalist bei einer Tageszeitung, bis er 1951 von der kommunistischen Leitung wegen mangelnder einschlägiger Gesinnung entlassen wurde. Seit 1953 ist Kertész freier Schriftsteller. Er verfasste zunächst Libretti und übersetzte deutsche literarische und philosophische Klassiker ins Ungarische. 1963 begann er die Arbeit an dem *Roman eines Schicksallosen,* die ihn zehn Jahre lang in beengten Verhältnissen das Leben eines Einsiedlers führen ließ. Von der literarischen Welt über Jahrzehnte nicht wahrgenommen, erfuhr seine Arbeit erst ab Ende der 1980er-Jahre in Ungarn wie auch international gebührende Anerkennung. In rascher Folge erschienen weitere Prosaarbeiten sowie ein *Galeerentagebuch* (1992). Von der frühen Erfahrung der Lagerwelt geprägt, kreist das Werk von Kertész um die verheerende Wirkung totalitärer Systeme und analysiert die »Hinrichtungsmaschine 20. Jahrhundert«. Seit 2001 lebt Kertész in Berlin. 2002 erhielt er den Literaturnobelpreis.

Roman eines Schicksallosen   OT Sorstalanság | OA 1975 | Deutschsprachige Erstausgabe 1990 (225 Seiten) | Form Roman | Epoche Gegenwart

Der *Roman eines Schicksallosen* von Imre Kertész ist der persönliche und literarische Bewältigungsversuch des historischen Geschehens in den nationalsozialistischen Vernichtungslagern.

Entstehung   1944 zunächst nach Auschwitz deportiert und von dort nach Buchenwald gebracht, war der seinerzeit 15-jährige Kertész selbst Leidtragender und Zeuge des Geschehens in den nationalsozialistischen Vernichtungslagern. Zehn Jahre lang (1963–73) arbeitete er an dem Roman, der diese Welt zum Gegenstand machte. Zwei weitere Jahre musste der Autor warten, ehe der *Roman eines Schicksallosen* 1975 in einem Budapester Verlag erscheinen konnte.

Inhalt   György Köves, ein 15-jähriger jüdischer Junge, lebt in Budapest in schwierigen Familienverhältnissen. Sein Vater wird in den Arbeitsdienst gezwungen, György zur Arbeit in einem Industriebetrieb zwangsverpflichtet. Auf dem Weg zur Arbeit wird er eines Tages abgefangen und nach Auschwitz gebracht. Eine kleine Lüge rettet ihm bei der Ankunft und der folgenden Selektion an der Rampe das Leben: Er macht sich älter, als er tatsächlich ist, und wird jenen zugewiesen, deren Arbeitskraft noch auszubeuten ist. Schritt für Schritt, mit dem oftmals naiv anmutenden und in dieser Umwelt irritierend wirkenden Denken eines Kindes, lernt er die Gesetze des Überlebens im Lager. Nach drei Tagen wird er über Buchenwald in das kleinere Lager Zeitz verlegt, wo statt des systematisch angelegten Massenmordes Sklavenarbeit und sadistische Anwandlungen der Bewacher die Regel sind. Auf der Krankenstation, wieder einmal dem Tod nah, erlebt er die Befreiung und kehrt nach Budapest zurück. Dort stehen die Menschen ihm und seinem Schicksal verständnislos gegenüber. Enttäuscht über die Ignoranz und fehlende Sensibilität, sehnt er sich zuweilen nach der Lagerwelt zurück.

Struktur Der Roman ist aus der Ichperspektive und in der Sicht und Sprache eines 15-jährigen Jungen erzählt. Weil ihm die Lagerwelt fremd ist, berichtet er detailliert und nüchtern und oft mit ahnungslosem Staunen über das, was sich vor seinen Augen abspielt. Die Diskrepanz zwischen Erzählton und Erzähltem wirkt außerordentlich verstörend, zumal wiederholt und vor allem glaubhaft Augenblicke kindlichen Glücks im Schatten der Krematorien geschildert werden.

Wirkung Der Roman fand in der ungarischen Erstauflage zunächst kaum Resonanz; erst eine Neuauflage von 1985 brachte Kertész die Anerkennung in seinem Heimatland. Auch die erste, 1990 erschienene deutsche Ausgabe erregte keinerlei Aufsehen. 1996 wurde der Roman dem Publikum schließlich in neuer Übersetzung vorgelegt und von der Kritik hochgelobt, auch wenn er zuweilen als Provokation empfunden wurde. 2005 kam unter dem Titel *Fateless – Roman eines Schicksallosen* eine Verfilmung des Romans unter der Regie von Lajos Koltai in die Kinos, zu der Kertész das Drehbuch schrieb.

Walser, Martin
deutscher Schriftsteller | *24.3.1927 in Wasserburg (Bodensee) |
1955 Preis der Gruppe 47 | 1981 Georg-Büchner-Preis | 1998 Friedenspreis des Börsenvereins des Deutschen Buchhandels

Martin Walser zählt zu den wichtigsten deutschsprachigen Autoren der Nachkriegszeit. In seinen Romanen verbindet sich eine Analyse der Befindlichkeit des Kleinbürgers mit der kritischen Beobachtung der Entwicklung der Bundesrepublik.

Walser wuchs in kleinbürgerlichen Verhältnissen am Bodensee auf. Bereits während seines Studiums, das er 1951 mit der Promotion über Franz Kafka zum Dr. phil. abschloss, war er beim Süddeutschen Rundfunk (SDR; heute Südwestrundfunk, SWR) in Stuttgart als Reporter und Redakteur tätig. In dieser Zeit entstanden erste Hörspiele und Erzählungen. 1957 kehrte Walser an den Bodensee zurück, wo er seitdem als freier Schriftsteller lebt. Diese Heimat bildet den Hintergrund für die Prosawerke des Autors, in denen er sich mit den Auswirkungen von Leistungsdruck, Anpassungszwängen und Machtausübung beschäftigt. Seit den 1990er-Jahren verarbeitet er vermehrt reale Stoffe, nicht zuletzt in dem autobiografischen Roman *Ein springender Brunnen* (1998). Die Romane *Der Augenblick der Liebe* (2004) und *Angstblüte* (2006) behandeln Liebesbeziehungen, die u. a. von großen Altersunterschieden der Liebenden geprägt sind. Walser variiert dies Motiv erneut in dem Werk *Ein liebender Mann* (2008), das als historischer Roman das Verhältnis Goethes zu der über 50 Jahre jüngeren Ulrike von Levetzow aufarbeitet.

Walser, der auch mit Theaterstücken politischen (*Eiche und Angora,* 1962) und privaten (*Die Zimmerschlacht,* 1967) Inhalts erfolgreich war und zudem in Reden, Interviews und Aufsätzen kontinuierlich Stellung zu aktuellen Themen bezog, erhielt zahlreiche Auszeichnungen, u. a. 1981 den Georg-Büchner-Preis. Sein Buch *Tod eines Kritikers* (2002) wurde bereits vor Erscheinen zum Medienereignis, nachdem die FAZ den Vorabdruck wegen angeblicher »antisemitischer Tendenzen« des Romans verweigerte.

Ein fliehendes Pferd   OA 1978 | 150 Seiten | Form Novelle | Epoche Gegenwart

In seinem bis heute erfolgreichsten Werk entwirft Martin Walser eine anschauliche Analyse der aus dem Druck der Leistungsgesellschaft resultierenden Identitätsprobleme.

Inhalt   Helmut Halm, ein 46-jähriger Studienrat aus Stuttgart, und seine Frau Sabine verbringen ihren Urlaub wie gewohnt am Bodensee. Dort läuft ihnen zufällig Klaus Buch, ein ehemaliger Studienkollege Helmuts, mit seiner 18 Jahre jüngeren Frau Helene über den Weg. Die Männer haben sich seit 23 Jahren nicht gesehen. Während der folgenden vier Tage, die beide Paare gemeinsam verbringen, kommt es zwischen Helmut und Klaus immer häufiger zu Unstimmigkeiten. Helmut, der sich nach außen stets aufgeschlossen und fortschrittlich gibt, fühlt sich innerlich seit Langem überfordert von den öffentlichen Vorgaben der Leistungsgesellschaft. Gern würde er seiner ausgeprägten Lethargie nachgeben, doch glaubt er, den gesellschaftlichen Anforderungen entsprechen zu müssen, um nicht lächerlich zu wirken.

Der erfolgreiche Klaus in seinem jugendlichen Auftreten ist für Helmut der Inbegriff all jener öffentlichen Gebote. Er sieht ihn als Bedrohung, denn er glaubt sich vor diesem »Macher« nicht rechtfertigen zu können. Hinzu kommt, dass in Helmuts Ehe Probleme aufbrechen, weil sich Sabine von der aktiven Lebensweise Klaus' angezogen fühlt, während Helmut selbst der erotischen Anziehungskraft Helenes erliegt. Die Spannungen zwischen den Männern nehmen zu, bis die Situation auf einer Segeltour der beiden eskaliert; Helmut stößt Klaus in stürmischem Wetter über Bord. Dieser wird von seiner Frau und den Halms für tot gehalten. Helene entlarvt seinen Lebensstil als reine Fassade – in Wirklichkeit ist er seelisch, beruflich und finanziell am Ende. In ihre Erklärungen platzt der tot geglaubte Klaus; wortlos verlässt er mit seiner Frau die Halms.

Aufbau Das Geschehen wird in personaler Erzählperspektive aus der Sicht Helmut Halms geschildert. Walser macht den Leser mit den Gedanken seines Protagonisten vertraut. Hiermit ist von Beginn an einsehbar, dass Helmut hinter seinem äußeren Auftreten ein gänzlich anderes Wesen verbirgt. Die Figur des Klaus Buch hingegen wird allein von außen gesehen. Erst am Ende des Geschehens deckt ein langer Monolog Helenes seine wahre Identität auf. Diese Perspektivierung entspricht den entgegengesetzten (Über-)Lebensstrategien der beiden. Während Helmut sich aus der Gesellschaft zurückzieht, versucht Klaus die öffentlichen Erwartungen möglichst umfassend zu erfüllen.

Hiermit sind zwei Möglichkeiten der Flucht vor dem Druck der Leistungsgesellschaft charakterisiert. Dieses zentrale Thema der Flucht wird durch eine ausgeprägte Leitmotivik vermittelt, die im Symbol des fliehenden Pferdes gipfelt: Während eines Ausflugs der beiden Paare fängt Klaus übermütig ein durchgegangenes Pferd ein und führt es zu seinem Besitzer zurück. Helmut sieht hier seine eigene Situation gespiegelt; er fühlt sich von der aufdringlichen, aktiven Art Klaus' bedroht und fürchtet, von diesem in seiner wahren Identität erkannt zu werden. Ihm entgeht, dass sich auch Klaus hinter einer Fassade verbirgt. Erst als dieser Helmut während der gemeinsamen Segeltour drängt, sich seinem eigenen Lebensstil anzuschließen, wird offenbar, dass beide sich gegenseitig etwas vorgemacht haben. Am Schluss beginnt Helmut, seiner Frau das Geschehene zu erzählen. Walser lässt seinen Protagonisten hierbei den ersten Satz der Novelle wörtlich aufgreifen und macht sie somit zu dessen eigener Erzählung.

Wirkung Als besonders gelungen wurden vor allem die Komplexität und ökonomische Struktur sowie die treffende Gesellschaftsanalyse des Romans hervorgehoben. In dem Roman *Brandung* (1985) machte Walser die Figur Helmut Halm erneut zum Protagonisten. 2007 kam die gleichnamige Verfilmung des Romans mit Ulrich Noethen und Ulrich Tukur in den männlichen Hauptrollen in die Kinos.

Eco, Umberto
italienischer Semiotiker, Kunstphilosoph und Schriftsteller | * 5. 1. 1932 in Alessandria (Piemont) | 1955 Promotion | ab 1971 Professor für Semiotik in Bologna | 1981 Gewinner des Premio Strega

....

Der renommierte Semiotiker, Literatur- und Kulturwissenschaftler Umberto Eco wurde im Piemont geboren; die dortigen Kindheitserfahrungen sind verschlüsselt in seine Romane eingewoben. Eco promovierte 1955 in Turin über Thomas von Aquin, gehörte dem avantgardistischen »Gruppo 63« an und war ab 1971 Professor für Semiotik in Bologna. Er lebt hauptsächlich in Mailand.

Eco gehört zu den herausragenden Größen des zeitgenössischen italienischen Geisteslebens. Er verfasste zahlreiche semiotisch-philosophische, literatur- und kulturkritische Schriften und übte ab Mitte der 1960er-Jahre großen Einfluss auf wissenschaftliche und künstlerische Avantgarden aus aller Welt aus. Mit seinen Zeitschriftenkolumnen in Italien erreicht er regelmäßig ein Massenpublikum und besitzt mit seinen mittlerweile vier vielfach aufgelegten und übersetzten, typisch postmodernen Romanen einen festen Platz im Spektrum der Gegenwartsliteratur. Die Besonderheit seiner Fiktion liegt darin, dass sie auf spielerische Weise Probleme seines theoretischen Arbeitens veranschaulicht und dieses zugleich ironisch spiegelt, d. h., sie behandelt das Dechiffrieren von Zeichencodes und deren Bedeutung für kulturelle Systeme sowie die Möglichkeit von Interpretationen.

Seine vielen zeichentheoretischen Arbeiten, die um den Ausgleich zwischen fachlicher Innovation und Verständlichkeit bemüht sind, trugen ihm zahlreiche Gastdozenturen und Ehrenpromotionen ein. Seine Romane (u. a. *Das Foucaultsche Pendel,* 1988; *Baudolino* 2001; *Die geheimnisvolle Flamme der Königin Loana,* 2004), die ihren gelehrten Hintergrund nicht verleugnen, stießen auf ein geteiltes Echo. Fast einhellige Zustimmung erfuhr sein erstes Erzählwerk *Der Name der Rose* (1980), für das Eco zahlreiche bedeutende Preise (wie 1981 der Premio Strega) zuerkannt wurden.

Der Name der Rose   OT Il nome della rosa | OA 1980 | 503 Seiten | Deutschsprachige Erstausgabe 1982 | Form Roman | Epoche Gegenwart

Der erste Roman von Umberto Eco, eine Kombination aus intelligentem, glänzend recherchiertem Historienthriller und spannender Verarbeitung der postmodernen Erzähl- und Interpretationstheorie, wie sie der Autor selbst in mehreren Abhandlungen dargestellt hatte, fachte zugleich die Mittelalterbegeisterung während der 1980er-Jahre und ein überwältigendes Interesse für die neuere italienische Literatur an.

Inhalt   Der Franziskanermönch William von Baskerville, ein ins Mittelalter versetzter Sherlock Holmes und zugleich das Alter Ego des Autors, kommt im Jahr 1327 gemeinsam mit dem Novizen Adson von Melk, dem späteren Erzähler, in ein fiktives Benediktinerkloster Norditaliens. Hier hat soeben der gewaltsame Tod eines Bruders den Abt in Unruhe versetzt, weil seiner Abtei brisanter Besuch ins Haus steht. Delegationen des Franziskanerordens und des Avignonpapstes sollen über Glaubensfragen verhandeln, die sich um die Armut Christi drehen. Unter ihnen ist Williams Erzfeind, der Inquisitor Bernard Gui. Wie ein Detektiv macht sich William an die Aufklärung des Todesfalls, dem weitere Morde folgen.

Im Mittelpunkt der verwickelten Ereignisse steht die Suche nach der einzigen Abschrift des in Wirklichkeit nicht erhaltenen zweiten Buches der *Poetik* von Aristoteles, das die literarische Gattung der Komödie und damit das subversive Lachen gerechtfertigt hätte. Räumliches Zentrum ist die Bibliothek oberhalb des Skriptoriums, deren dem Buch auch als Zeichnung beigegebener labyrinthischer Bauplan der universalen Bibliothek bei Jorge Luis Borges entspricht. Nur wer das Geheimnis dieser Bibliothek und des blinden Mönchs Jorge von Burgos ergründet, entschlüsselt auch die Kette von Verbrechen.

Aufbau Innerhalb des komplexen Rahmens einer mehrschichtigen Buch- bzw. Manuskriptfiktion wird die eigentliche Handlung, die genau eine Woche dauert, Jahre später von dem inzwischen alten Adson aufgezeichnet. Jeder Tag ist in die Zeiten der klösterlichen Hauptgebete untergliedert. Dieses Zeitgerüst trägt ebenso zur Spannung bei wie die am 4. Tag aufkommende Vermutung, die Todesarten der bisherigen Opfer weisen auf die Johannesapokalypse als Serienmuster hin. Die Hypothese erweist sich als falsch, ist aber von dem eigentlich Verantwortlichen geschickt genutzt worden. William zählt sich zu den Nominalisten, die einen entschieden empiristischen Standpunkt einnehmen, und erliegt dennoch der Verlockung, eine kriminalistische Theorie zu bilden. Der Spurenleser findet zwar Buch und Mörder, aber des Rätsels Lösung ist absurd: »Es gab keine Intrige, und ich habe sie aus Versehen aufgedeckt.« Obgleich William erfolgreich ist, geht die größte Büchersammlung des Abendlandes im apokalyptischen Feuer unter.

Typisch für postmodernes Schreiben, das die Literatur als unendlichen Dialog der Bücher auffasst, ist das Montieren zahlreicher Quellen, von denen einige – wie die Offenbarung des Johannes – die Struktur tragen. Andere illustrieren das zeitlich bedingte Wissen der Mönche, wobei Eco, wenn er in verdeckter Form Gedanken moderner Theoretiker zitiert, bewusst anachronistisch verfährt.

Wirkung Eco selbst hat es in einer *Nachschrift* (1983) zu seinem Roman abgelehnt, zu einzelnen Fragen Stellung zu nehmen, etwa dem Titel einen eindeutigen Sinn zuzuweisen. Unmittelbar nach dem Erscheinen des Romans entstand eine Vielzahl von Detailstudien der Literaturwissenschaft, die den zahlreichen verbalen und motivlichen Zitaten nachspürte. Den Erfolg des Buches wiederholte die Verfilmung (1986) durch Jean-Jacques Annaud mit Sean Connery und Christian Slater in den Hauptrollen.

Jelinek, Elfriede
österreichische Schriftstellerin | * 20.10.1946 in Mürzzuschlag (Steiermark) | 1986 Gewinnerin des Heinrich-Böll-Preises | 1998 Georg-Büchner-Preis | 2004 Nobelpreis für Literatur

Elfriede Jelinek nahm zunächst ein Musikstudium am Wiener Konservatorium auf, das sie 1971 abschloss. Das 1964 begonnene Studium der Theaterwissenschaft und Kunstgeschichte brach sie nach einigen Semestern wegen psychischer Probleme ab und verbrachte das Jahr 1968 völlig isoliert. Jelinek engagierte sich in der Studentenbewegung und war 1974–91 Mitglied der KPÖ. Seit 1966 ist sie als Autorin tätig und veröffentlichte 1970 ihren ersten Roman *wir sind lockvögel baby!* 1979 trat sie mit *Was geschah, nachdem Nora ihren Mann verlassen hatte* erstmals als Dramatikerin hervor. Auch ihre viel beachteten Bühnenwerke kreisen um die Problematik weiblicher Selbstbestimmung sowie um aktuelle politische Entwicklungen und Tabuthemen (*Das Lebewohl,* 2000; *Das Werk,* 2003). Auswüchse der Finanzwirtschaft adressierte sie in der Wirtschaftskomödie *Die Kontrakte des Kaufmanns* (2009).

Das vielseitige Werk Jelineks umfasst außerdem Gedichte (*Lisas Schatten,* 1967), Hörspiele (u. a. *Jackie,* 2004, *Ulrike Maria Stuart,* 2007), Drehbücher, Libretti und Übersetzungen. Sie erhielt zahlreiche Literaturpreise, u. a. 1986 den Heinrich-Böll-Preis, 1998 den Georg-Büchner-Preis und 2004 den Nobelpreis für Literatur.

Elfriede Jelinek Werks liefert eine marxistisch orientierte, oft satirisch überspitzte Analyse der Wirklichkeit und dekonstruiert Stereotype und (Trivial-)Mythen. Die Autorin konfrontiert ihre Leser mit einer unbarmherzigen Sicht auf die patriarchalisch organisierte, kapitalistische Konsumgesellschaft und verzichtet auf jeden utopischen Gegenentwurf.

Zunehmend beschäftigt sich Jelinek mit dem Problem des (Neo-)Nationalismus und bezieht dabei – wie etwa mit ihrem Protest gegen den Rechtspopulisten Jörg Haider (1950–2008) – deutlich politische Positionen. Sie lebt heute als freie Schriftstellerin in Wien.

Die Klavierspielerin   OT Die Klavierspielerin | OA 1983 |
351 Seiten | Deutschsprachige Erstausgabe 1983 | Form Roman |
Epoche Gegenwart

Der Roman *Die Klavierspielerin* von Elfriede Jelinek, der nach Angaben der Autorin autobiografische Züge trägt, führt mit seiner Protagonistin eine Frau vor, die ihren Objektstatus so tief verinnerlicht hat, dass sie keinen Zugang zu ihrer Individualität finden kann. Damit verschließt sich ihr auch der Zugang zur eigenen Lust; sie wird zur Voyeurin.

Jelinek entlarvt das bürgerliche Familienleben als Kampfplatz und zwischenmenschliche Beziehungen als zerstörerisches Ringen um Macht. Der Roman ist geprägt von einer radikalen Darstellungsweise. Jelinek steht mit der *Klavierspielerin* und ihren anderen Werken in der Tradition österreichischer Satiriker. Durch mit Sprachfloskeln durchsetzte stakkatoartige Sprachlawinen bildet die Autorin ihren unverwechselbaren, zynisch brutalen Stil aus, der charakteristisch ist für ihre vorrangig feministische Schaffensphase.

Inhalt   Hauptfigur des Romans ist Erika Kohut, Ende dreißig und Klavierprofessorin am Wiener Konservatorium. Sie lebt mit ihrer Mutter zusammen, die ihre Tochter als Besitz betrachtet und ein System totaler Überwachung aufgebaut hat. Ihre Frustration über die gescheiterte Pianistenkarriere Erikas fördert eine Atmosphäre des Terrors. Erika reagiert vordergründig mit Anpassung und gibt die erlittenen Demütigungen an ihre Klavierschüler weiter. Mit Rasierklingen und Nadeln fügt sie sich selbst Verletzungen zu.

Als der junge Walter Klemmerer, einer ihrer Meisterschüler, das Abschirmsystem der Mutter durchbricht und Erika Avancen macht, reagiert sie zunächst mit abweisendem und erniedrigendem Verhalten. Als sich Klemmerer dadurch nicht abschrecken lässt, fordert sie ihn in einem Brief detailliert zu einem sadistischen Sexualverhalten ihr gegenüber auf. Um die eigene Position zu sichern, will Erika ihre Unterwerfung, die ihr in einer sexuellen Beziehung zu einem Mann unumgänglich erscheint, selbst inszenieren. Durch die Vorgabe der Regeln würde sie so zum eigentlich dominanten Teil des Paares.

Allerdings hofft Erika auch darauf, dass sich Klemmerer aus Liebe ihren Forderungen verweigern wird. Klemmerer reagiert mit Unverständnis und Abscheu und wendet sich angewidert von ihr ab. Als es dennoch zu einer sexuellen Begegnung kommt, versagt Klemmerer und sein Abscheu steigert sich zum Hass. Er schlägt Erika zusammen und lässt sie nach einer Vergewaltigung mit lapidaren guten Ratschlägen zurück.

Zwischen Mord- und Versöhnungsabsichten schwankend, sucht Erika Klemmerer auf. Als sie aus der Ferne seine unbeschwerte Fröhlichkeit beim Flirt mit einem jungen Mädchen beobachtet, sticht sie sich selbst mit einem Messer in die Schulter und geht blutend nach Hause zurück.

Wirkung   Wie die meisten Werke Jelineks ist der Roman sehr kontrovers diskutiert worden. Das Spektrum der Kritik reicht von Begeisterung bis zum Verriss, bisweilen wurde auch eine Pathologisierung der Autorin vorgenommen. Mit der Verfilmung durch Michael Haneke ist der Roman 2001 erneut ins Publikumsinteresse gerückt. Die von der Kritik als kongenial gefeierte Adaption mit Isabelle Huppert und Benoît Magimel in den Hauptrollen wurde mit zahlreichen Preisen bedacht, u. a. 2001 mit dem Großen Preis der Jury bei den Internationalen Filmfestspielen von Cannes und 2002 mit dem Deutschen Filmpreis (bester ausländischer Film).

Kundera, Milan

tschechischer Schriftsteller | *1. 4. 1929 in Brünn | nach 1970 Publikationsverbot in der ČSSR | seit 1981 französischer Staatsbürger | 1987 Österreichischer Staatspreis für europäische Literatur

....

1929 in Brünn geboren, schlug sich Milan Kundera nach dem Krieg als Arbeiter und Jazzmusiker durch, bevor er sich der Literatur zuwandte. 1948 trat er in die Kommunistische Partei ein, wurde aber bereits zwei Jahre später wegen »individualistischer Neigungen« ausgeschlossen. Er studierte in Prag Philosophie und Filmwissenschaft und lehrte anschließend an der Filmhochschule in Prag.

Kundera debütierte 1953 mit dem Gedichtband *Der Mensch, ein weiter Garten,* er veröffentlichte in den 1950er-Jahren zudem Essays und Theaterstücke. Bekannt wurde er durch die Erzählungen *Lächerliche Lieben,* entstanden und veröffentlicht zwischen 1963 und 1968. Sein erster Roman *Der Scherz* (1967) war eine Abrechnung mit dem Stalinismus und ein geistiger Vorbote des Prager Frühlings, an dem Kundera als führendes Mitglied des Schriftstellerverbandes Anteil hatte. Nach dem gewaltsamen Ende des Prager Experiments erhielt Kundera in der ČSSR bis zur politischen Wende Berufs- und Publikationsverbot.

1975 erhielt Kundera einen Lehrauftrag der Universität Rennes und blieb in Frankreich. Vier Jahre später entzog ihm die tschechoslowakische Regierung als Reaktion auf *Das Buch vom Lachen und Vergessen* (1979), in dem er das Regime von Gustáv Husák kritisierte, die Staatsbürgerschaft. In seinen Büchern, u. a. im *Buch der lächerlichen Liebe* (1963–70), lehnt sich Kundera gegen das sozialistische System auf und lässt einen Hang zum Philosophieren erkennen, v. a. in *Die unerträgliche Leichtigkeit des Seins* (1984). Erotik und Sexualität gehören dabei immer wieder zu den zentralen Themen; an ihnen exemplifiziert er die unterschiedlichen Facetten zwischenmenschlicher Beziehung, u. a. in *Die Identität* (1998).

Kundera lebt heute als französischer Staatsbürger (seit 1981) in Paris. Er schreibt auf Tschechisch und Französisch. Im Westen gilt Milan Kundera als der wichtigste Repräsentant der tschechischen Gegenwartsliteratur. 1987 ist er mit dem Österreichischen Staatspreis für europäische Literatur ausgezeichnet worden.

Die unerträgliche Leichtigkeit des Seins   OT Nesnesitelná lehkost bytí | OA 1984 | Deutschsprachige Erstausgabe 1984 (300 Seiten) | Form Roman | Epoche Gegenwart

Der Roman *Die unerträgliche Leichtigkeit des Seins von Milan Kundera* schildert eine bewegende Liebesgeschichte vor dem Hintergrund des Prager Frühlings. Einfühlsam und nachdenklich um die Themen Liebe und Sexualität kreisend, ist das Buch gleichsam intelligent und unterhaltsam.

Inhalt   Tomas, erfolgreicher Chirurg an einem Prager Krankenhaus, hat eine gescheiterte Ehe hinter sich und sucht erotische Abenteuer ohne emotionale Abhängigkeit. Er lernt Teresa, eine Kellnerin aus der Provinz, kennen, die ihn liebt und ihn ganz für sich beansprucht. Teresa ist mit großen Gefühlen gesegnet und kann sich mit der Unverbindlichkeit kurzweiliger erotischer Beziehungen nicht abfinden. Sie drängt sich in sein Leben, quält ihn mit ihrer Eifersucht und leidet unter seinen amourösen Eskapaden.

Die politischen Verhältnisse spielen in diese Beziehung hinein. Der Prager Frühling wird niedergeschlagen, Tomas und Teresa fliehen in die Schweiz. Dorthin verschlägt es auch die Malerin Sabina, eine von Tomas' Geliebten aus Prag, zu der er sich erneut hingezogen fühlt. Teresa ist dieser Konstellation nicht gewachsen und kehrt, obwohl sie das sowjetische Besatzungssystem hasst, in die Heimat zurück. Tomas »erkrankt an Mitgefühl« und reist ihr nach.

In Prag verlangt die neue Führung von dem Chirurgen, dass er eine Ergebenheitsadresse unterzeichnet, was Tomas aber ablehnt. So wird der Mediziner schließlich Fensterputzer. Teresa und Tomas widerstehen diversen Erpressungen des Regimes, ohne jedoch zu bewussten Dissidenten zu werden. Schließlich ziehen sie sich aufs Land zurück. Bei einem Autounfall kommen beide ums Leben.

Struktur Kundera stellt in dem Roman Episoden und Analysen, Rückblicke und essayistische Reflexionen gegenüber, mischt dramatische Schilderungen mit psychologischen und philosophischen Überlegungen. Das Geschehen wird häufig von Kommentaren des Erzählers unterbrochen, die die Ereignisse einordnen und das tragische Geschehen sowie die zuweilen stereotypen Konstellationen ironisch brechen. Die Reflexionen vermitteln den Figuren Reiz und Glanz. Trotz der zahlreichen erläuternden Passagen bleibt der Roman stets eng an seinen Figuren und bezieht seine erzählerische Kraft aus den geschilderten Details, die der beachtlichen Beobachtungskunst des Autors entspringen.

Wirkung *Die unerträgliche Leichtigkeit des Seins* war ein literarischer Welterfolg und der populärste der großen Romane der 1980er-Jahre. Das Buch machte Kundera auch in Deutschland einem größeren Publikum bekannt, nachdem er in Frankreich und den USA bereits seit Langem als Romancier von großem literarischem Gewicht galt. Auch die Verfilmung des Romans 1988 durch Philip Kaufman, mit Juliette Binoche in der Rolle der Teresa und Daniel Day-Lewis als Tomas, erreichte ein großes Publikum.

Morrison, Toni   eigentlich Chloe Anthony Wofford Morrison
amerikanische Schriftstellerin | *18.2.1931 in Lorain (Ohio) |
1977 Trägerin des National Book Critics Award | 1988 Pulitzerpreis |
1993 Nobelpreis für Literatur

....

Toni Morrison wuchs während der Wirtschaftskrise in einer armen Arbeiterfamilie auf. Nach einem geisteswissenschaftlichen Studium unterrichtete sie an der Texas Southern University (1955–57) und anschließend an der Howard University (1957–64). 1965–83 arbeitete Morrison als Redakteurin beim New Yorker Verlag Random House. Anschließend erteilte sie an der State University of New York in Albany Nachwuchsschriftstellern Unterricht. Seit 1989 lehrt sie an der Princeton University in New Jersey.

Toni Morrison ist eine der bedeutendsten zeitgenössischen Vertreterinnen des Black Writing und der literarischen Geschichtsschreibung. In ihren bildkräftigen Romanen beschäftigt sie sich mit der zweifachen Diskriminierung schwarzer Frauen aufgrund von Hautfarbe und Geschlecht. Die Autorin debütierte 1970 mit dem Roman *Sehr blaue Augen*. Das 1977 erschienene Familienepos *Solomons Lied* wurde von der Kritik hochgelobt und mit dem National Book Critics Award ausgezeichnet. Für *Menschenkind* erhielt Morrison 1988 den Pulitzerpreis. Der Roman *Paradies* (1998) fand ebenfalls eine begeisterte Aufnahme. 1993 wurde Morrison als erste Afroamerikanerin mit dem Literaturnobelpreis ausgezeichnet.

Menschenkind   OT Beloved | OA 1987 | 275 Seiten |
Deutschsprachige Erstausgabe 1989 | Form Roman |
Epoche Gegenwart

In ihrem Roman *Menschenkind* behandelt Toni Morrison eine dunkle Epoche der amerikanischen Geschichte. Der Handlung liegt eine volkstümliche afroamerikanische Weltsicht zugrunde und entfaltet insbesondere aus der weiblichen Perspektiven mit großem

Einfühlungsvermögen eine umfassende Darstellung des Lebens der Schwarzen in Amerika zur Zeit der Sklavenbefreiung.

Inhalt 1855 flieht die Sklavin Sethe, die von ihrem Mann verlassen wurde, von der Plantage »Sweet Home« in Kentucky nach Ohio. Nach wenigen Wochen in Freiheit versucht sie, ihre vier Kinder zu töten, um diese vor dem drohenden Schicksal der Sklaverei zu bewahren. Ihre zweijährige Tochter stirbt, die anderen drei überleben. Auf dem Grabstein der Verstorbenen lässt Sethe die Inschrift »Menschenkind« anbringen.

18 Jahre später lebt Sethe allein mit ihrer zweiten Tochter Denver. Die Vergangenheit ist präsent geblieben: Die zwei Söhne sind inzwischen fortgelaufen, in der schwarzen Gemeinde wird Sethe als Kindsmörderin gemieden, die tote Tochter spukt durch das Haus. Eines Tages taucht Paul D. auf, ein ehemaliger Sklave von »Sweet Home«, der ein gemeinsames Leben mit Sethe aufbauen will und den Geist des toten Kindes vertreibt.

Plötzlich steht eine junge Frau namens Menschenkind vor Sethes Haus, die in eben jenem Alter ist, in dem das verstorbene Kind sein müsste. Sethe nimmt sie als die verlorene Tochter auf; es folgen einige Wochen glücklichen Zusammenlebens. Doch Menschenkind verlangt nach immer neuen Beweisen der Liebe Sehtes und versucht Denver aus dem Haus zu drängen. Als Paul D. von dem Mord Sethes an ihrer Tochter erfährt, verlässt er schockiert das Haus.

Als sich Nachbarsfrauen vor dem Haus versammeln, um den Geist des toten Kindes auszutreiben, sieht Sethe Menschenkind erneut in Gefahr, in die Sklaverei zu gelangen, und stürzt sich auf den ebenfalls anwesenden weißen Arbeitgeber Denvers, ihren ehemaligen Wohltäter; ein weiterer Mord kann jedoch von den Frauen verhindert werden. Menschenkind verschwindet spurlos, Sehte bleibt verzweifelt zurück. Doch der Fluch scheint gebrochen. Sethe erhält neuen Rückhalt durch die Gemeinde und das nochmalige Angebot von Paul D., eine gemeinsame Zukunft mit ihm zu verbringen.

Aufbau Morrison erzählt die Handlung nicht linear, sondern wechselt zwischen verschiedenen Zeitebenen. Der Roman setzt fast zwei Jahrzehnte nach dem Kindsmord ein und trägt das Geschehen zur Zeit der Sklaverei sowie die Kindstötung in Rückblenden nach.

In der Darstellung verschiedener Lebensläufe entwirft Morrison ein Panorama der Zeit der Sklaverei und der Befreiung. Dabei vermeidet sie eine Polarisierung von Gut und Böse, wie sie etwa Harriet Beecher Stowe in ihrem Roman *Onkel Toms Hütte* (1852) oder Alex Haley in seiner Familiensaga *Roots* (1976) noch vornahmen, und geht einer Heroisierung des Schicksals der Schwarzen bewusst aus dem Weg. In der Thematisierung des Kindsmords setzt sich Morrison mit der Übersteigerung der Mutterliebe auseinander.

Wirkung Mit ihrem Roman *Menschenkind* leistete Toni Morrison einen wichtigen Beitrag zur Aufarbeitung der Geschichte der Sklaverei in den USA. Zugleich relativierte sie darin das traditionelle Idealbild der Mutter. Das Buch wurde zu einem der größten Erfolge der Autorin und 1988 mit dem Pulitzerpreis ausgezeichnet. Jonathan Demme verfilmte den Roman 1998 mit Oprah Winfrey und Danny Glover in den Hauptrollen.

Vargas Llosa, Mario

peruanischer Schriftsteller | * 28. 3. 1936 in Arequipa |
1994 Cervantes-Preis | 1996 Friedenspreis des Börsenvereins
des Deutschen Buchhandels | 2010 Nobelpreis für Literatur

Mario Vargas Llosa gehört seit Ende der 1960er-Jahre zu den bekanntesten lateinamerikanischen Autoren. Sein umfangreiches Gesamtwerk, das neben zahlreichen Romanen auch Erzählungen, Theaterstücke und Essays umfasst, spiegelt seine tiefe Verbundenheit mit den Problemen seines Heimatlandes sowie sein starkes politisches Engagement wider.

Vargas Llosa wurde an einer katholischen, dann einer Militärschule in Peru erzogen. Er studierte in Lima und Madrid Rechtswissenschaften und Literaturwissenschaft. 1959 ging er als Journalist und Sprachlehrer nach Paris.

Bereits sein erster, 1963 veröffentlichter Roman *Die Stadt und die Hunde* wurde ein Welterfolg. Es gelang ihm mit den Folgeromanen *Gespräch in der »Kathedrale«* (1969) und *Der Krieg am Ende der Welt* (1981), in denen er sich mit Willkür und zweifelhafter Moral politischer Systeme auseinandersetzt, seinen Ruf als einer der führenden Autoren seiner Zeit zu festigen. Sein 1965 erschienener Roman *Das grüne Haus* wird von einige Kritikern als einer der bedeutendsten lateinamerikanischen Romane angesehen. Nach Aufenthalten in Paris, London, Lima und Barcelona kehrte Vargas Llosa 1974 nach Peru zurück. 1977 wurde er zum Präsidenten des Internationalen P. E. N.-Clubs gewählt. 1990 trat Vargas Llosa als Kandidat der Konservativen zu den peruanischen Präsidentschaftswahlen an, unterlag aber Alberto Fujimori in der Stichwahl.

1994 wurde Vargas Llosa zum Mitglied der Spanischen Akademie gewählt. Seinen Lebensmittelpunkt in Peru gab er auf und lebte unter anderem in Barcelona, Madrid, Paris und London. Der Nobelpreis für Literatur 2010 wurde ihm mit der Begründung zugesprochen, dass sein Werk die Strukturen der Macht vermesse und Bilder individuellen Widerstands und persönlicher Revolte zeichne.

Das Fest des Ziegenbocks   OT La fiesta del chivo | OA 1999 | Deutschsprachige Erstausgabe 2001 | 206 Seiten | Form Roman | Epoche Gegenwart

In seinem Roman *Das Fest des Ziegenbocks* zeichnet Mario Vargas Llosa ein erschreckendes, düsteres Porträt der Dominikanischen Republik während der über 30-jährigen blutigen Diktatur des Generals Rafael Leónidas Trujillo, der 1961 einem Attentat zum Opfer fiel. Im Mittelpunkt dieses Romans über Macht, Gewalt und Sexualität steht die reale Figur des Diktators, im Volksmund »Ziegenbock« genannt. Den peruanischen Autor interessiert insbesondere die Frage, weshalb das dominikanische Volk den Grausamkeiten und der Willkür des Trujillo-Regimes jahrzehntelang keinerlei Widerstand entgegensetzte.

Inhalt   Urania Cabral kehrt nach langen Jahren des Exils in ihre dominikanische Heimat zurück, um endlich Gewissheit über ihre Vergangenheit und die Rolle ihres Vaters, den sie in völliger Apathie vorfindet, während der Diktatur zu erlangen. Kurz vor dem Tod des Diktators hatte sie mit dem Wissen ihres eigenen Vaters ihre Jungfräulichkeit an den Despoten verloren und war in die USA geflohen.

In verschiedenen Rückblicken, die immer wieder um das entscheidende Jahr 1961 kreisen, präsentiert Vargas Llosa zahlreiche Details einer despotischen Herrschaft, die die Volksmassen ausbeutete, Militär und Industrie beherrschte, Hunderte politischer Gegner verschwinden ließ und dem »Generalissimus«, wie Trujillo sich selbst nannte, das Recht zuerkannte, die Ehefrauen und Töchter seiner Würdenträger sexuell zu missbrauchen.

Dennoch, und diesen Widerspruch stellt der Autor plastisch dar, wurde Trujillo in seiner Heimat eher verehrt als gehasst und bekämpft. *Das Fest des Ziegenbocks* ist somit auch ein Roman über die Passivität eines Volks, in dem Feiglinge und korrupte Mitläufer den Ton angaben.

Gleichzeitig erzählt Vargas Llosa vom langen, zermürbenden Warten der sieben Attentäter, die 1961 dem mittlerweile 70-jährigen Diktator, erfüllt von persönlichen Rachegelüsten, nach dem Leben trachteten. Der Anschlag gelang und dennoch – so das ernüchternde Fazit – starb der »Trujillismo« nicht mit dem Diktator, sondern lebte in Gestalt seines Nachfolgers Balaguer noch viele Jahre fort.

Aufbau In dem *Fest des Ziegenbocks* kombiniert Vargas Llosa in überzeugender Weise geschichtliche Daten und Persönlichkeiten einerseits und Fiktion andererseits. Auch Urania Cabral, anhand deren Schicksal die Gräuel einer ganzen Ära aufgedeckt werden, ist eine fiktive, wenn auch nach Worten des Autors »ungemein wahrscheinliche« Gestalt. Geschickt verbindet Vargas Llosa die Biografien der Günstlinge wie der Opfer des Diktators zu einer Anklage gegen ein unmenschliches Regime und bewegt sich hierbei abwechselnd in der Gegenwart der 1990er-Jahre und der Vergangenheit.

Wirkung Der kritische, realistische Diktatorenroman wurde auf der ganzen Welt als überzeugendes Lehrstück gegen den Missbrauch der Macht begeistert aufgenommen. Lediglich in der Dominikanischen Republik fühlte man sich angegriffen. Die Verärgerung ging sogar so weit, dass der peruanische Autor bei der Buchpräsentation in Santo Domingo Morddrohungen erhielt. Er selbst sagte einmal, der Roman spiele zwar in der Dominikanischen Republik und sei an die Gestalt von Leónidas Trujillo angelehnt, die »spirituelle Knechtschaft«, um die es ihm in erster Linie gegangen sei, existiere jedoch in jeder Diktatur der Welt.

Pamuk, Orhan

türkischer Schriftsteller | *7.6.1952 in Istanbul | Studium der Architektur und des Journalismus | 2005 Friedenspreis des Börsenvereins des Deutschen Buchhandels | 2006 Nobelpreis für Literatur

....

Orhan Pamuk widmet sich in seinem Werk Fragen der Identitätsfindung in politisch und kulturell disparaten Umfeldern. Während seine literarischen Arbeiten zumeist keine unmittelbar politischen Bezüge aufweisen, sah er sich infolge seiner öffentlichen Äußerungen über die Rolle der Türkei im Krieg gegen die Armenier politischer Repression ausgesetzt.

Als Sohn eines Ingenieurs wuchs Pamuk in einem bürgerlichen Umfeld eines wohlhabenden Istanbuler Stadtbezirks auf. Er besuchte eine Privatschule, studierte drei Jahre Architektur und schwenkte dann auf eine Ausbildung zum Journalisten um. Mit 22 Jahren begann er die Arbeit an seinem ersten Roman *Cevdet Bey ve oğulları*, (»Cevdet Bey und seine Söhne«, bisher nicht auf Deutsch), der jedoch erst 1982 erschien. Dieser und sein zweiter Roman *Das stille Haus* (1983) spielen in Großfamilien und schildern Szenen und Konflikte, wie Pamuk sie in seiner Jugend erlebte.

Von 1985 bis 1988 lebte Pamuk mit seiner Frau, die er bereits in Istanbul auf der Schule kennengelernt hatte, in New York. Hier lehrte er an der Columbia University. Die reiche Kultur der Metropole mit Bibliotheken und Museen beeindruckte ihn nach eigener Auskunft sehr.

Nach Bekunden Pamuks nimmt der Roman *Die weiße Festung* (1985) einen besonderen Rang in seinem Werk ein, da er mit ihm das erste Mal seine eigene Stimme als Schriftsteller gefunden habe. Das Buch erzählt von einem Venezianer, der nach einer verlorenen Schlacht gegen die Türken an einem osmanischen Hof gefangen gehalten wird. Man macht ihn hier zum Sklaven. In seinen Begegnungen mit den osmanischen Machthabern entwickelt sich nicht nur ein Rollenspiel zwischen Herr und Diener, sondern auch ein Austausch zwischen östlicher und westlicher Kultur.

Schnee   OT Kar | OA 2002 | Deutschsprachige Erstausgabe 2005 | 513 Seiten | Form Roman | Epoche Gegenwart

Inhalt   Pamuk führt in seinen Roman *Schnee* aus der Sicht eines Icherzählers ein. Dieser stößt in Frankfurt am Main auf die Aufzeichnungen des Lyrikers Ka, aus denen er eine politisch komplexe und persönlich tragische Geschichte rekonstruiert.

Ka flieht 1980 aufgrund eines Militärputsches aus seiner türkischen Heimat in die deutsche Finanzmetropole. Hier bestreitet er ein bescheidenes Leben mit Gelegenheitsjobs und Autorenlesungen. Als seine Mutter verstirbt, kehrt er für die Beerdigung erstmals in die Türkei zurück. Dort überzeugt ihn ein alter Bekannter, für eine Reportage in der Zeitung *Die Republik* in die ostanatolische Provinz zu reisen und in der Stadt Kars zu recherchieren. Kurze Zeit, nachdem sich Ka in der Provinzstadt in einem Hotel eingemietet hat, wird diese durch unaufhörlichen Schneefall von der Außenwelt abgeschnitten.

Im Zentrum der Nachforschungen Kas stehen die Selbstmorde einer Gruppe junger Frauen, die sich dem Kopftuchverbot widersetzten. Ka recherchiert in verschiedenen politischen Lagern, spricht mit Journalisten, dem Polizeipräsidenten, Parteiangehörigen. Während seines Aufenthalts verliebt er sich in die Hoteliersstochter Ipek, die er bereits aus der gemeinsamen Studienzeit in Istanbul kennt.

In der ethisch mit Türken, Aserbaidschanern und Kurden gemischten Stadt streiten Traditionalisten mit Liberalen. Unter Ausnutzung der außerordentlichen Wetterbedingungen, die dem Eingreifen nationaler Truppen vorbeugen, eskalieren die Ereignisse. Es kommt zu einem Putsch durch die Kemalisten. Zentraler Ort des Aufstands und der folgenden Handlung ist die örtliche Theaterbühne: Schüsse und Tote im Lauf einer Theateraufführung werden zunächst nicht als real und Beginn des Putsches erkannt. Später bittet man Ka, die Schauspielerin und Fundamentalistin Kadif zu überzeugen, demonstrativ das Kopftuch während einer Theateraufführung abzunehmen. Für das Versprechen der Freilassung ihres zwischenzeitlich festgenommen Geliebten gibt sie dem Anliegen, das eine Erpressung darstellt, nach. Sie nimmt das Kopftuch ab, erschießt jedoch anschließend mit einer vorgeblich leeren Pistole ihren Mitakteur auf der Bühne, der sie um Abnahme des Kopftuchs gebeten hatte. Die von Intrigen und Fehlinformationen verworrene Situation erfährt ihre gewaltvolle Auflösung, als die Zufahrtswege nach Kars wieder frei sind. Militär trifft ein und schlägt den Aufstand nieder. Ka kehrt nach Frankfurt zurück.

Vier Jahre später holen ihn die Ereignisse in Deutschland ein. Man verdächtigt ihn des Verrats und schießt ihn nieder. In der Wohnung des Toten findet der Erzähler, der wie der Autor des Romans mit Vornamen Orhan heißt, Notizen und Briefe des Ermordeten, aus denen er die Geschichte seines Lebens rekonstruiert.

Struktur Die Kritik monierte einen streckenweise langen, verschachtelten Satzbau des Romans. Auch gelang es ihr nicht, das Werk einem Genre zuzuordnen. Künstlerroman, Politkrimi oder Liebesgeschichte, viele unterschiedliche Genremerkmale erkannte sie wieder. Von einigen als Inkonsistenz kritisiert, sahen andere darin den literarischen Reichtum des Werks. Es sei realistischer Roman und Allegorie zugleich, verbinde die rationale mit der mystischen Darstellung. Das Nobelpreiskomitee, das Pamuk mit dem Nobelpreis für Literatur 2006 ehrte, begründete seine Entscheidung mit Pamuks Fähigkeit, »neue Symbole für aufeinanderstoßende und sich überlagernde Kulturen« gefunden zu haben. Der Roman *Schnee* hat zu dieser Entscheidung beigetragen.

Müller, Herta

deutsche Schriftstellerin | *17.8.1953 in Nitzkydorf (Rumänien) | Studium der Literaturwissenschaft | 1987 Auswanderung nach Deutschland | 2009 Nobelpreis für Literatur

....

Herta Müllers Werk handelt von der Selbstbehauptung des Menschen im Moment der Übermacht totalitärer Systeme. Sprache und Geschichten sind nicht nur das Handwerkszeug ihres Schaffens als Schriftstellerin. Sie sind zugleich Gegenstand ihres Interesses als letzten Refugiums der Identität, das den Protagonisten ihrer Bücher als Opfer politischer Unterdrückung bleibt.

Das Werk Müllers ist von der Verarbeitung auch eigener Lebenserfahrungen geprägt. Als Angehörige einer deutschsprachigen Minderheit wurde Müller in Rumänien in der deutschsprachigen Ortschaft Nitzkydorf geboren. Ihr Vater hatte im Zweiten Weltkrieg als Angehöriger der Waffen-SS gedient. Ihre Mutter wurde nach dem Zweiten Weltkrieg wie viele Angehörige der deutschen Minderheit aus Rumänien nach Russland verschleppt.

1973 ging Müller zum Studium deutscher und rumänischer Literatur nach Temeswar. Nach Beendigung des Studiums 1976 war sie als Übersetzerin in einer Maschinenfabrik tätig. In dieser Zeit widersetzte sie sich den Anwerbungsversuchen des rumänischen Geheimdienstes. Ihr Widerstand hatte den Verlust ihrer Arbeitsstelle und staatliche Repressionen wie Hausdurchsuchungen und Verhöre zur Folge.

Eine Sammlung von Kurzgeschichten mit dem Titel *Niederungen* erschien in zensierter Form 1982 in Rumänien, 1984 in Deutschland in unzensierter Form. Darin erzählt Müller vom Leben in einer deutschsprachigen Ortschaft Rumäniens, das von Unterdrückung und Korruption geprägt ist. Aufgrund ihrer öffentlichen Kritik an der rumänischen Regierung wurde ein Publikationsverbot ihrer Werke erlassen. 1987 wanderte Müller nach Deutschland aus und ließ sich in Westberlin nieder.

In Deutschland entstanden die Romane *Der Fuchs war damals*

schon der Jäger (1992) und *Heute wär ich mir lieber nicht begegnet* (1997). Sie reflektieren die vergeblichen Bemühungen totalitärer Regime, gesellschaftliche Zusammenbrüche mit Gewalt aufzuhalten.

Mit dem Roman *Atemschaukel* (2009), der wesentlich zur Entscheidung des Nobelpreiskomitees beitrug, der Autorin den Nobelpreis für Literatur zuzusprechen, schuf Müller eines der literarischen Schlüsselwerke zum Leben in totalitären Gesellschaften der jüngeren Geschichte.

Atemschaukel   OA 2009 | 299 Seiten | Form Roman | Epoche Gegenwart

Entstehung   Dem Schreiben des Romans gingen ausführliche Recherchen und die Erinnerungsarbeit der Autorin voraus. Mitglieder der Familie von Herta Müller wurden nach dem Zweiten Weltkrieg in der Eigenschaft als Rumäniendeutsche deportiert. Außerdem führte Müller ausführliche Gespräche mit dem Schriftsteller Oskar Pastior. 2004 waren beide nach Rumänien gereist, wo sich Pastior auf die Spuren der Verschleppung begab, die er nach dem Zweiten Weltkrieg als Angehöriger der deutschen Minderheit erlitten und durchlebt hatte. Die nach dem Tod Pastiors 2010 bekannt gewordene Mitgliedschaft dessen in der rumänischen Securitate als inoffizieller Mitarbeiter (1961–69) erfüllte Müller nach eigenem Bekunden zunächst mit »Wut«, dann mit »Trauer«.

Inhalt   Rumänien nach dem Zweiten Weltkrieg. Der Protagonist Leopold Auberg muss seine Koffer packen. In der Wohnung seiner Eltern baut er das Grammofon aus der Kiste aus, um darin seine Habseligkeiten für die Reise zu verstauen. Um Mitternacht, so wurde ihm gesagt, werde man ihn abholen kommen.

Der Tag graut bereits, als es an der Tür klingelt. Eine lange, ungewisse Reise beginnt. Leopold, gerade einmal 17 Jahre alt, wird mit vielen anderen Rumäniendeutschen in einen Viehwagon gesperrt und auf die Fahrt in ein Arbeitslager geschickt. Hier, isoliert in der weiten Landschaft der Sowjetunion, verbringt er fünf Jahre und soll mit seiner Arbeitskraft zum Wiederaufbau der Sowjetunion nach dem Zweiten Weltkrieg beitragen.

Die Lagerhaft ist vor allem von drei Dingen geprägt: Hunger – »Immer ist der Hunger da«, Arbeit – »Die Kohle wird weggeschaufelt, wird aber nie weniger« – und Angst: »Vielleicht wurde in dieser Nacht nicht ich, aber der Schrecken in mir plötzlich erwachsen.« In immer neuen sprachlichen Variationen fasst Müller die Lagerszenen. Die Sprache der Autorin – hart und unnachgiebig – wird, neben der Radikalität der Handlung, zum zweiten herausragenden Merkmal des Buches.

1950 wird Leo aus dem Arbeitslager entlassen. Er kehrt nach Hause zurück, trifft seine Eltern, aber nicht mehr seinen in der Zwischenzeit verstorbenen Großvater vor. Mit Messer und Gabel zu essen, muss er neu erlernen. Er beginnt in einer Kartonfabrik zu arbeiten, kann aber nie in einen geregelten Alltag zurückfinden. Die erlittenen Schrecken versucht er in einem privaten Journal niederzuschreiben.

Aufbau Herta Müllers *Atemschaukel* ist kein psychologisch-naturalistischer Roman und wiederum doch ein solcher. Er ist dies nicht, weil er nicht in die Tiefen und Breiten familiärer, ökonomischer oder historischer Beziehungsgeflechte vordringt. Er ist es auch deshalb nicht, weil die Autorin das Erzählte zu stark stilistisch überformt. Und er ist es doch, weil eben diese sprachliche Überformung ein psychologisches Muster in Momenten der Existenznot beschreibt: Es ist der Versuch, das letzte verbleibende Mittel, die eigene Sprache, zum Refugium der Identitätswahrung und Würde zu machen. Während im ersten Teil des Buches dieser Versuch vor allem im Schreiben der Autorin selbst deutlich wird, wird er im zweiten Teil des Buches durch das Journal Leos auch Bestandteil der Geschichte.

Werkverzeichnis

Aeneis *(Vergil)* **24**
Atemschaukel *(Müller, Herta)* **310**
Auf der Suche nach der verlorenen Zeit *(Proust, Marcel)* **193**
Aus dem Leben eines Taugenichts
    (Eichendorff, Joseph Freiherr von) **125**

Bekenntnisse *(Augustinus, Aurelius)* **32**
Beowulf *(anonym)* **37**
Berlin Alexanderplatz *(Döblin, Alfred)* **219**
Buch der Lieder *(Heine, Heinrich)* **146**
Buddenbrooks *(Mann, Thomas)* **190**

Candide *(Voltaire)* **87**

Das Bildnis des Dorian Gray *(Wilde, Oscar)* **181**
Das Dekameron *(Boccaccio, Giovanni)* **60**
Das Fest des Ziegenbocks *(Vargas Llosa, Mario)* **304**
Das Glasperlenspiel *(Hesse, Hermann)* **215**
Das Narrenschiff *(Brant, Sebastian)* **62**
Das Schloss *(Kafka, Franz)* **208**
Das Totenschiff *(Traven, B.)* **229**
Der Abentheurliche Simplicissimus Teutsch *(Grimmelshausen)* **78**
Der dritte Mann *(Greene, Graham)* **250**
Der Fürst *(Machiavelli, Niccolò)* **66**
Der gallische Krieg *(Caesar, Gaius Iulius)* **21**
Der geteilte Himmel *(Wolf, Christa)* **274**
Der große Gatsby *(Fitzgerald, Francis Scott)* **203**
Der grüne Heinrich *(Keller, Gottfried)* **163**
Der Idiot *(Dostojewski, Fjodor)* **169**

Der Leopard *(Tomasi di Lampedusa, Giuseppe)* **259**
Der Meister und Margarita *(Bulgakow, Michail)* **276**
Der Name der Rose *(Eco, Umberto)* **292**
Der Prozess *(Kafka, Franz)* **206**
Der Richter und sein Henker *(Dürrenmatt, Friedrich)* **253**
Der Schimmelreiter *(Storm, Theodor)* **178**
Der Steppenwolf *(Hesse, Hermann)* **213**
Der Zauberberg *(Mann, Thomas)* **191**
Des Knaben Wunderhorn *(Brentano, Clemens)* **116**
Deutschland. Ein Wintermärchen *(Heine, Heinrich)* **148**
Deutschstunde *(Lenz, Siegfried)* **283**
Die Blechtrommel *(Grass, Günter)* **268**
Die Canterbury-Erzählungen *(Chaucer, Geoffrey)* **54**
Die Elenden *(Hugo, Victor)* **143**
Die Geschichte des Tom Jones, eines Findlings *(Fielding, Henry)* **84**
Die Geschichte vom Prinzen Genji *(Murasaki Shikibu)* **39**
Die göttliche Komödie *(Dante Alighieri)* **57**
Die Judenbuche *(Droste-Hülshoff, Annette von)* **154**
Die Klavierspielerin *(Jelinek, Elfriede)* **295**
Die Leiden des jungen Werthers *(Goethe, Johann Wolfgang von)* **99**
Die Midaq-Gasse *(Machfus, Nagib)* **244**
Die Pest *(Camus, Albert)* **247**
Die Reiterarmee *(Babel, Isaak)* **200**
Die Sturmhöhe *(Brontë, Emily)* **140**
Die unerträgliche Leichtigkeit des Seins *(Kundera, Milan)* **298**
Die Wahlverwandtschaften *(Goethe, Johann Wolfgang von)* **110**
Don Quijote *(Cervantes Saavedra, Miguel de)* **75**
Dshamilja *(Aitmatow, Tschingis)* **265**

Effi Briest *(Fontane, Theodor)* **187**
Ein fliehendes Pferd *(Walser, Martin)* **289**
Ein Tag im Leben des Iwan Denissowitsch
  (Solschenizyn, Alexander) **271**
Emile oder Über die Erziehung *(Rousseau, Jean-Jacques)* **93**

Fabelsammlung *(Äsop)* **18**
Farm der Tiere *(Orwell, George)* **241**
Früchte des Zorns *(Steinbeck, John)* **238**

Gargantua und Pantagruel *(Rabelais, François)* **72**
Germania *(Tacitus, Publius Cornelius)* **29**
Gilgamesch-Epos *(anonym)* **9**
Glanz und Elend der Kurtisanen *(Balzac, Honoré de)* **135**
Gösta Berling *(Lagerlöf, Selma)* **184**
Große Erwartungen *(Dickens, Charles)* **166**
Gullivers Reisen *(Swift, Jonathan)* **108**

Hiob *(Roth, Joseph)* **224**
Historien *(Herodot)* **34**
Homo Faber. Ein Bericht *(Frisch, Max)* **261**
Hundert Jahre Einsamkeit *(García Márquez, Gabriel)* **280**

Ilias *(Homer)* **13**
Im Westen nichts Neues *(Remarque, Erich Maria)* **222**

Jane Eyre *(Brontë, Charlotte)* **138**

Kinder- und Hausmärchen *(Grimm, Wilhelm)* **119**
Kleiner Mann – was nun? *(Fallada, Hans)* **232**
Krieg und Frieden *(Tolstoi, Lew)* **172**
Kritik der reinen Vernunft *(Kant, Immanuel)* **96**

Leben und Ansichten von Tristram Shandy, Gentleman
   (Sterne, Laurence) **90**
Lenz *(Büchner, Georg)* **151**
Leviathan *(Hobbes, Thomas)* **81**
Lolita *(Nabokov, Vladimir)* **255**

Märchen *(Andersen, Hans Christian)* **127**
Menschenkind *(Morrison, Toni)* **300**
Mephisto *(Mann, Klaus)* **235**
Metamorphosen *(Ovid)* **27**
Michael Kohlhaas *(Kleist, Heinrich von)* **113**
Moby Dick oder Der weiße Wal *(Melville, Herman)* **156**
Mrs. Dalloway *(Woolf, Virginia)* **211**
Münchhausen *(Bürger, Gottfried August)* **102**

Nibelungenlied *(anonym)* **44**
Nils Holgersson *(Lagerlöf, Selma)* **185**

Odyssee *(Homer)* **15**
Onkel Toms Hütte *(Beecher Stowe, Harriett)* **160**

Parzival *(Wolfram von Eschenbach)* **50**

Radetzkymarsch *(Roth, Joseph)* **226**
Robinson Crusoe *(Defoe, Daniel)* **104**
Roman eines Schicksallosen *(Kertész, Imre)* **286**

Schnee *(Pamuk, Orhan)* **307**
Stolz und Vorurteil *(Austen, Jane)* **122**

Tausendundeine Nacht *(anonym)* **41**
Tom Sawyers Abenteuer *(Mark Twain)* **175**
Tote Seelen *(Gogol, Nikolai)* **131**
Tristan *(Gottfried von Straßburg)* **47**

Ulysses *(Joyce, James)* **197**
Utopia *(More, Thomas)* **69**

Verlorene Illusionen *(Balzac, Honoré de)* **134**

100 000 Tatsachen der Allgemeinbildung
Was jeder wissen muss

Komprimiertes Wissen für Beruf und Alltag, Schule und Einstellungstest, Smalltalk und Quiz. In 30 übersichtlichen, nach Wissensgebieten gegliederten Kapiteln finden sich aktuelle Antworten auf Fragen wie „Auf welchen Politiker wurden die meisten Attentate verübt?" oder „Wo regnet es am meisten?". Infokästen erhellen Hintergründe und verraten aufschlussreiche Details. Mit vielen spannenden Listen und Tabellen. 480 Seiten. Gebunden.

Verwirrung seit der Rechtschreibreform oder noch nie richtig verstanden?

Testen Sie Ihr Deutsch!

In drei Schritten führt dieses Deutschquiz alle zum Erfolg. Zum Aufwärmen wird ein kurzweiliger Multiple-Choice-Test der deutschen Sprache absolviert. Zum Training werden Testaufgaben zur Rechtschreibung und Zeichensetzung geboten. Das Finale bildet ein Test zu sprachlichen Stolpersteinen und Zweifelsfällen. Stellen Sie Ihr Deutsch auf die Probe!
160 Seiten. Broschur.

Unwiderstehlicher deutscher Wortschatz
Heringers Reizwörterbuch

Bauchpinseln. Hokuspokus. Muffensausen. Stibitzen. Zappenduster. Was steckt da drin? Im Deutschen gibt es Wörter, die jeder ganz selbstverständlich benutzt und über die man sich manchmal doch wundert. Was hat es mit diesen Merkwürdigkeiten auf sich? Hans Jürgen Heringer, Dudenpreisträger, bringt alles ans Licht – zum Genießen.
160 Seiten. Klappenbroschur.